中国社会保障理论研究园地　　CSSCI来源集刊
世界社会保障学术交流平台　　中国社会保障30人论坛

社会保障研究
Social Security Studies

2014年第1卷（总第19卷）

主编　郑功成

中国人民大学中国社会保障研究中心
中国劳动社会保障出版社

图书在版编目(CIP)数据

社会保障研究. 2014年. 第1卷：总第19卷/郑功成主编. —北京：中国劳动社会保障出版社，2014

ISBN 978-7-5167-1091-3

Ⅰ.①社… Ⅱ.①郑… Ⅲ.①社会保障-文集 Ⅳ.①C913.7-53

中国版本图书馆CIP数据核字(2014)第062250号

中国劳动社会保障出版社出版发行

(北京市惠新东街1号 邮政编码：100029)

*

保定市中画美凯印刷有限公司印刷装订 新华书店经销

787毫米×1092毫米 16开本 13印张 299千字
2014年4月第1版 2014年4月第1次印刷
定价：28.00元

读者服务部电话：(010) 64929211/64921644/84643933
发行部电话：(010) 64961894
出版社网址：http://www.class.com.cn

版权专有 侵权必究

如有印装差错，请与本社联系调换：(010) 80497374
我社将与版权执法机关配合，大力打击盗印、销售和使用盗版图书活动，敬请广大读者协助举报，经查实将给予举报者奖励。
举报电话：(010) 64954652

目　　录

· **综论** ·

福利伦理的演变："责任"概念的共性与特性 …………………… 周　弘　张　浚（1）
社会投资——欧洲福利国家调整的必然方向 …………………〔荷〕安东·赫姆瑞吉克（13）

· **养老保障与养老服务** ·

后金融危机时代OECD国家养老保险体系面临的问题及应对措施 …………… 陈　姗（23）
关于推迟退休年龄问题的几点理论思考——兼论中国推迟退休年龄
　　问题 ……………………………………………………………… 丁建定　何家华（35）
乡土文化变迁与农村养老保障演进思考——以来自关中C村的质性研究
　　为例 ……………………………………………………………… 翟绍果　杨竹莉（47）
中央与地方关系视角下地方农村社会养老保险制度变迁：基于广州的个案
　　研究 ………………………………………………………………… 岳经纶　万　旋（58）
养老护理政策的目标 ……………………………………………………〔日〕沈　洁（72）
家庭养老社会化：我国家庭养老当代发展研究 …………………… 向　征　王超群（88）

· **医疗保障** ·

中国与世界经合组织OECD成员国医疗保障开支比较研究——基于总量开支、公共
　　开支、政府开支的贡献分析 ………………………〔香港〕徐光毅　邱小丹（96）
社会医疗保障制度对医疗机构付费方式的设置规律——基于31国经验的
　　总结 …………………………………………………………………… 赵　斌　孙　斐（111）
经济发达地区城乡卫生资源配置均等化研究——基于广东省的实证分析 ……… 李晓燕（132）

·**救济与福利**·

挣脱贫困陷阱：建构一致的亚洲社会保障最低标准……………………贾玉娇(142)
我国临时救助制度建设及其思考………………………………………张浩淼(153)

·**国别研究**·

日本应对人口老龄化的社会保障改革及其对中国的启示……………[日]钟家新(164)
日本残疾人福利政策的结构和效果……………………………………[日]金子能宏(173)
美国劳动所得退税补贴政策及其对我国低保制度的借鉴………… 刘 杰 李 杨(190)

·**30人论坛信息**·

中国社会保障30人论坛2014年年会在京举行……………………………………(199)

·**信息**·

2013年世界社会保障十大事件……………………………………………………(141)
2013年中国社会保障十大事件……………………………………………………(163)

Contents

Changes in Welfare Ethics: Universality and Speciality Displayed in "Responsibility"
.... *Zhou Hong Zhang Jun* (1)

Social Investment——An Imperative for European Welfare State Adjustment
.... *Anton Hemerijck* (13)

Problems of the Pension Systems in the OECD Countries after the Financial Crises and Policy Response .... *Chen Shan* (23)

Theoretical Reflections on Postpone Age of Retirement——On the Problem of Postpone the Age of Retirement in China .... *Ding Jianding He Jiahua* (35)

The Thinking on Local Cultural Transformation and Rural Old-age Security Evolution
——To Take the Qualitative Method from Village C in Guanzhong Area for Example
.... *Zhai Shaoguo Yang Zhuli* (47)

The Changes of Local Rural Pension Systems in Guangzhou: A Central-local Relation Perspective .... *Yue Jinglun Wan Xuan* (58)

The Objective of Elderly Care Policy .... *Shen Jie* (72)

Socialized Family Support: the Future Development of the Family Support in China
.... *Xiang Zheng Wang Chaoqun* (88)

Comparative Research on Health Expenditure Between China & OECD Countries——
Contribution Evaluation of Total, Public & Government Expenditure
.... *Xu Guang yi Qiu Xiaodan* (96)

Applied Regularity on Payment Methods for Health Organization——Based on the Experiences of 31 Countries .... *Zhao Bin Sun Fei* (111)

A Study on the Equalization of Urban-rural Medical Resources Allocation in Developed Areas .... *Li Xiaoyan* (132)

Climbing Out of Poverty Trap: Construction of a Consistent Minimum Standards of Social Security in Asia .... *Jia Yujiao* (142)

Thoughts on the Construction of Temporary Assistance in China

.... Zhang Haomiao (153)

Japan's Social Security Reforms for the Aged Society: Lessons for China
.... Zhong Jiaxin (164)

The Structure and Effects of Disability Welfare Policy in Japan
.... KANEKO Yoshihiroi (173)

American's Earned Income Tax Credit and its Suggestions to the Minimum Living
Standard Program in China .... Liu Jie Li Yang (190)

福利伦理的演变:"责任"概念的共性与特性

周 弘 张 浚

【摘要】 在当代福利国家中有关"责任"的理念已经被高度伦理化,致使福利国家的改革被迫采取迂回措施。但事实上,"责任"概念并非一成不变。本文考察了"责任"概念在欧洲社会福利和社会救助历史中的演变,跟踪了从"个人责任"到"国家责任"再到"个人责任"的发展,对比了"责任"的内容和履行方式在英国和德国的差异。文章认为,虽然有关社会责任归属的讨论是一种人类共通的关切,但是社会责任的内涵和方式却必然因社会生产和生活方式的不同而有所不同。

【关键词】 福利伦理 社会责任

Changes in Welfare Ethics: Universality and Speciality Displayed in "Responsibility"

Zhou Hong Zhang Jun
(Institute of European Studies, CASS)

Abstract The concept of "responsibility" (or "eligibility") is highly moralized. This leads to the Welfare State reforms advance by roundabout ways. In fact, the concept of responsibility is not immutable. This article made an attempt to trace the concepts of responsibility and eligibility throughout the history of welfare and assistance, followed the changes of responsibility from individual to state and back to individual, and compared the contents and provisions of social responsibility in Britain and Germany. The article concludes that the discussion of social responsibility may be universal, but its contents and ways must vary according to the differences in production and life.

Key words Welfare Ethics Social Responsibility

一、引言

伦理观念是约定俗成的,但却很难说是一成不变的。人们在讨论伦理观念的时候,特别是在对比东西方伦理道德的时候,往往进行静态的分析,但是如果我们把这种分析和比对放在一个社会历史发展的脉络中,就会发现一些平常难以观测到的现象。本文拟将西方福利国家一些具有伦理意义的概念置于历史演变的过程中进行考查,从而发现约定俗成的伦理观念与社会历史变迁之间的关系,以及这些关系的基本构成条件和这些条件演变的背景,最终对伦理观念本身,特别是就东西方伦理观念之间的可对比性得出一些看法。

作者:周弘,中国社会科学院欧洲研究所研究员,所长;张浚,中国社会科学院欧洲研究所研究员。

二、一种普遍而司空见惯的现象

2013年夏，荷兰新登基的国王在议会演讲时称，"荷兰福利国家不适合当今时代"①，一时引起轩然大波。荷兰是世界上发达的福利国家之一，荷兰人不将自己的国家定义为"经济强国"或"政治军事强国"，但却以跻身"福利国家"为荣，而此番宣布意味着对荷兰福利国家性质的否定，标志着荷兰国家将进入一个新的时代。但这种宣布，对于习惯了福利国家生活方式和思维方式的荷兰人来说，不啻是一个晴天霹雳。为了不引起民众的反感，荷兰政府宣布60亿欧元②的2014年新财政紧缩措施（包括削减中央政府开支、社会福利和健康开支、增加增值税和废除一些免税措施等）时不得不宣称是为了贯彻欧盟的政策方针。

上述现象并非孤立，而是普遍存在。在欧盟总部，希腊总理萨马拉斯一方面公开宣称不会继续采取紧缩措施以填补2015年和2016年的财政亏空；另一方面又与欧委会主席巴罗佐达成通过结构调整继续削减25亿欧元的协议。福利国家的政治领导者们一方面大讲社会团结；另一方面却通过暗度陈仓的方式对福利国家实施削减性，乃至结构性的改革。如果他们不采取这种方法，就可能面临极大的社会和政治风险。"社会团结"是欧洲福利国家政治正确性和社会合法性的伦理依据，是福利国家刚性的舆论基础。福利国家的政治领导人要想对福利支出进行削减，要么说一套做一套，要么就准备承受风险。

事实上，自20世纪80年代，西欧福利国家在实践领域里开始了一个缓慢的变化历程，这些变化的积累已经导致了社会结构的一些明显变化，并促使国家发生职能的变化。但是，福利国家的伦理，特别是大众伦理却依然故我，支持传统福利国家理论的社会和政治舆论依然强大。在福利国家的伦理概念和福利国家的改革实践之间出现了一种拉锯现象：在福利国家的起源地——欧洲，很多主张回归竞争原则的国家领导人被选民抛弃，这些致力于改革福利国家的领导者不得不使用"第三条道路""新左翼"等模棱两可的概念将真实的改革意图掩盖起来。

福利国家的伦理为什么有这样大的威力，能将政治领导人逼入两难境地？这些福利伦理的概念是怎样产生的？果真是亘古不变的铁律吗？要回答这些问题，需要对基本的福利伦理概念进行历史的跟踪。这里选取了"责任"这个福利国家的核心概念进行跟踪，考察这一概念在不同历史时代和社会环境中的内涵，进而讨论福利伦理的社会内涵。

三、"责任"概念的来源

在现代福利国家中，"责任"是最重要的概念之一，也是一个高度伦理化的概念，同时又是一个历史性的概念。现代福利国家发展的历史设定了"责任"概念演化的历史场景，这个概念本身的丰富和发展反映的是现实社会生活中的种种变化。脱离了这个抽象的概念赖以产生和发展的历史背景和社会环境，就不能够理解在"责任"的讨论中为什么会存在着这么多互相冲突的立场，也将无法理解社会主流观念中对"责任"认知的变迁。

在人类社会发展的早期阶段，责任体现为对特殊人群的救助或群体互助。考古发掘认

---

① "the Dutch welfare state is not suited for modern times". Eurointelligence newsletter web version.
② 2011—2014年总共380亿欧元的紧缩计划。

定，在原始人类社会，伤者、老人以及有先天缺陷的群体成员能够得到来自所属群体的帮助，而不是被群体抛弃。① 群体互助一方面反映了某种现实需要（即在生存条件极其恶劣的情况下作为种群延续的必要条件）；另一方面，群体互助也逐渐发展成为处于不同时期和不同文明中的人类社会所普遍具有的特征，进而与人的社会属性紧密相关并上升到道德层面，得到不同社会的普遍认可。生活在不同的生产方式和不同的社会组织结构中，受到不同的宗教信仰影响的人们，对于"为什么要提供救助""哪些人应该得到帮助""应该由谁来提供帮助""又应该用什么样的方式来提供帮助"等根本性问题既有普遍的关注，又有迥然不同的理解。

在中世纪，现代的"责任"概念还没有出现，不过，贫困和对穷人的救助却是社会生活中不可回避的议题，关于贫困原因和解决方式的讨论也一直没有停止，这些讨论与当时的社会条件息息相关。中世纪的欧洲，是农业社会的欧洲，是封建制的欧洲，也是基督教的欧洲。当时欧洲的生产方式和生活水平、社会和政治组织形式及基督教信仰直接影响了人们对贫困的看法，以及向穷人提供救助的方式。

在欧洲封建制的农业社会中，农庄是基本生产单位，也是最基础的社会组织，社会关系以封建隶属关系为基础，以身份地位为核心。这一时期的社会关系是十分稳固的，人口的流动也维持在比较低的水平上。在这种生产方式和社会结构下，贫困往往是由天灾人祸所致，例如饥荒、战乱和个人的不幸遭遇（丧偶、伤残、失怙或罹患慢性疾病等）。这类社会风险是偶发的，能够在一个比较小的范围内得到解决，因此，农庄在济贫中起到了重要的作用，封建领主也承担了重要的提供救助的责任，而其他具有社会性质的福利也与农庄这种生产组织紧密相连。无论是责任还是权利都与农庄这种农业生产组织方式相关联，也以这种生产组织为边界，例如在英国，出生于农庄的农奴一年之中可以享受最长 30 天的病假②。当然这种待遇只能在本农庄享受。

在中世纪，基督教传播到了欧洲大部分地区，基督教一方面影响了人们对贫困的看法和对济贫活动的态度，另一方面，教会组织在济贫活动中也扮演了重要的角色。首先，基督教教义视贫穷为美德而非罪恶，施舍和慈善是对上帝负有的宗教义务，而不仅仅是出于世俗社会关系的社会义务。因此，在中世纪，天主教会鼓励施舍，也不禁止行乞，因此，教会是除了封建领主之外承担社会救助职能的重要机构，尤其是在灾荒和战乱期间，教会通常会通过征集捐助为难民提供必要的帮助。通过这种方式，教会一方面为那些游方僧创造了接受帮助的条件；另一方面，获得捐助也成为教会重要的收入来源。此外，共同的宗教信仰是连接人与人关系的一条重要纽带，也是帮助他人的伦理基础。宗教革命后，虽然新教颠覆了天主教时期对贫困和乞讨的看法，但是，由基督教教义而来的个人对他人的责任和义务概念却一直没有消失，而通过互助来实现人类"团结"也一直是人们追求的理想。1526 年 Juan Luis Vives 应比利时布鲁日前行政长官之请，出版了一本关于济贫活动的书，其开篇即谈到："互助增加了慈善，也巩固了人类的团结。我坚信这尤其是那些执政者所应考虑的，他们也应该提供帮助，从而保证每个人都帮助他人，无人遭受压迫，无人遭受暴虐，无人遭受不义

---

① Dolgoff, Ralph, and Donald Feldstein. *Understanding social welfare*. Pearson Education, 1980: 23.
② Dolgoff, Ralph, and Donald Feldstein. *Understanding social welfare*. Pearson Education, 1980: 37—57.

之痛，最强者应该帮助最弱者，因此，普遍的和谐和市民提供慈善的愿望会与日俱增，并得以天长地久。"① 这种观念即便在宗教改革之后也没有完全从人们的视野中消失，并对日后现代福利国家的发展产生了重要的影响。

中世纪欧洲的经济、政治和社会条件为基督教的济贫观点提供了稳固的社会基础，教会在济贫活动中也发挥着不可替代的重要作用。在封建等级制相对松弛的新兴工商业城市中，城市经济与生活方式虽然不同于封建农庄，但是，其社会关系仍然具有鲜明的封建制的特征，以契约为核心的社会关系还没有成熟，行会这种工商业组织中仍然存在着明确的人身隶属关系。因此，在城市中贵族、教会和行会组织共同承担了提供社会救助的责任。

四、"个人责任"的确立：新教改革、资本主义兴起和工业化

中世纪晚期，欧洲逐渐开启了从封建制的农业社会向工业社会和资本主义市场经济的转型历程。在这个过程中，首先变化的是社会结构，农村出现了剩余人口，这些剩余人口大量地向新兴的工商业中心——城市集中，结果传统的社会纽带开始松弛，由身份决定的社会关系，即领主和农奴之间的关系，转向由契约决定的关系，即雇主与雇员之间的雇佣关系。其次，社会生活也出现了极大的变化，人口的流动性增加，很多人离开出生和生长的地方到新兴城市中就业和生活。生产方式的转变自然也带来了社会风险的变化。在农业社会中占据主要地位的社会风险，如战乱、饥荒和个人不幸遭遇等，逐渐让位于在大工业的生产组织里和市场经济条件下的结构性风险，如因经济周期而导致的结构性失业等。这种转型带来了新的社会问题，领主、行会和教会虽然仍然承担着旧的社会关系下形成的救助的义务，但是，依靠传统的社会纽带提供的社会救助逐渐地开始不适合新型的社会环境。此时的社会伦理也开始面临新的挑战：面对新的生产方式和社会现实，谁，根据什么理念，以什么方式来应对新的社会风险成为核心问题。

在一段漫长的社会历史转型过程中，社会结构的变化与思想领域的变化互为因果、相辅相成，共同担负起"打破旧世界，建立新世界"的责任。这些变化特别突出地表现在宗教改革中。新教开始是适应新兴工商业资产阶级的要求而主张推翻各种封建束缚，努力削弱天主教会对城市财政的剥削。随着资本主义市场经济的巩固和工业化的发展，新教开始强调"个人责任"，并使其成为在社会政策领域长期占据主流地位的伦理思想。新教最具代表性的主张之一是颠覆性地批判当时占主导地位的天主教贫困观，对乞讨行为进行了严厉的批判，将工作视为人的基本道德责任。宗教改革的领袖人物路德曾说："我们当务之急需要做的一件事是在基督教世界消除所有的乞讨行为。基督徒中无人应该去行乞！如果我们有足够的勇气和真诚的意愿，颁布法律就成为轻而易举之事，从而让各个城市为自己的穷人负责，它们也不应接纳任何外来的乞丐，无论他们自称朝圣者或游方僧。每个城市皆能帮助自己的穷困者，如果城市过小，那么可以要求附近的村庄提供帮助，……这样人们就能够知道哪些是真正的穷人，哪些不是。在城市中应有专人负责了解穷人的状况，并向市政厅或牧师通报他们的需要；也可以有其他更好的安排。据我观察，行乞行列中混杂的抢劫和欺骗远远超出其他

---

① Vives, Juan Luis, and De Subventione Pauperum. On the Relief of the Poor, or of Human Needs. In Paul Spicker (ed.). *The Origins of Modern Welfare*. Peter Lang, 2010: 5.

活动,……更何况,这种不受控制的、普遍的乞讨会伤害平民。"①

新教中的加尔文教派进一步把工作视为人的宗教义务。这种观念上的变化开始促成了区分"有罪贫穷"和"无罪贫穷"的做法,因"懒惰"而导致的贫困显然是不应该获得救助的,教会和教职人员的救助义务因而增加了新的内容,在向穷人提供物质帮助的同时,也有责任为他们提供工作并监督他们工作。

在这个背景下,中世纪晚期以后,英国的主流社会责任观念出现了对后世产生长久影响的"资格"概念。"有罪贫穷"和"无罪贫穷"中衍生出"次等资格(或更少资格)"(less eligibility)的伦理概念。"次等资格"解决的是"谁可以享受什么"的问题。1531年英格兰政府首次提出了"政府责任原则",就是建立在"资格认定"的基础上。为了应对大量的无业游民以及他们所带来的社会不稳定因素,英格兰政府决定向那些"真正需要帮助"的人,如年老体弱者和丧失劳动能力而不劳动的穷人,提供帮助,地方政府还可以向他们发放允许其乞讨的证明。而对于那些有能力劳动的闲杂人等,不仅向他们提供救助会受到罚款处罚,这些有劳动能力而不劳动的穷人也要受到鞭打,并被遣返出生地接受强制劳动②。从伦理概念上讲,政府没有责任救助有劳动能力而行乞的人,就社会救济伦理来说,这些人属于"次等资格"。

1601年的英国《济贫法》系统地贯彻了"次等资格"的原则,这一原则认定贫困的根源来自于个人,特别是个人的懒惰,解决贫困状况首先是"个人责任"。直至19世纪末20世纪初,英国主流社会都秉持这一观念。例如,古典自由主义的代表人物亚当·斯密在《国民财富的性质和原因的研究》中指出:第一,贫穷与懒惰有关,社会对于贫困的责任应当让位于社会对穷人的压制;第二,济贫行为不是使穷者富,而是使富者穷,它能够制造出一个穷人的世界③。

在"次等资格"观念的主导下,对需要帮助的人群提供的救济维持在最低限度。根据岳颂东的解读,1867年颁布的《英属北美法》确立了救助的4项原则:一是剩余性原则,救济应该是剩余性的——指救助那些无法自救的人。二是选择性原则,社会救助只针对特定的人群,如孤老病残者。如果是一个健康的失业者去申请救济,他们就会被强制工作,以换取救济金。三是条件性原则,救济是有条件的救济。当时的立法包括父母必须哺育子女,子女成人后必须赡养父母和祖父母,不服从这种家庭责任制度即要进行惩罚。四是"劣等处置"原则,或称"更少资格",救济在数量上应当是最少的,而不是适宜的或平均的。任何人获得的救济都应该低于最低工资标准,以避免养懒汉④。

"次等资格"的提出除了强调个人责任以外,还划清了个人责任与政府责任的界限。由于中世纪晚期的英国政府开始介入社会领域,主要是济贫领域,因此有必要规定政府责任的范围。之后,人们通常将系统规定"次等资格"的英国《济贫法》看作是政府制定社会政策的源头。

---

① Spicker, Paul (ed.). "Introduction". *The Origins of Modern Welfare*. Peter Lang, 2010, 9.
② Dolgoff, Ralph, and Donald Feldstein. *Understanding Social Welfare*. Pearson Education, 1980:37—57.
③ 岳颂东. 社会保障中政府、市场与家庭之间的责任关系 [G]. 周弘. 社会保障制度国际比较 [M]. 北京:中国劳动社会保障出版社, 2010:197—216.
④ 同上.

五、"个人责任"向"社会责任"的转变及现代福利制度的确立

上述关于贫困以及救助的责任的观念以及在此基础上发展起来的英国早期社会政策,导致了严重的贫富分化,工人阶级中普遍存在着生存困境,阶级对立状况也越发凸显。1803年,英国最富裕的1.4%的家庭取得国民总收入的15.7%,到1867年工业革命完成时,0.07%的家庭就取得16.2%的国民总收入[①]。自由主义的政治评论家托马斯·卡莱尔对这种社会现象进行了严厉批判:"我们的生活中是没有互助的,相反,在名为自由竞争的战争法则之下成为互相敌对的状态。金钱不应该是人与人的唯一关系,可是我们对这一点已经忘记得一干二净。现在,人们认为金钱能够赦免一切罪恶,能够解除人与人之间的一切约定,也就是说只要有了钱,什么道德、公理、公正,一切都无所谓。"[②]

这种状况不仅引发了道德困境和现实的社会问题,更进一步威胁到政治稳定,动摇了英国社会稳定的基础。首先,工人阶级的极端贫困造成了社会性的健康危机,贫民窟成为瘟疫的渊薮。根据当时的统计,在英国的工业中心曼彻斯特,富人的平均寿命是38岁,穷人只有17岁,但在农村地区,富人平均寿命有50多岁,穷人也有30多岁。这种健康危机威胁到了大英帝国的兵源,在19世纪末英布战争中,50%的应征者体检不合格。其次,工人阶级为了争取更好的生存环境,进行了长期的斗争,阶级对立成为社会不稳定的根源,工人运动在整个工业革命期间此起彼伏,其中规模最大的宪章运动有几百万人参与。宪章运动后期的一个领导人曾说过:"宪章运动对我来说是一个面包的问题。"[③] 统治阶级也感到了这种现实的社会压力,保守党首相狄斯雷利曾说过:"当茅屋不舒服时,宫殿是不会安全的"[④]。因此,从19世纪下半叶开始,英国政府采取越来越多的措施来解决工人阶级中的贫困问题。

在这种社会现实条件下,英国的上层阶级和知识精英开始重新思考贫困的原因和社会影响,个人责任观念逐渐让位于社会责任观念。19世纪末20世纪初的福利经济学派论证了收入转移支付的正当性,根据"福利经济学之父"庇古的观点,福利是指个人获得的某种效用与满足,它们来自对财物、知识、情感、欲望的占有和满足。所有社会成员的这些满足或效用的总和便构成社会福利。庇古假定,在收入分配中货币收入的边际效用递减规律在起作用。同样一英镑收入对穷人和富人的效用是不同的,穷人一英镑收入的效用大于富人一英镑的效用,因此,把收入从相对富裕的人手中转移到相对贫穷的人手中,就会增加一国的经济福利[⑤]。

1889年,查尔斯·布斯(Charles Booth)出版了他的《伦敦人的生活与劳动》第1卷。此后他又陆续出版了其余的16卷。在这部划时代的巨著中,布斯细致地描述了伦敦人生活的困境,提出了"贫困线"的概念,认为有30%的伦敦人生活在贫困线之下。布斯还把人

---

① 钱乘旦. "给茅屋以面包,给宫廷以和平"——英国工业革命的人文主义教训[G]. 人类文明中的秩序、公平公正与社会发展——中国哈佛—燕京学社2007年北京年会暨国际学术研讨会论文集[C]. 北京:北京大学出版社,2009:15.
② 同上,16.
③ 同上,18.
④ 同上.
⑤ 岳颂东. 社会保障中政府、市场与家庭之间的责任关系[G]. 周弘. 社会保障制度国际比较[M]. 北京:中国劳动社会保障出版社,2010:197-216.

的一生分成不同的生理阶段,证明大部分劳动者,不论勤奋与否,都会在生命的旅途中经历贫困的威胁。人在幼年和老年的时候特别需要照顾,造成贫困的主要原因是社会经济结构本身的问题,而不是个人的行为。所以政府应该通过各种措施来帮助就业,进行家庭补助,提供养老金①。

19世纪下半叶,英国工人阶级争取政治权利的运动不断爆发,他们希望通过推动社会立法来解决社会问题。费边社明确提出,一个民主政治的政府已经全面地控制了国家和国家力量,利用政府的力量通过社会立法也已经没有障碍②。各个阶层的力量开始通过民主普选制影响社会政策,使其从单纯的政府社会政策向国家的社会立法发展,"次等资格"原则也最终从社会政策中退出。随后,在20世纪初期,英国的工人阶级,包括农业工人和矿工,在政治上获得了普选权,人民对于改革的要求通过选举的形式充分地表达了出来,即使是传统的保守党也不能对这些要求置若罔闻。英国的自由党和保守党上层的观念也已发生了改变,他们开始把社会服务的发展看成是文明发展的必然趋势,例如温斯顿·丘吉尔就曾发表演说:"社会观念如果不同时包含集体组织和个人动力就是不完整的。文明的整体趋势是向增加社会机体功能的方向发展。文明不断增加的复杂程度要求为我们提供新的必须由国家来承担的服务,还要求我们拓展现有的服务。"③

在此后形成的英国福利制度中,"社会责任"和"公民权利"变成主流观念,公民通过缴纳国家或地方税(不是社会保险费)而获得领取资格,社会福利的"资格"概念转而变成了"公民权利"概念。"责任"由个人承担转向由社会承担。因而,没有人再敢使用带有歧视意思的"次等资格"概念,但是在福利制度和政策的背后,一直存在影响各种不同社会救助项目对象和水平的"资格"认定。

六、"责任"观念的国别差异:德国与英国的对比

如果放开视野去观察社会政策发源地——英国之外的福利政策的发展,可以发现不同社会条件下对社会救助"责任"的看法具有很大差别,仅以德国为例④。德国的社会保险模式是世界上4种主要的福利保障模式之一,它曾经影响过英国的社会立法和社会行政模式,却又与英国的深受"济贫传统"影响的福利国家模式有着很大区别。究其原因,虽然资本主义市场经济和工业化对社会的挑战是类似的,但是不同形式的政府,在不同的时代,不同条件下采取的应对措施、实施的社会政策、建立的时机必然会带有不同的制度、历史和社会的特色。

16世纪,德国的城市中开始出现了以教区或城市行政单位为主的社会救济活动,以替代天主教的济贫活动。在这些社会救助活动中,"次等资格"和"个人责任"观念也渗透其中。但是,与英国不同的是,英国在通过《济贫法》时已经是一个统一的国家,而此时德国

---

① Charles Booth, Life and Labour of the People of London, 麦克米兰公司(Macmillan)于1892—1897年间在伦敦和纽约共出版了九卷。
② Saville, John. The Origins of the Welfare States. In M. Loney, D. Boswell, and J. Clarke (ed.). *Social Policy and Social Welfare*. Open University Press, 1985: 14.
③ Churchill, Winston S. *Liberalism and the Social Problem*. London: Hodder, Stoughton, 1909: 80.
④ 关于德国社会保障制度中"责任"观念的讨论见周弘著,《福利国家向何处去》,第43—55页。

尚处于分裂之中，此后，直至德国社会保险立法逐步通过之前，德国才建立了统一国家，在工业化过程中德国的社会和政治一直处于封建主义和资本主义胶着、政治和行政割据的状态。在这种状况下，各类实践和各类思想都在德国获得了生长的土壤。由于政治上的分治，在德国的各个独立城市、公国、主教和贵族领地上实行着各种不同的扶贫救助政策，那些政策虽然都是时代的产物，但也都或多或少地受到当地君主、贵族和教会的偏好的影响。另外，由于德国的手工业非常发达，所以手工业的行会内部保障机制发展也很迅速。又由于德国是后起的资本主义国家，自由资产阶级的思潮与无产阶级的社会主义运动几乎同时在德国兴起。1848 年以前的德意志社会主义者的主张几乎全部照抄英国和法国的经验，这些主张的传播抵消了后期资产阶级的自由资本主义理念。于是，德国社会就成了传统社会保护观念、自由资本主义理念和新兴社会主义思潮的集散地。

德国统一是催生德国社会保险模式的重要事件。在德国统一过程中，有关社会责任的问题成为德国知识界、工商界和政治界共同关心的问题。1848 年前后，在强大的普鲁士，社会上出现了两种主要的社会政策动议，一派意见认为，应当加强现有各行会的功能，实行行会强制性保护；另一派意见则赞成探索新的保护方式，提议动用国家行政力量，建立所谓的"福利君主国"[①]。由于在普鲁士存在着由国家出面提供社会保护的传统，后一派意见逐渐占据了上风。德国知识界的知名人士大都支持社会改革方案，反对加强手工业行会的地位。在1850—1870 年的 20 年间，德国经济和贸易自由主义在国家统一运动的驱动下快速发展。德国贸易自由主义的代表人物是普林斯·史密斯，他提倡"工作和安全"，号召以需求为标准，把需求作为动力，适当地提供经济安全保障。而德国社会党的代表人物拉萨尔则认为，国家的责任应当包括建立和资助工人联合会，救助"铁的工资规律"的受害者，他进而支持加强国家对社会的干预，反对工人自助。到 19 世纪 60 年代，俾斯麦的挚友海尔曼·瓦根纳就社会政策改革提出 3 条建议：第一，建立最低日工资制度；第二，按照行业建立合作组织，在雇主和雇员之间达成协议；第三，设法建立起一种让工人最终成为企业主的社会原则。这是一套立足于君主政治、把德国的封建传统和新兴的社会主义主张融为一体的政策建议。这套建议的基本出发点是加强君主政治，也正是出于这样一种政治观念，俾斯麦才大量地采用了德国社会党人的一些激进的社会主张。

1871 年德国统一后建立了强大的中央政府，这是由国家出面推动社会政策改革的组织基础，而 1873 年的经济萧条中，德国钢铁和煤炭行业的大量失业又为社会政策改革提供了催化剂，工人接受保障的权利逐渐成为一种德国社会的普遍共识。此时，社会政策改革又得到了德国大企业的支持，施杜姆和克虏伯等大工业家发现，没有社会稳定也就没有利润，他们以一种封建家长制的眼光来看待为工人提供社会保障的问题，认为雇主是家长，雇员是家庭成员，雇员有权利得到雇主的照顾和看护。这样，大企业主、社会民主党人和俾斯麦政府的立场十分接近，推行社会政策改革的时机成熟了。需要指出的是，基督教传统在德国社会保险制度的建立过程中也发挥了重要的作用，俾斯麦本人就是一个虔诚的基督徒，他认为基督教国家向自己的工人伸出援助之手是十分正常的。

---

① Rimlinger, Gaston V. *Welfare Policy and Industrialization in Europe, America, and Russia*. New York: Wiley, 1971: 102.

综上所述，建立社会保险制的德国政府和颁行《济贫法》的英国政府所要解决的是不同时代的不同社会问题，它们用于解决社会问题的政治资源、经济资源也不相同。英国和德国虽然都明确了国家应当承担社会责任，但是，英国国家的责任建立在对教会责任的替代和对个人责任的补充上，而德国国家的社会责任则建立在对社会各个阶级和阶层利益冲突的协调和平衡上。社会和历史背景的不同导致德国政府和英国政府用不同的方式介入社会，承担社会责任。在德国的各类社会保险中，雇主、雇员和国家根据各种保险的性质和风险确定各方责任的分担比例。既然社会各个方面都有所投资，"次等资格"当然就不适用了。所以，在德国社会保障制度中，"权利和义务"是主导概念，德国社会保险制度的原则是：在一个快速发展的工业社会中，各个社会成员之间都有相互的权利和责任。

与权利和责任观念相适应，德国社会保险模式也不强调"最低生活线"和惩罚性措施。相反，德国社会保险模式强调权利的对等性，这种对等性的权利观念突出地表现在对社会保险计划的管理上：雇员、雇主和国家都参与管理，共同决定利益的分成。这就是德国工业秩序的特殊性，这种工业秩序黏合了各个社会部分，形成了所谓的"社会团结"模式。这种社会制度成为大陆欧洲，乃至许多后发的工业化国家效仿的模本。责任概念经历了一个从"个人责任"到"政府责任"再到"共同责任"和"社会责任"的变化过程。

七、福利国家改革及"个人责任"的回归

自 20 世纪 80 年代以来，"社会责任"和"社会团结"观念受到挑战，"个人责任"重新出现在关于福利国家的讨论之中。出现这种观念争论的背景是：20 世纪 70 年代经济危机之后，福利国家模式受到经济全球化的挑战，面临愈来愈多的改革压力。西欧福利国家或迟或早地开启了程度不同的削减福利的改革。

在英国，撒切尔夫人执政时期福利制度开始向"福利多元主义"的方向转变，目标是逐渐削弱政府在提供社会福利中的主要责任。在撒切尔夫人的改革中，福利提供者从以政府为主提供福利和保障，转向鼓励各种私人机构的参与，其结果是，福利事务的特征变得——如果不是完完全全的私有的话——更类似于市场上的契约关系。他们越来越等同于"公民自由权"而非公民权利中的"社会权利"。[①] 政府介入社会的方式随之转变。为了减少社会上反对力量的压力，英国政府在"福利国家"不断后撤的过程中，在观念上倡导"积极的公民权利"，集体的提供保障的方式开始让位于个人的自主选择，也就是说，不以强制性税收的方式进行转移支付，也不以强制性的方式要求富裕的公民对贫困群体承担保障责任，富人应是自愿的，应基于他们的自主选择向贫困群体提供帮助，因此，富人提供保障是"权利"而非"责任"。

在随后的工党执政期间，政府开始推行"第三条道路"。工党从保守党激进的"个人责任"的立场上略有回归，并提出了一条新的福利伦理，即不承担责任就不享有权利，力图建立一个权利与义务平衡的福利制度。引用工党的竞选纲领，福利改革的议程应该是"权利和责任并行不悖的"，把个人享受社会福利的权利与从事劳动的责任连接起来，因为工党希望

---

① 哈特利·迪恩. 公民的权利 [G]. [英] 马丁·鲍威尔编，林德山、李资资、吕楠译. 新工党，新福利国家？[M]. 重庆：重庆出版社，2010：212.

与之订立契约的人民是"那些努力工作、按照规则行事并为他们所获得的权益付出的广泛大多数人民"①。正如工党的政策纲领所言:"新的福利国家应该帮助和鼓励那些处于工作年龄的人们在尽他们所能的情况下去工作。政府的目的是重建围绕工作的福利国家。……我们的目的无异于福利的要求者、雇主和公共服务者之间的一种文化转变——使所有方都既有权利也有责任。那些从领取福利转向工作的人们将获得积极的支持,而不只是一种救济。"②

因此,布莱尔政府奉行"积极的福利"政策,要用社会投资国家取代社会福利国家,将公共支出由公益事业转向人力资本投资,并寻求提供新的工作机会,使社会福利的接受者由依赖救助转向就业与经济独立。在另一方面,布莱尔又继承了保守党政府的福利改革遗产,继续坚持"福利多元主义"的改革方向,把福利变成政府、企业、社会、家庭和个人共同参与和分担的公共事业。同时,倡导劳动伦理,把教育和培训作为一种促进就业和自立的普遍福利形式,以鼓励工作、促进就业、减少失业开支对纳税人的负担等为目标。这种改革的最终目的是为有能力工作的人提供工作,为无能力工作的人提供保障。③

英国的福利改革不是孤立的,同期很多福利国家的政府开始从一些福利项目中退出,并不同程度地重新强调个人责任的观念。因为可以用于福利支出的资源出现了短缺,出现了有关福利国家"养懒汉"和"福利道德风险"的道德批评。一些研究者指出,在向后工业社会的转型过程中,社会风险发生了变化,而现代社会中的风险无法通过传统的福利项目获得保障,因为福利国家通过国家干预刻意地影响就业、家庭生活和婚姻,其本身已经成为风险的制造者。

由"社会责任"向"个人责任"转变的另外一个重要的背景则是生产方式和社会生活的变化。在向后工业社会、以服务为基础的知识经济的转型中,福利国家社会中普遍出现了社会结构和社会生活方式的变化,支撑"黄金时期"福利国家的社会基础悄悄发生了变化,这种变化表现在两个方面:一是个人化,人们更加推崇后物质的价值观念,强调个人的自由和个人的自我表达,同时一些传统的社会纽带愈加松弛,这动摇了集体应对社会风险的基础;二是全球化,在资本、人员、商品和服务超出国界流动的条件下,个人化的趋势得到加强,原本以"公民权利"为基础的社会纽带受到冲击,而福利国家的财政基础也遭到侵蚀。

但是,工业化的生产方式仍然存在,工业化社会中的各种组织纽带仍然在现实的社会政治生活中发挥着重要影响,这些因素继续支撑着"社会责任"和"社会团结"观念。因此,尽管社会现实发生了巨大的变化,在工业社会基础上形成的"社会团结"的概念仍然占据主流。与此同时,现实社会也已经出现分化,社会机制相应缓慢转型。此起彼伏的社会抗议继续使用"社会权利"的伦理概念作为理论武器,但是却无法有效地阻止现实社会中社会福利削减和社会机制转型的趋势。显然,在观念领域里已经出现了"社会责任"向社会、雇主、个人和家庭分散化的现象。未来是否有新的社会福利伦理出现,这是一个值得思考的问题。

---

① 哈特利·迪恩. 公民的权利 [G]. [英] 马丁·鲍威尔编, 林德山、李资资、吕楠译. 新工党, 新福利国家?[M]. 重庆:重庆出版社,2010:214.

② Labour Party, 1998, New ambitions for our country. 23—24. [英] 马丁·鲍威尔编, 林德山、李资资、吕楠译. 新工党, 新福利国家?[M]. 重庆:重庆出版社,2010:导言,214.

③ 岳颂东. 社会保障中政府、市场与家庭之间的责任关系 [G]. 周弘. 社会保障制度国际比较 [M]. 北京:中国劳动社会保障出版社,2010:197—216.

八、思考

通过对"责任"这个在西欧国家被高度道德化的福利伦理概念的简短回顾,可以看到一个明显的变化过程。社会历史的发展并没有挑战"责任"概念作为一种社会伦理的必要性:即使是在原始社会和前工业社会,人群中也存在着责任意识,无论在何种社会形态下,都存在着某种形式的责任安排。但是随着社会历史的发展和社会形态的变化,"责任"的内涵和方式却发生着变化。由于社会条件的不同,在西欧国家之间也存在着履行责任的机制和方式,乃至责任概念内涵的差异。这些差异被埃斯平·安德森形象地称为"福利资本主义的三个世界"[①]。

在福利伦理的其他主要概念中也存在着类似的情况。例如福利国家不同政党对"机会公平"和"收入公平"有不同的侧重,西欧国家的社会舆论从关注"社会分配"转向"社会投资"等。没有人挑战"公平"这一基本社会道德标准。特别是在发达和文明的社会里,"公平"概念具有不可挑战的政治正确性地位。但是,如果具体到实现"公平"的路径和方法,则存在着许多差异理解和实践,从提供最低收入保障这种有选择的公平,到无选择的集体公平,差别显而易见。比如冷战结束后在西欧风靡了二三十年的"社会分配"理念悄然转向近二十年逐渐升温的"社会投资",从中可以明显看出政府责任的转移:从介入劳动成果的分配转向提供劳动机遇。责任虽在,但是方式方法开始转变了;公平还讲,但是侧重点从分配公平转向机会公平。

综上所述可以认定:

第一,福利伦理的基本概念虽然古已有之,但其内涵和方式却并非一成不变,时间和空间都会是伦理概念变化的条件,因此我们的工作不是强调差异性,而是理解共性的原因和差异的条件,进而改善沟通、增进理解。

第二,"责任"是福利伦理的核心概念之一,任何一个社会在讨论福利的时候都绕不过"责任"认定。人类社会之所以难以绕开"责任"认定,说明这一概念是人类生存的基本问题,是穿越文明和时代的人文观念,在人类社会中具有共通性。

第三,不同的社会在讨论"责任"的内容和履行方式时呈现明显的不同。因为界定"责任"虽然是人类社会共通的,但在不同的社会现实中履行"责任"的方式却必然是多样的。由此可见,福利伦理是由两个部分构成的:共通的人类需求和差别的社会方式。生产和生活方式发生变化时,社会结构发生变化时,责任的概念和方式就应当发生变化。

第四,当社会处于由一种主导现象转向多种主导社会现象并存的过渡时期(如国家责任的移位,个人责任的增加),必然出现多种福利伦理观念并存的局面。此时,众数的福利伦理观与变化的伦理观会出现拉锯和错位的现象,而福利政治则会通过一种机会主义的安排,例如通过暗度陈仓的形式实现福利国家的转型过渡,就像本文开始时介绍的情况一样。

参考文献

[1] 岳颂东. 社会保障中政府、市场与家庭之间的责任关系 [G]. 周弘. 社会保障制度国际比较 [M]. 北京:中国劳动社会保障出版社,2010.

---

① Gosta, Esping—Anderson. *The Three Worlds of Welfare Capitalism*. Princeton University Press, 1990.

［2］钱乘旦."给茅屋以面包,给宫廷以和平"——英国工业革命的人文主义教训［G］.人类文明中的秩序、公平公正与社会发展——中国哈佛—燕京学社2007年北京年会暨国际学术研讨会论文集［C］.北京：北京大学出版社,2009.

［3］哈特利·迪恩.公民的权利［G］.［英］马丁·鲍威尔编,林德山、李资资、吕楠译.新工党,新福利国家？［M］.重庆：重庆出版社,2010.

［4］Dolgoff, Ralph, and Donald Feldstein. *Understanding social welfare*. Pearson Education, 1980.

［5］Vives, Juan Luis, and De Subventione Pauperum. On the Relief of the Poor, or of Human Needs. In Paul Spicker (ed.). *The Origins of Modern Welfare*. Peter Lang, 2010.

［6］Spicker, Paul (ed.). *The Origins of Modern Welfare*. Peter Lang, 2010, "Introduction".

［7］Saville, John. The Origins of the Welfare States. In M. Loney, D. Boswell, and J. Clarke (ed.). *Social Policy and Social Welfare*. Open University Press, 1985.

［8］Churchill, Winston S. *Liberalism and the Social Problem*. London：Hodder, Stoughton, 1909.

［9］Rimlinger, Gaston V. *Welfare Policy and Industrialization in Europe, America, and Russia*. New York：Wiley, 1971.

［10］Gosta, Esping-Anderson. *The Three Worlds of Welfare Capitalism*. Princeton University Press, 1990.

社会投资
——欧洲福利国家调整的必然方向

[荷] 安东·赫姆瑞吉克

【摘要】 本文介绍了过去20年中，欧洲不同福利集群的福利改革的状况。重点介绍了社会投资视角及其经济学意义，并对社会投资范式在欧洲的未来，以及欧洲福利国家的走向进行讨论。

【关键词】 社会投资 福利国家

Social Investment——An Imperative for European Welfare State Adjustment

Anton Hemerijck

(VU University Amsterdam, London School of Economics and Political Science, Collegio Carlo Alberto, Turin)

Abstract This study gives an introduction of the welfare reform momentum of the past two decades across different European welfare clusters. It then focuses on the social investment perspective and explicates the economic logic of social investment. By examining the future of social investment perspective, this study also explores the trend of European welfare states.

Key words Social Investment Welfare State

一、新政策探索

2008年，全球金融危机给欧洲福利国家带来了空前巨大的压力。代价高昂的银行紧急财政援助和一些其他的经济刺激措施，虽然在2008年和2009年防止了经济崩溃，但却极大消耗了国库资金。逐渐上升的社会开支，面临着不断下滑的税收收入，许多政府为了能够稳定延续公共财政的偿付能力，不得不减少社会福利服务以及削减对贫困人口、失业人员和养老金领取者的援助和补贴。与此同时，女权主义革命在女性教育和就业方面所取得的成果，已经从根本上改变了个人和家庭所面对的社会风险结构。在知识型服务经济时代，能够享受到中层阶级的生活条件严重依赖于家庭的双收入来源，即夫妻双方均需进入劳动力市场。这使得政府在以下方面承担了额外的压力：儿童抚育、针对单一收入来源家庭的收入扶持以及出台政策帮助民众更好地协调工作和家庭。

作者：安东·赫姆瑞吉克，荷兰自由大学国际交流副校长、社会科学院院长，从事制度与政策分析研究。2013年被伦敦政治经济学院提名为社会政策领域世纪教授（Centennial Professor）。原文英文，译者覃伊璇，中国人民大学劳动人事学院硕士研究生。

在金融危机的困难时期，政治和经济变得密不可分。萧条的经济环境令政府不能背弃已有的高福利承诺，因为大量的选民越来越能够真实体会到通货紧缩、失业、贫困和社会不平等所带来的痛苦。那么，经济大萧条会带来怎样的后果呢？经济是否会因为政策改革失败而从此一蹶不振，还是能在更多有建设性的政策指导下得到校正？以金融为导向的全球资本主义的崩溃对经济和政策产生了严重的冲击，欧洲福利国家是否面临着成为这些冲击牺牲品的风险？又或者，在21世纪全球资本主义新的社会和经济现实条件下，基于一个新的关于平等和效率的帕累托最优边界，通过重建可行且富有人道主义的社会政策和制度，金融危机又是否能成为重塑现代社会政策的一个新的契机？

在当今的环境下，欧洲需要一个既在经济上可行又有助于实现社会平等的政策调整战略，即一项长期的、重点针对解决就业机会、促进劳动力在工作和家庭间过渡和提高人力资本的战略。如果没有这项战略的支撑，欧盟将面临永久滞留在经济萧条泥潭中的风险。以上是2013年2月欧盟委员会发布的"对增长经济和社会凝聚力的社会投资计划"的核心内容（European Commission，2013）。社会投资的概念作为一个政治视角，起源于世纪交替时期，旨在帮助福利国家现代化的同时，保证其可持续发展（Ferrera et al.，2000；Esping-Andersen et al.，2002）。社会投资是指，在如今的知识型竞争社会中，通过从幼儿时期就开始对于个人进行人力资本投资，为个人和家庭迎接新型社会风险的挑战做好充分准备，而不是每次都在经济或者政治危机发生之后才开始亡羊补牢。考虑到现在欧洲社会不利的人口结构，再加上未来可以预见到的经济增长缓滞，在人类生产潜力和社会公益服务方面进行社会投资就显得比以往更加有意义。

在过去的二十年里，欧洲福利国家通过推行改革取得过不同程度的成功。其中，相当一部分国家的福利改革是积极的而非被动和消极的。各国都在积极探索新型社会挑战的应对措施，以及如何让现存制度体系适应不断变化的经济社会环境等问题。这种探索的过程主要得益于两种政治力量的参与：捍卫政策现状的保守主义者以及谋求紧缩型政策的改革激进分子。在所有欧洲国家中，北欧国家有着高质量儿童护理和高水平老年人就业的传统，在有关社会投资的改革中，他们表现出了最强劲的势头。同时我们也观察到，在金融危机发生的前夕，一些政策变化正在其他一些欧洲国家中悄然发生，比如荷兰（社会激励），德国（支持双收入家庭），法国（对非从业人员的最低收入保障），英国（消除儿童贫困），爱尔兰（教育改善），西班牙（关于养老金再调整的协商）。在财政紧缩政策的同时，欧洲也在做一些新的尝试，借助于加强欧洲经济一体化带来的推动力，来重建社会项目和体系，从而使政策整体适应于21世纪的经济和社会现实。但是，在缺乏制度改革且背负着沉重养老金负担的南欧福利国家，分割的劳动力市场和缺乏活力的劳动力市场政策，使得他们面临着一系列严重的社会问题，如较高的青年失业率和长期失业率、较低的女性就业率和持续走低的生育率。这些社会问题不仅加重了南欧国家的老龄化困境，并且令现存的贸易不平等现象继续恶化，进一步加深了整个欧元区的社会分歧（Hemerijck，2013）。

随后，为应对全球金融危机，政府施行一系列经济刺激措施，如银行紧急援助，自动稳定（automatic stabilization），减免税收，以及一些其他最初的措施。这些举措掏空了国库资金，于是让政府陷入了进退两难的境地——难以提高社会保障开支，也无法降低政府财政支出。2010年第一季度，希腊的债务危机让欧洲经济再次面临新型金融危机后遗症的挑战，恐惧在欧元区的经济脆弱国家中不断蔓延。欧盟和欧洲中央银行最终站出来，宣布将通过综合救助方案、宽松的货币政策和央行充当最后贷款人等措施，来援助希腊和其他一些脆弱经济体。而作为援助的交换条件，希腊、西班牙和葡萄牙等国家分阶段进行了深入的财政整顿，包括巨大的福利削减和劳动力市场改革。

当前情况下，面临着岌岌可危的欧元危机，社会投资不能再被认为是一种只能在"经济晴朗"时期施行的政策，就像历史上的里斯本时代那样被抛弃。欧洲的政策制定者们应通过切实可行的经济调整策略来协调贸易和竞争力的不对称，并且这些经济调整策略应正确认识到社会投资视角的重要宏观经济收益，在此过程中，政策制定者们要考虑到不确定的经济因素以及政治和社会利害关系。20世纪80年代和90年代，在欧洲大陆一些成熟的福利国家中，老龄人口在社会中处于半永久性的不作为状态，人力资本白白被浪费。现阶段由于人口老龄化现状十分严峻，老龄人力资本不能再这样被浪费。

在下文中，笔者首先会讨论过去20年中，欧洲不同福利集群的福利改革的状况。接下来，在第三部分中，笔者会详细解释社会投资的经济学意义，证明在知识型经济时代，政府可以通过帮助个人和家庭做好面对新型社会风险的准备，以达到发展预期（Esping-Andersen et al., 2002; Morel et al., 2012; European Commission, 2013）。虽然说，现在要为2011年欧债危机影响下欧洲福利国家未来走向描绘出准确的蓝图，或许还为时尚早，但这也许是当下最急迫需要回答的问题。究竟社会投资范式是否能够在当前福利国家所处的新的困难环境下得到重视与推行，还是将重新被边缘化、在欧盟引领的新紧缩时代中再次被抛弃？在第四部分中，对于当前福利国家严重困境的问题，笔者将试图给出一些尝试性的答案。

二、福利国家重大社会变革简史

福利国家具有多维度的政策体系，由属于不同范畴且又相互依赖的所有社会和经济政策共同组成。若要正确认识缓解社会风险这一问题，我们有必要去综合考虑宏观经济政策、劳动力市场规则、社会保险和税收等政策一直以来是如何共同发生作用，来减轻贫困、失业以及社会和劳动力市场排斥所带来的风险的。借助于比较福利改革的扩展文献，笔者建议简要地关注一下在以下政策领域的一些关键性变化：（1）宏观经济政策（包括财政、汇率、货币等政策）；（2）薪水谈判和劳资关系；（3）劳动力市场政策；（4）劳动力市场规则；（5）社会保险和社会救助；（6）养老金政策；（7）家庭和社会服务；（8）社会保障财政；（9）社会政策管理。在此，笔者将重点放在欧盟15个原成员国近年来的社会改革上（如需欧盟27个成员国的情况综述，请参阅Hemerijck, 2013）。

在宏观经济政策上，直到20世纪70年代末之前，都是凯恩斯主义盛行时期，这一时期以充分就业为宏观经济管理的主要目标。随后，从20世纪80年代开始，宏观经济政策开始向更为严苛规则基础上的财政和货币政策框架转型。新的政策框架着眼于经济稳定、硬通货、低通货膨胀、健康预算以及减少公共债务，并最终引入了欧洲货币联盟的形式（Dyson & Featherstone, 1999; Eichengreen, 2007）。20世纪90年代，欧洲货币联盟严格限制了欧洲各国的财政和货币政策，令各国的政策制定者将社会及就业政策作为福利国家改革的核心。

20世纪80年代,为了提高竞争力和盈利能力、促进就业,在新的基于市场规则的宏观经济政策方案的引导下,各国的工资政策都呈现出一种在市场主导下抑制工资增长的倾向。在许多国家中,工资增长减缓是通过工会、雇主组织和政府的社会协定来实现的,并往往会伴随着关于税收、社会保障以及养老金和劳动力市场规则的改革,改革的方向一般都是有利于就业的。对于那些后加入欧洲货币联盟的所谓的硬通货国家,如意大利、西班牙和葡萄牙,欧洲货币联盟的准入条件,作为直接放松劳动力市场和分散集体谈判的替代措施,对于其社会协定的调整至关重要(Avdagic et al.,2011)。

与供应学派经济学的转变相一致的是,20世纪90年代中,包罗万象的社会政策目标从对抗失业向促进劳动力市场参与转变。在降低失业率、调动女性、青年人和老年人参与劳动以及生产者减少的环境下,早期干预、个案管理和条件性福利受到重视(Bonoli,2013),大多数经济合作与发展组织国家在激活劳动力市场政策上的开支,从20世纪90年代到21世纪头十年中增长巨大。至于劳动力市场管理,一些欧洲国家进一步向灵活劳动力市场靠近,向未参与劳动力市场的人引入一些新的保障元素(Schmid,2008)。但是,社会保险和社会救助的开支被大大缩减。在这个过程中,社会保险与地位的关联减弱。如今,大多数国家都有普遍最低收入保障制度,许多政府把这一制度与激活(activation)和使能整合(enabling reintegration)措施相结合,并以劳动力市场以外的青年人、女性和低技能劳动者为目标(Clasen and Clegg,2011)。

在过去二十年里,一系列的改革从根本上改变了养老金政策(Häusermann,2010;Ebbinghaus,2011)。最关键性的政策转变包括强制性职业和私人养老金的增长以及多支柱养老保障体系的发展,现收现付和完全积累模式的结合,增强养老金给付和缴费之间精算关系,增加延迟退休年龄及延长工作年限的奖励(Clark and Whiteside,2003)。

社会服务得到了大幅度拓展,尤其是在21世纪的头十年,通过家庭政策促进了女性的参与度(Lewis,2006;Mahon,2006;Orloff,2010)。几乎在欧盟所有国家,对于家庭服务、儿童抚育、教育、卫生、老年人护理以及就业培训服务的开支所占GDP的比重都显著上升。过去的十五年中,包括儿童抚育、育婴假、雇佣法规和工作家庭协调政策在内的家庭政策,在范围和内容上都发生了深刻的调整。

至于福利国家的财政方面,新的财政政策都力求减轻公共财政压力,将一些福利责任从政府转移到劳动者个人或社会伙伴,并不断削减对企业和劳动者的税负。在过去的二十年中,社会保障开支的财务来源已经从社会缴费变为了财政融资。虽然在欧洲,社会风险的简单私有化依然属于边缘现象,但除了养老金以外,我们依然可以发现,在包括儿童抚育、教育、医疗和老龄护理的社会服务领域,服务使用者付费的运用呈现增加趋势。

另一个宏观改革是行政管理上的改革。尤里·卡泽波夫提到需对现代社会政策进行根本的重新调节。最重要的是尝试将社会保险、社会救助和劳动力市场政策在体制上安排在一个所谓的一站式管理,这将终结之前社会保障和公共就业的分开管理(Kazepov,2010)。自20世纪90年代起,公共福利领域中新型公共管理的想法以及有关购买者和提供者模式的新概念对于公共就业服务的重建尤其有益(Weishaupt,2011)。

以上重大政策变迁通过一系列逐渐增加、积累的转变步骤展开。尽管社会公共开支大体稳固,但几乎所有先进的欧洲福利国家,都在他们1945年年初建的基础政策的基础上,进行了重构与重建。特别是在20世纪90年代中期以后，福利国家一直处于变迁的常态中。

三、社会投资的经济意义

没有具体情景作支撑，任何激烈的社会改革政策都会令人不满。在20世纪90年代后期出现的所谓"社会投资理论"，就可以作为标杆来衡量真正的社会政策改革。欧洲福利国家是否已经因社会投资建设而走向正轨了呢？

社会投资的哲学原理来源于艾斯平—安德森等人受欧盟委托撰写的，于2002年出版的一本书——《我们为何需要新福利国家》（Esping—Andersen et al., 2002）。这本书的核心观点是，以男性挣钱养家这一观念为基础的福利惰性，会越来越影响大部分人口在劳动力市场、收入、教育获得方面的生活机会，以及代内、代际间的不公。知识型服务经济下应运而生的新型社会风险：社会隔离、技能低下和结构性贫困，加之人口老龄化问题，使得传统那种被动的、与就业相关联的社会保险制度变得极其昂贵和不可持续。然而，要缓解"新型"社会风险，早期儿童发展、培训、教育、终身学习，以及家庭和谐政策必不可少。值得注意的是，艾斯平—安德森等人特别强调，与"第三条道路"不同，社会投资并非要替代社会保障。基本最低收入保障是有效社会投资战略的重要先决条件。换句话说，"社会保障"和"社会促进"应该被理解为支撑新型社会投资型福利体系的两个密不可分的支柱。同时我们要明白，社会投资是一种供给策略，并不属于有效的宏观经济政策范畴。

对社会政策产出功能的强调是社会投资视角的独特之处。从社会投资角度看，社会投资本质上是一个包含很多方面的人力资本战略，该战略的重点在于给予男女同等的收入帮助和其他扶助。这种投资对于那些更脆弱的新风险群体有明显的"早发现""早行动"倾向。通过提高就业率和公民的长期生产力，福利国家的财政可持续性就得到了保障。此举一旦成功，社会投资就能在不缩减已有福利的情况下，减小社会对被动社会保险政策的依赖。

社会投资倡导者认为，只有从微观、中观、宏观层面认清制度条件，才能把握社会政策和经济增长之间的关系，使制定和实施具有生产力的社会政策成为可能。社会投资的经济和制度政策分析很大程度上依靠于以往数据和个案比较。充分考虑福利国家的结构是很重要的。社会政策本身从来就不是生产要素。我们不能无视长期过度慷慨的社会保障福利带来的消极的、未预期的副作用：使得人们失去工作动力，政府税收负担加重，总工资成本增加。同样的道理，僵化的解雇保护制度使得雇佣和解雇变得异常昂贵，直接导致工作效率低下。除以上警告以外，社会投资理论与凯恩斯经济学理论不谋而合，证明了经济强大与国家福利是分不开的。社会保障开支在经济萧条时期保证了有效需求，因此能在宏观上保证经济活动的持续稳定。正如2007年到2010年金融危机时人们所经历的，因此，凯恩斯主义直到今天还一直盛行。

社会投资的经济学中最基础的信条与国家理论密不可分。与新自由主义"消极的"国家经济理论不同，社会投资认为公共政策是家庭和劳动力市场的重要因素。以完全信息和市场清算为基础的新古典主义经济学政策，已从理论角度把福利国家一直想解决的社会风险和市场失灵问题排除在外。以下两个经济学原理从理论上证明了社会投资的优势。第一个是针对公共干预的经济学原理，可追溯到最初用来解决信息不对称导致的市场无效率的集体社会保险原理，也可同时追溯到与不完全信息和更广义的选择框架有关的社会政策干预原理。这即是尼古拉斯·巴尔提出的福利国家的"存钱罐"功能（Barr，2001）。公民一般缺少做出正确选择所必备的信息和能力，市场因服务供给成本过高而出现市场失灵现象，以至于许多后工业时期人们生命历程中的特定需求仍未被满足。

今天的福利国家必须更"积极"介入、并提供"使能"性社会服务的第二个重要原因，与20世纪80年代以来社会保险效果开始不断减弱存在密切联系。当工业失业陷入周期性风险，即当凯恩斯的需求不足型失业应验之时，管理集体社会保险基金能够平滑消费。然而，劳动力供需改变、日益激烈的国际竞争、高科技转变中的技能偏向、劳动力市场女性就业增多，家庭转型，以及社会和经济对于灵活雇佣关系的偏好增加，导致周期性失业转向结构性失业，传统的失业保险就失去了不同工作间的储蓄收入缓冲器功能。因此，基本公共收入保证就必须与Charles Sabel（2012）提出的"使能"公共服务相结合，专门为生命历程中的偶发事件所产生的特殊社会需求提供保障。为将社会政策与当下充满活力、竞争激烈的知识型经济社会联系起来，公民应当在事前就得到"使能"公共服务，以保障公民一生的特殊社会需求。当社会保险分担风险功能失败，就应该采取更有效的策略，即通过事前的家庭服务和培训服务，使得公民面对风险时拥有克服风险的能力，这种公共支持可帮助高危人群在某一风险降临时能够自保。在政策执行层面相当重要的一点是，当福利国家向服务型社会转变时，基层服务能够提供高质量的专业福利工作人员，帮助公民在儿童抚育安置、求职培训，以及老人和家庭照护等方面做出及时正确的选择（Sabel，2012）。

向社会投资的转型经验包括几项重要内容。首先最重要的是，社会投资应该被理解为不同领域的、相互依赖的"一揽子政策"。政策的积极结果，例如经济增长、就业机会增加和儿童贫困减轻，取决于配套互补的政策供给，包括高质量的儿童抚育、产假安排、培训、教育、激活服务，以及足够的最低收入保障。只有这些多种多样的政策供给"拟合程度"好，政策才会产生积极结果。高质量的儿童抚育服务，辅以高效地产假安排，加之合理的税收、利益刺激和积极的劳动力市场政策，会使更多的父母投入到有回报的工作中去。在为母亲创造更多工作机会的同时，帮助她们的下一代赢在起跑线上，让他们充分发展认知和社会技能，在未来的生活中走向成功（Esping-Andersen，2009）。2008年之前与之后的事实可以证明，有效的福利制度补充与高就业率和保持长期低失业率是分不开的（Hemerijck，2013；Eichhorst，and Hemerijck，2010；Kenworthy，2008、2011；OECD，2008、2011）。

四、发展中的欧洲是社会投资型的欧洲

最后，福利国家是一个基于社会契约论的规范性概念，其所指的社会公平超出了经济效率和有效保险范畴，也包括了性别角色、职业道德、子女抚养，以及代内、代际间公平。本文中研究的政策变革逐步重新定义了社会公平的概念：从认为公平就是静态的罗尔斯收入公平，转变到将团结和公平视为每个人都应给予他人一定的支持、使得所有人都能受益的一种责任，这一理解与Amartya Sen（1999）和Martha Nussbaum（2011）的"能力视角"是一致的。社会投资建设的核心理念在于对于公民社会权的重新定位，将原本补偿性质的"免于匮乏的自由"转变为"使能"性质的"行为自由"，通过提供协调家庭与工作的社会服务以及基本的生活保障，使公民能够追求更满意的生活方式。

从福利国家现在流行的"新政治"角度理解，有观点认为社会投资改革在相对紧缩的经

济形势下很难达到。这一说法的代表保罗·皮尔森，曾经在多篇文章中提到他的猜想，即近几十年，尽管面临不可抗拒的社会、人口、经济和财政压力，福利国家仍然变得越来越抗拒改变（Paul Pierson，1998、2001）。因为社会投资取决于生命周期不同阶段出现的风险，而这些风险异常繁杂，"新政治"观点认为社会投资政策可能难以像战后福利国家建设中获得作为家庭支柱的男性工人阶级的支持那样，获得足够的政治支持（Pierson，2011）。社会投资改革可能难以获得足够支持的预期，可从影响深远的养老金改革无法实现体现出来，因为这会大规模触动大客户组织与主流政党的自身利益，使得他们抵制改革。新型社会风险，无论是技能损耗，还是保持工作与家庭生活的平衡，都影响着人们生命周期的每一个篇章。但是以往的经验显示，"新政治"对于福利的保守猜想并不正确。尽管被指责"逃避责任"，但实际上，多数欧洲国家为应对人口老龄化挑战和财政压力，已经开始了深度的养老金改革。结果是，欧盟的未来养老责任自20世纪90年代起就减少了近1/4，使得养老开支比以往易管理了许多。同时，政府花费大量经费用于改善儿童抚育、老年保障、幼儿教育、协调工作和家庭生活以及积极的劳动力市场政策，这表明社会投资是被主流党派和利益集团所支持的。更有趣的是，社会投资政策改革的拥护者同时包括了整个欧洲的保守派和改革派势力，即使是在经济困难时期也是如此。笔者相信，对社会投资的明显支持已在过去的二十年内逐渐在现代家庭中生根发芽，成年男女都有一致的工作和抚育子女的意愿，无论是低收入人群还是中产阶级，这一意愿都是一致的。当然，在这个不平等逐渐深化的时代，社会投资会不可避免地丧失对于绝大多数脆弱群体的保护。因此，基本最低收入保障仍是任何社会投资型福利国家的重要先决条件。

在未来的困难时期，在愈演愈烈的财政压力下，许多金融部长将会要求政府密切关注社会开支。在促进就业和改善社会政策方面，都将要求政府能用更少的资源解决更多的问题。同时，金融危机结束后的一段时间里，人力资本投资、减轻贫困和社会保障的需求都会增加。人口变迁将置社会契约于更大的胁迫下，尤其是在失业率、预算压力大的国家，因为这些国家在金融危机前，就没有处理好长期人口老龄化和职场女性化的问题。在艰难时期，社会投资不能再被认为是一个只能在"经济晴天"时期实行的政策，而不被推行。社会投资模式会在这个困难时期中取得胜利吗？抑或者在这个日益严重的财政紧缩时代被弃掷一旁？使得欧元区处境如此堪忧的原因，是国家财政和欧盟货币当局已经没有实行积极调整政策的余地了。从政治上来说，政府已经处于进退两难的局面。一方面，消减赤字的压力限制了国内社会政策推行空间。另一方面，幻想破灭的选民不再愿意服从国家政治首领的紧缩承诺，这些承诺基于政治首领同意外国一揽子救助计划和欧盟增加的财政限制。在大规模公共以及私人纷纷削减债务的环境下，受集中紧缩动机影响，社会投资计划及其目标有被放弃的风险，而失去这些目标，带给欧洲的将可能是"失去的十年"，比20世纪90年代早期日本的经历还惨痛。

这场不该被忘记的全球金融危机，并非来源于过度的福利支出，而是由不规范金融市场的过度操作导致。如果说人们从这场危机中学到了什么，那就是经济市场是不会自动调节、自我稳定和自我合法化的（Rodrik，2010）。如此重要的道理其实根本不陌生，但是整整一代的国内和欧盟的政策制定者和经济学家都似乎忘记了最基本的道理，即全球经济想要受益，必须依赖于国内外强大的社会和政治福利机构。欧盟的问题在于，快速推进市场和货币整合，而社会、政治和制度整合滞后。这一点迫切需要被纠正。欧盟的经济政策制定者，从欧盟委员会到欧洲央行，都持有通过货币整合就能使内部市场自由化的认知偏见，这使得他们没能真正意识到里斯本条约的宏观经济重要性，这些重要性体现在社会投资能达到的"增强生产力""加大参与""增强就业能力"和"增强家庭适应能力"。社会投资能带来一个更繁荣、更平等、更相互关爱的欧洲。

社会投资战略，尤其是短期的战略，开销不菲。在处理不断增加的医保和养老金开支的同时，成功将福利战略完全转型为社会投资战略并有效地执行，需要额外的资源。要想使欧洲一体化最终持续下去，公民们必须支持这种有风险的政治规划，相信政府能够处理好危机带来的社会后果。

种种证据显示，长期来看，对于儿童抚育和教育的投资会最终得到回报。然而，欧洲货币组织的公共投资限制仍然把所有类型的公共社会政策都当作是单纯消耗，认为都会减弱私人经济活动。对于战后社会保险福利国家来说，因为对于收入转移的强调，这一想法也许没错。如今，在这个社会政策逐渐趋于服务导向的时代，需要区分社会投资与消耗支出。现在的欧洲急需一套新型的公共财政管理体制，允许财长们识别有可预见回报的社会投资，并对市场和政府的共同支出趋势进行检验。这就像，将国家福利支出区分为现金账户和资本账户，就像私人企业做的那样。我们甚至可以说，如果将公共赤字和债务用在教育和家庭扶助方面，并且用得好，有助于宏观经济的稳定。这种稳定来源于两方面：首先，这种公共投资可遏制金融机构的资产流动性过剩和短期投机行为；其次，能够提供更多稳定的就业机会，促进生产率增长和社会进步。

由于不利的人口现状，人力资本决不能像许多成熟的欧洲大陆福利国家在20世纪八九十年代那样，因为半永久性的不作为而被白白浪费。

对于如今财政状况岌岌可危的欧元区成员国来说，欧盟委员会拥护的于2013年2月启动的"社会投资计划"政策平台，在现今的宏观经济政策下，很可能失去意义。2011年加强的"财政协定""两项包裹法案（'two－pack'）""六项包裹法案（'six－pack'）"，要求欧元区成员国大幅度减少积极劳动力市场政策，紧缩预防性医保项目开支，这必将导致公民工作机会减少，因而减弱经济在未来承载老龄化问题的能力。

在知识型经济时代，欧元区既要生存下来，又必须重新校准其福利政策，这使得国内以及整个欧洲陷入了一个民主困境。欧盟不能继续仅凭市场整合和财政紧缩就期望能进步。正如笔者在本文中讨论的，一个帕累托最优的社会投资政策组合，能够带给欧洲相对的优势，以及一个有序解决主权债务危机的办法，这个政策组合也是欧洲福利国家生存下来的必要条件，反之亦然。社会和经济政策挑战在于，如何通过更好的宏观经济治理，使社会投资和财政整顿互相支持、共同持续发展。为了这个目的，当欧元债券和项目债券所募集到的资金被投入财政调节后，应该放缓调节步调，并和用以提高生产力的社会投资相结合。

欧盟需要在有充足的预算、并在过去一贯奉行社会投资原则的国家，以及其他过去没有持续推行社会投资、正在经历预算危机的国家之间，出台一个国家间的"新政"协议。欧洲需要的宏观经济政策管理体制，应使各国政府均加强预算纪律和进行中长期社会投资，并因此获得支持（Vandenbroucke, Hemerijck, and Palier, 2011; Hemerijck, and Vandenbroucke, 2012）。欧盟"社会投资协定"意味着欧盟国家需要共担风雨。从预算政策角度讲，北欧国家政府需要做出努力,避免过分紧缩。只要希腊、意大利和西班牙继续推进结构化的社会投资改革,北欧相对富庶的国家就还能撑得住更高的通胀率,以帮助南部地中海国家实现价格和工资调整。欧元债券、特殊社会投资项目债券以及更慷慨的人力资本和结构化资金的获得,是"社会投资协定"的必要支撑。这个协定将把欧洲变成一个帕累托更优的"关爱型欧洲",在进一步改善本国团结和欧洲整体凝聚力的基础上,推动人们的日常生活改善和长远福祉。

参考文献

[1] Avdagic, S., M. Rhodes, and J. Visser. *Social Pacts in Europe: Emergence, Evolution and Institutionalization*. Oxford: Oxford University Press, 2011.

[2] Barr, N. A. *The Welfare State as Piggy Bank: Information, Risk, Uncertainty, and the Role of the State*. Oxford: Oxford University Press, 2001.

[3] Bonoli, G. The Origins of Active Social Policy. *Labour Market and Chilcare Policies in Comparative Perspective*. Oxford: Oxford University Press, 2013.

[4] Clark, G. L., and N. Whiteside. *Pension Security in the 21st Century*. Oxford: Oxford University Press, 2003.

[5] Clasen, J., and D. Clegg. Regulating the Risk of Unemployment. National Adaptations to Post-Industrial Labour Markets in Europe. Oxford: Oxford University Press, 2011.

[6] Daly, M. 'Shifts in Family Policy in the UK under New Labour', *Journal of European Social Policy*, 20. 5 (2010): 433—443.

[7] Dyson, K., and K. Featherstone. *The Road to Maastricht: Negotiating Economic Monetary Union*. Oxford: Oxford University Press, 1999.

[8] Ebbinghaus. B. *The Varieties of Pension Governance: Pension Privatization in Europe*. Oxford: Oxford University Press, 2011.

[9] Eichengreen, B. *The European Economy since 1945: Coordinated Capitalism and Beyond*. Princeton, NJ: Princeton University Press, 2007.

[10] Eichhorst, W., and A. Hemerijck. 'Welfare and Employment: A European Dilemma?'. In J. Alber and N. Gilbert (eds.), *United in Diversity? Comparing Social Models in Europe and America*. Oxford: Oxford University Press, 2010: 201—36.

[11] Esping—Andersen, G. *The Incomplete Revolution: Adapting to Women's New Roles*. Cambridge: Polity. 2009.

[12] Esping—Andersen, G., D. Gallie, A. Hemerijck, and J. Myles. *Why We Need a New Welfare State*. Oxford: Oxford University Press, 2002.

[13] European Commission. Towards Social Investment for Growth and Cohesion—including implementing the European Social Fund 2014—2020, *Communication from the Commission to the European Parliament, the Council, the European Economic and Social Committee and the Committee of the Regions*. Brussels 20 February 2013, COM (2013) 83 final.

[14] Ferrera, M., A. Hemerijck, and M. Rhodes. *The Future of Social Europe: Recasting Work and Welfare in the New Economy*. Report prepared for the Portuguese Presidency of the EU. Oeiras: Celta Editora, 2000.

[15] Hemerijck, A. *Changing Welfare States*. Oxford: Oxford University Press, 2013.

[16] Hemerijck. A., and F. Vandenbroucke. Social Investment and the Euro Crisis: The Necessity of a

Unifying Concept. In Intereconomics. *Review of European Economic Policy* 47. 4 (2012).

[17] Jenson, J. 'Redesigning Citizenship Regimes after Neoliberalism: Moving towards Social Investment'. In N. Morel, B. Palier, and J. Palme (eds.), *Towards a Social Investment Welfare State? Ideas, Policies and Challenges*. Bristol: Policy 2012: 61—90.

[18] Kazepov, Y. *Rescaling Social Policies: Towards Multilevel Governance in Europe*. Farnham: Ashgate, 2010.

[19] Kenworthy, L. *Jobs with Equality*. Oxford: Oxford University Press, 2008.

[20] Kenworthy, L. *Progress for the Poor*. Oxford: Oxford University Press, 2011.

[21] Lewis., J. *Children, Changing Families and Welfare States*. Cheltenham: Edward Elgar, 2006.

[22] Mahon, R. The OECD and the Work/Family Reconciliation Agenda: Competing Frames. In J. E. Lewis (ed.), *Children, Changing Families and Welfare States*. Cheltenham: Edward Elgar, 2006: 173—97.

[23] Morel, N., Palier, B., and Palme, J. *Towards a Social Investment Welfare State? Ideas, Policies, Challenges*. Bristol: Policy, 2012.

[24] Nussbaum, M. Creating Capabilities. *The Human Development Approach*. Cambridge. Mass.: Belknap, 2011.

[25] OECD. *Growing Unequal*. Paris: OECD, 2008.

[26] OECD. *Doing Better for Families*. Paris: OECD, 2011.

[27] Orloff. A. 'Gender'. In S. Leibfried et al., *The Oxford Handbook of Comparative Welfare States*. Oxford: Oxford University Press, 2010: 252—64.

[28] Pierson, P. 'Irresistible Forces, Immovable Objects: Post—Industrial Welfare States Confront Permanent Austerity', *Journal of European Public Policy* 5. 4 (1998): 539—60.

[29] Pierson, P. (ed.). *The New Politics of the Welfare State*. Oxford: Oxford University Press, 2001.

[30] Pierson, P. The Welfare State over the Very Long Run. *ZeS—Working Paper* February 2011.

[31] Rodrik. *The Globalization Paradox: Why Global Markets, States and Democracy Can't Coexist*. Oxford: Oxford University Press, 2011.

[32] Sabel, C. S. *Individualized Service Provision and the New Welfare State: Are there lessons from Northern Europe for developing countries?* In *Promoting Inclusive Growth, Challenges and Policies*. Eds. Luiz de Mello and Mark A. Dutz. OECD Publishing, 2012.

[33] Schmid, G. *Full Employment in Europe: Managing Labour Market Transition and Risks*. Cheltenham: Edward Elgar, 2008.

[34] Sen, A. *Development as Freedom*. Oxford: Oxford University Press, 1999.

[35] Vandenbroucke, F., A. Hemerijck, and B. Palier. 'The EU Needs a Social Investment Pact', *OSE Paper Series*, Opinion Paper 5, 2011.

[36] Weishaupt, T. *From the Manpower Revolution to the Activation Paradigm: Explaining Institutional Continuity and Change in an Integrating Europe*. Amsterdam: Amsterdam University Press, 2011.

养老保障与养老服务

后金融危机时代 OECD 国家养老保险体系面临的问题及应对措施

陈 姗

【摘要】 金融危机对经济、社会影响深远，养老保险体系同样未能幸免。本文主要介绍后金融危机时代 OECD 国家养老保险制度面临的问题，以及各国的应对措施。分析表明，没有任何国家、任何计划能够免于经济危机的影响。应对危机的政策是，短期内缓解问题，并在长期寻求解决由经济危机引发的体制架构问题。

【关键词】 金融危机　OECD 国家　养老保险体系　人口老龄化　劳动参与率　投资与风险

Problems of the Pension Systems in the OECD Countries After the Financial Crises and Policy Response

Chen Shan

(*School of Labor and Human Resource, Renmin University of China*)

Abstract The financial and economic crisis has had a profound impact on economies and societies, and pension systems are no exception. This paper illustrates the problems that OECD countries have faced to after the crises, and the policy response these countries have put forward. The analysis shows that no pension scheme and no country are immune from the effects of the crisis. Policy responses to the crisis are explored: both short-term mitigation and addressing long-term, structural problems that have been highlighted and exacerbated by current financial and economic difficulties.

Key words Financial Crises　OECD Countries　Pension System　Aging Population　Labor Participation　Investment and Risks

在绝大多数国家，养老保险是社会福利体系中最重要的项目。它起源于中欧的自愿保险，19 世纪末 20 世纪初被政府制度化，很快就传播到美洲。各国养老保险体系均采用独立核算以及长期财务计划。社会保险缴费通常被指定用于支付社会保险待遇。政府通常会采用独立账户来记录项目的收入与收益，但政府也存在将社会保险项目与其他政府项目合并计算的情况。政府通常会有清晰的财务计划，保证项目收入足够支付未来的项目支出，如果收入不足以支付，政府通常会解释如何平衡收入与支出。由此，金融危机对于养老保险体系的筹

作者：陈姗，中国人民大学劳动人事学院，社会保障专业博士生。

资、投资、发放等各环节均产生重大的影响,迫使各国政府积极应对,以保证养老保险体系的可持续运转。

一、金融危机对养老保险体系的影响

金融危机对经济、社会影响深远,养老保险体系同样未能幸免。金融危机对养老保险体制及退休收入的影响尤为严重。金融危机造成私人养老基金的严重损失,2008年,OECD国家私人养老金资产总量约5.4万亿美元,当年损失达23%。金融危机演变成经济危机。2009年,OECD国家的GDP下滑4.4%。失业率逐年攀升,2007年约5.6%,2008年上升至6.0%,2009上升至8.4%,2010年上升至9.9%。这意味着公共养老金计划同样受到影响。失业、收入降低都将减少现收现付制计划的缴费收入,使得发放养老金更为困难。一些公共养老金计划也受到投资失利的重大损失。

(一)对养老金体系的影响

2008年,OECD国家私人养老金资产的损失达23%。爱尔兰损失38%,澳大利亚损失27%,分列前两名。美国私人养老金资产,占OECD国家全部资产的1/3,损失达26%,位列第三。比利时、加拿大、匈牙利、冰岛、日本的损失超过20%。德国、斯洛伐克、挪威、西班牙和瑞士的损失约10%。捷克、墨西哥的损失最小。

上述差异的原因相对直观。2008年,全球股票市场(根据摩根斯坦利国际指数MSCI)跌幅近50%,而全球政府债券指数(花旗银行)上升7%。许多OECD国家的房地产市场走弱。养老金基金主要投资于上述资产以及公司债券和存款。尽管如此,由于各国投资组合之间存在较大差异,所以投资收益的差距也比较大。

2008年,大多数亏损小的国家都是债券主导型的投资策略,以捷克、斯洛伐克、德国和墨西哥为例,其股票份额仅为6%~12%。尽管如此,长期来看,股票投资将带来更大的收益。

金融危机严重影响了退休收入,特别是私人养老金计划作为主要退休收入的国家,以及权益类投资比例高的国家。

部分国家现在采用强制私人养老金计划,在匈牙利,私人养老金计划占退休收入的比例为1/3,在波兰为50%,在斯洛伐克为60%,在墨西哥为2/3。尽管上述国家受此次危机的影响不大,但亟须关注如何应对未来的危机。

(二)对个人的影响

年龄是区分危机影响程度差异的最关键因素。

1. 青年人

大多数年轻人受此次危机的影响较小,因为他们的养老金资产规模还很小。在美国,根据员工福利机构(EBRI)公布显示,25~34岁人口的私人养老金资产在2008年增长5%。这是由于新增缴费基本覆盖投资损失。尽管他们在劳动力市场上受到经济危机的影响,但他们有30年乃至更长的时间弥补损失。

2. 退休者

总体而言，退休者不受影响。经济危机对于劳动力市场的影响，与他们无关。私人养老金计划的损失对他们影响也不大，因为计划条款及年金提供者对于待遇支付的承诺没有变化。但是有两种例外情况。

一是 DC 计划下的退休人口。DC 计划的待遇来源是缴费及投资收益。问题在于退休者如何使用这笔钱。一些退休者免受危机影响，因为他们在退休时买入生命年金，锁定了投资收益。但许多退休者没有这样做，特别是在澳大利亚和美国，其投资组合中包含大量的股票，损失就相当严重。类似地，拥有资产的退休者，特别是房产，在养老金计划之外的损失也非常惨重。

二是在退休待遇与养老金计划财政自动关联的国家，退休者的损失比较大。

3. 临近退休者

临近退休者受经济危机的影响最大。首先，在经济危机中，他们的失业概率最大，且可能陷入长期失业。因为失业或提早退休造成的缴费期不完整，临近退休者很可能丧失老龄收入。这一年龄段的人们也没有足够的时间等待经济恢复以及投资损失回升，推迟退休也仅仅能弥补一些他们的损失。

金融危机对养老金资产的影响与投资密切相关。一些临近退休者将养老金资产转移至风险更低的投资品种上，但大多数人并没有这样做。以美国为例，根据员工福利机构（EBRI）公布显示，45%的 55～65 岁员工持有 70%的权益类投资资产，50%的 55 岁以下员工持有此类投资组合。在澳大利亚，60%的员工持有默认投资选择的私人养老金，权益类资产占比超过 60%。

金融危机对 DC 计划产生直接影响。在冰岛、荷兰以及瑞士，私人养老金都是 DB 计划，养老金资产与个人收入以及参保年限密切相关。在加拿大、爱尔兰、瑞典、英国和美国，私人养老金计划通常也是 DB 计划。尽管，这些国家开始向 DC 计划转移，但大多数人仍在 DB 计划中。

理论上，DB 计划的待遇与养老金投资收益并不相关。但是投资亏损对基金本身的影响过大。在爱尔兰、英国和美国，DB 计划的偿债比率从 110%～120%下降至 75%。比利时、芬兰以及瑞士的比率也急剧下降，但仍在 100%之上。

在荷兰，DB 计划缩减为待遇调整型，这将影响退休者的待遇以及员工的养老金积累权益。在其他地区，DB 计划逐渐开始向 DC 计划转移。例如，英国和美国的一些计划，封闭开放并限制已有员工的收益增加。同样地，一些 DC 计划的雇主目前暂停企业缴费。

二、OECD 国家的应对措施

危机引发养老金体制的一系列转变。部分国家采取临时措施，例如向老年人发放一次性补贴。希腊的发放标准为 140～180 美元，澳大利亚为 1 000 美元，英国和美国也采用类似的措施。

（一）调整养老金政策

在养老金政策方面，许多国家开始尝试一些长期的措施，例如提高老人退休收入。芬兰的转变最大,自 2011 年开始构建更为坚固的老龄安全网,将老年收入提高了 23%。澳大利亚利提高了 11%,西班牙提高了 6%,并再次强调指数化调整的机制。比利时、法国、韩国和英国也采取了类似的措施。

在上述国家中,澳大利亚和韩国的贫困老年人比例最高;西班牙的贫困老年人比例也超过了平均值。大多数措施都瞄准目前的社会问题。但是,一些国家只重视退休者,却忽视了受危机影响最为严重的临近退休者。

还有一些国家,老龄安全网的情况堪虞。在德国、日本和美国,低收入工人的退休收入,比工人平均收入少 25%。当提前退休或长期失业的情况发生,低收入工人的退休后的收入将会更低。

(二) 更早使用退休储蓄

另外一些措施旨在通过养老金体系刺激经济,例如,在丹麦和冰岛,个人被允许更早地使用退休储蓄。这些措施的风险在于,人们退休时,仅能剩下很少的退休储蓄。在上述两个国家,只有退休储蓄达到足以支付舒适生活的水平,才会被允许提前使用。

澳大利亚允许个人在极端困难的情况下使用退休收入,例如,抵押房屋要被收回时。美国的工人可以享受私人养老金抵押的长期优惠贷款。

上述政策的经济刺激作用比较有限,因为拥有较高退休储蓄的人不太可能遭遇经济困难。但更早使用退休储蓄的选择权应该被保留。

(三) 救助养老金账户

在英国和美国,职业年金供款的 DB 计划覆盖大多数劳动者,但政府提供隐形担保。

在 DC 计划中,政府的干预力度取决于养老金体系的设计。当公共养老金支付力度大,或参加人拥有投资选择权时,政府干预力度较弱。相反地,当 DC 计划是强制的,政府就有义务提供帮助。

但是,直接向养老金账户注资的救助方式成本非常高。同时,这样做有道德风险,会鼓励人们更倾向于风险投资。

救助对于临近退休者最为有利。目前仅有的救助案例发生在以色列,并且,该计划只针对 2008 年 12 月之后的投资损失,政府费用将分摊 13 年。

政府应该通过公共养老金计划防止老年人贫困,通过提供公共福利的方式进行补偿,缓解政治紧张,降低道德风险。

(四) 充分发挥自动稳定器的作用

大多数的公共养老金计划给付统一待遇,但也有例外。在澳大利亚和丹麦,65%~70% 的退休者可以获得资源替代型养老金。如果私人养老金收入减少,那么公共养老金给付就会提升。在澳大利亚,私人养老金减少 1 元,公共养老金就相应提升 0.6 元。25%~30% 的加拿大、爱尔兰以及英国的老年人享受家计调查型养老金。这项措施就像"自动稳定器",因此一些乃至大多数退休者都能免受金融危机的损害。

税收同样也是"自动稳定器",因为私人养老金及其他储蓄的金额减少,相应的税收也会减少,所以养老金净收入的减幅要小于资金的减幅。在丹麦、挪威、瑞典,私人养老金是退休收入的重要来源,税收的稳定作用尤为显著。相反地,在澳大利亚、加拿大、爱尔兰、英国和美国,只有少数退休者需要交税,所以稳定效用仅仅针对富有的退休者。

(五) 调整 DB 计划

金融危机对 DB 型职业年金计划的影响大。在冰岛、英国和美国,计划的偿债比从 100% 下降到 75%。比利时、芬兰、荷兰和瑞士的 DB 型职业年金计划的财务状况也在恶化。通常的应对措施是延长"恢复期",帮助 DB 计划恢复偿付能力。加拿大、芬兰、爱尔兰、荷兰和挪威等国都暂停了一些偿付要求,帮助资产净值的恢复。

由于 DB 计划的偿付风险更大,除芬兰、瑞士、挪威仍然保持全部养老金计划均为 DB 计划外,部分 OECD 国家逐渐加大了 DC 计划的份额。综合比较 OECD 组织提供的 2001 年与 2011 年的数据,加拿大 DC 计划占比提高 0.5%,丹麦 DC 计划占比提高 4.7%,新西兰 DC 计划占比提高 5.8%,葡萄牙 DC 计划占比提高 6.1%,美国 DC 计划占比提高 6.7%,意大利 DC 计划占比提高 20.8%。

表1　　　　2011 年部分 OECD 国家 DB 与 DC 计划占比情况　　　　单位:%

	DC 计划		DB 计划	
	担保计划	非担保计划	传统型	混合型
Selected OECD countries				
澳大利亚	0.0	89.1	10.9	0.0
加拿大	0.0	3.0	92.0	5.0
智利	0.0	100.0	0.0	0.0
捷克	100.0	0.0	0.0	0.0
丹麦	94.0	0.0	6.0	0.0
爱沙尼亚	0.0	100.0	0.0	0.0
芬兰	0.0	0.0	100.0	0.0
法国	0.0	100.0	0.0	0.0
希腊	0.0	100.0	0.0	0.0
匈牙利	0.0	100.0	0.0	0.0
冰岛	64.9	10.0	25.1	0.0
以色列	0.0	23.3	76.7	0.0
意大利	28.0	63.4	8.6	0.0
韩国	22.5	0.0	77.5	0.0
墨西哥	0.0	84.6	15.4	0.0
新西兰	0.0	75.8	24.2	0.0
挪威	0.0	0.0	100.0	0.0
波兰	0.0	100.0	0.0	0.0
葡萄牙	0.0	9.5	88.5	0.0

续表

	DC 计划		DB 计划	
	担保计划	非担保计划	传统型	混合型
斯洛伐克	0.0	100.0	0.0	0.0
西班牙	0.0	73.1	0.4	26.4
瑞士	0.0	0.0	0.0	100
土耳其	0.0	45.6	54.4	0.0
美国	0.0	39.4	60.6	0.0

数据来源：OECD Global Pension Seatistics.

三、未来养老金制度面临的挑战及应对思路

令人欣慰的是，后金融危机时代，养老金基金稳健增长，养老金资产从2008年的巨大亏损中回升了3.4万亿，2011年达到历史峰值20.1万亿。

OECD国家，养老金资产与GDP的比例，由2001年的67.3%上升至2011年的72.4%，其中荷兰的比例高达138%。近一半的OECD国家上述比例未达20%，未来养老金增长仍有很大空间。

表2　　　　　OECD国家养老金资产占GDP的比重　　　　　单位：%

年份 OECD国家	2005	2006	2007	2008	2009	2010	2011
澳大利亚	80.4	90.4	110.4	93.0	82.6	89.0	92.8
奥地利	4.8	4.9	4.8	4.4	5.1	5.4	4.9
比利时	4.4	4.2	4.5	3.3	4.1	3.8	4.2
加拿大	58.2	63.4	62.3	51.4	62.9	64.7	63.7
智利	59.4	61.0	64.4	52.8	65.1	67.0	58.5
捷克	4.1	4.5	4.7	5.2	6.0	6.3	6.5
丹麦	33.7	32.4	32.4	47.5	43.3	49.7	49.7
爱沙尼亚	2.8	3.7	4.6	4.6	6.9	7.4	5.3
芬兰	68.6	71.3	71.0	60.6	77.8	82.1	75.0
法国	0.0	0.0	0.1	0.1	0.2	0.2	0.2
德国	4.0	4.2	4.7	4.7	5.2	5.4	5.5
希腊	4.0	4.2	0.0	0.0	0.0	0.0	0.0
匈牙利	8.5	9.7	10.9	9.6	13.1	14.6	3.8
冰岛	119.6	129.7	134.0	114.1	118.3	123.9	128.7
爱尔兰	48.3	50.2	46.6	34.1	44.1	49.0	46.2
以色列	34.0	32.2	33.2	42.8	46.4	48.9	49.4
意大利	2.8	3.0	3.3	3.4	4.1	4.6	4.9

续表

OECD 国家 \ 年份	2005	2006	2007	2008	2009	2010	2011
日本	27.7	26.3	25.7	22.9	26.5	25.2	25.1
韩国	1.9	3.0	3.1	3.0	3.5	4.0	4.5
卢森堡	1.1	1.0	1.0	1.1	2.2	1.9	1.9
墨西哥	10.0	11.5	11.5	10.2	11.9	12.7	12.9
荷兰	121.7	125.7	138.1	112.7	119.2	128.5	138.2
新西兰	11.5	12.5	11.5	10.5	12.0	14.4	15.8
挪威	6.7	6.8	7.0	6.0	7.3	7.8	7.4
波兰	8.7	11.1	12.2	11.0	13.5	15.8	15.0
葡萄牙	12.7	13.6	13.7	12.2	13.4	11.4	7.7
斯洛伐克	0.5	2.4	3.7	4.7	6.3	7.4	8.4
斯洛文尼亚	1.3	1.6	1.8	1.9	2.6	2.5	2.9
西班牙	7.2	7.5	8.2	7.1	8.1	7.9	7.8
瑞典	9.1	9.3	8.8	7.4	8.4	9.6	7.8
瑞士	117.0	120.0	119.2	101.2	111.9	113.7	110.8
土耳其	0.7	0.7	1.2	1.5	2.3	2.3	2.2
英国	78.6	83.4	78.9	64.3	80.5	88.7	88.2
美国	74.8	79.3	79.4	57.9	67.6	72.6	70.5

数据来源：OECD Global Pension Statistics.

未来养老金制度面临的挑战主要包括几个方面。

（一）人口老龄化

IMF 经济学家指出，10 个全球最富裕国家的公共债务占 GDP 的比例，将从 2007 年的 78% 攀升至 2014 年的 114%。这意味着，这些国家欠每位公民 5 万美元债务。而且，这些债务将随着老龄人口的养老金及医疗费用攀升带来更为严重的财政压力。2050 年，生活在富裕国家的人口将有 1/3 超过 60 岁。经济学家指出，人口负债将是金融危机支出的 10 倍，为缓解财政压力，首先必须考虑提高退休年龄，提高税收的同时减少养老金支出，另一个重要的目标是控制医疗支出。

表 3　　　　　　　　部分 OECD 国家和地区老年人口占比　　　　　　　单位：%

国家和地区 \ 年份 年龄	1975		2000		2015		2030	
	65+	80+	65+	80+	65+	80+	65+	80+
丹麦	13.4	2.4	14.9	4.0	18.9	4.4	23.0	7.1
法国	13.5	2.5	16.0	3.7	18.8	5.5	24.0	7.5
德国	14.8	2.2	16.2	3.5	20.2	5.4	25.8	7.2

续表

年份 年龄 国家和地区	1975		2000		2015		2030	
	65+	80+	65+	80+	65+	80+	65+	80+
意大利	12.0	1.9	18.1	4.0	22.2	6.8	28.1	9.0
荷兰	10.8	2.0	13.6	3.2	17.4	4.1	23.3	6.2
瑞典	15.1	2.7	17.3	5.0	21.4	5.7	25.1	8.6
瑞士	12.6	2.1	15.4	4.0	22.0	5.7	29.8	8.8
英国	14.0	2.4	15.7	4.0	18.4	4.9	23.5	7.0
澳大利亚	8.7	1.5	12.4	3.0	15.8	4.1	21.1	6.0
日本	7.9	1.1	17.0	3.7	24.9	7.0	28.3	11.1
台湾地区	3.7	0.3	8.7	1.4	11.9	2.8	22.0	4.3
美国	10.5	2.1	12.6	3.3	14.7	3.8	20.0	5.3

数据来源：U. S. Department of Commerce, Economics and Statistics Administration and U. S. Census Bureau, An Aging World 2001, Washington, D. C. For the Netherlands and Switzerland, United Nations World Populations Prospects: The 2002 revision. For Taiwan, Council for Economic Planning and Development, Executive Yuan Republic of China, Population Projection for Taiwan Area, Republic of China; Statistical Yearbook of China 2003.

近期的联合国报告指出，2050 年，全世界将有 20 亿人口超过 60 岁，占总人数的 22%。绝大多数老年人口都生活在发展中国家。改革迫在眉睫，需要考虑以下几方面的重要问题。

第一，生命周期延长是独特的革新现象。它将对现在及未来的社会产生深远的影响，也将对政治、经济制度产生不可预估的影响。尽管，70～80 岁的老人历来都有，但过去他们被视作少数群体，如今，随着生命周期的延长，老龄人口将成为多数群体。而且，生命周期延长是世界现象。在全世界范围内，60 岁以上人口对社会的贡献都将成为决定性因素。

尽管如此，生命周期延长往往被误解，以为"人口老龄化"将导致工业化社会的衰退。实际上，老龄国家一方面可以向居民提供更长、更有质量的生活，一方面能够提前探索社会、政治、经济改革措施。

第二，日内瓦协会认为老龄化仅仅是一个概念。研究表明，平均而言，现在的 70 岁甚至 80 岁的许多人，其精神与体力，要比一个世纪前年轻 15～20 岁的还好。统计仅仅基于年龄，而没有基于行为能力，在许多国家，人口并非"老龄化"，而仅仅是"恢复活力"。

第三，生命周期延长是经济、社会进步的结果，与生物、医疗、健康管理等方面的科技进步密切相关。生命周期的延长已经成为社会政策讨论的基础，它将引发对"职业生活"的重新定义，WHO 及其他学术机构的学者参与上述讨论。职业生活需要从两个主要方面考虑，一是有薪酬的工作，二是无薪酬的自愿工作。实际上，这两个方面是互补的，在后工业服务经济中尤为显著。

第四，生命周期的延长意味着可以推迟退休年龄。一个世纪以前，退休年龄基于死亡平均年龄而确定。如今，在许多国家，期望寿命延长了 15～20 岁。

提升所有年龄员工的人力资本尤为重要，高绩效员工的工作满意度更高；工作环境相应的改进，是提升非全日制就业作为社会保障体系平衡以及鼓励 60 岁以上人口工作的重要手段。一些北欧国家制定了与兼职配套的部分养老金政策。逐渐退休计划（gradual retirement plans)以及"四支柱"体系也很重要。第一支柱是现收现付制强制国家保险。第二支柱是补充职业年金,不少国家将其列为强制的补充制度。第三支柱是个人储蓄。第四支柱是补充前三支柱的有报酬活动。

第五,保健计划必将引起费用的攀升。现在,在控制、消除、减少疾病和事故方面的花费已经很高,未来的保健计划需要更高的投入。从经济学角度看,健康支出是"附加值",也是后工业服务经济中的新资本。

综上所述,延长工作已经成为共识,它必须基于健康的前提,需要终身教育体系,它与文化、生活兴趣以及参加社会经济生活的意愿密切相关。

(二)劳动参与率

OECD国家的失业率在攀升,从不足6%升至2010年的10%,这将严重打击老年工人。在衰退中,许多政府放松了提前退休及残障福利的管控。上述措施旨在保护失业老年人的收入以及限制失业率。然而,短期福利对中长期的劳动力市场将产生负面影响。在20世纪80年代的衰退之后,经济恢复期内各国都将失业控制得比较好,特别是长期失业;这些政策很难在短期内改变。

老龄人口的增加,引发医疗保健、老年照顾以及养老金需求的增加。伴随老年人口的增加,福利国家的开支随之增长。除提高税率、降低公共服务标准、降低收入替代率之外,增加劳动时间也是必要措施。增加劳动时间带来税收的相应增加,能够为转移支付提供来源。

增加劳动时间的举措包括:一是鼓励非全日制工作向全日制工作转变;二是加快从教育体系向劳动力市场的转移,鼓励青年人结束在校学习后尽快参与劳动力市场;三是鼓励残障人士、避难移民的正规就业;四是增加劳动人口的移民;五是提高退休年龄。

在增加老年人口就业时间方面,从表4看出,自1994年至2007年,除冰岛、瑞士、日本等劳动参与率已经非常高的国家之外,55~64岁人口的劳动参与率均有提升,女性劳动参与率提升较男性更为显著。部分OECD国家55~64岁人口的劳动参与率仍有提升空间。

表4　　部分OECD国家1994年与2007年55~64岁人口劳动参与率数据　　单位:%

国家	男性		女性	
	1994	2007	1994	2007
丹　麦	63.8	66.9	43.1	55.7
芬　兰	43.9	59.2	38.9	58.3
冰　岛	95.9	90.4	80.5	80.7
挪　威	71.5	74.7	55.4	64.6
瑞　典	70.5	76.4	62.6	69.6
奥地利	41.3	51.3	18.4	28.9
法　国	42.1	42.6	30.1	38.0
德　国	53.1	66.5	28.3	49.8
荷　兰	41.8	63.3	18.5	41.1
瑞　士	82.9	78.4	47.2	60.3

续表

国　家	男性		女性	
	1994	2007	1994	2007
英　国	64.0	68.9	40.7	50.1
美　国	65.5	69.6	48.9	58.3
加拿大	59.5	67.1	36.9	53.3
日　本	85.0	84.9	48.1	52.5

数据来源：OECD Global Pension Statistics.

（三）投资与风险

养老金是一项长期投资，但在2008年受到短视效应的影响，当年股票市场跌幅近50%，而政府债券能实现正收益。

尽管风险高，股票仍应被保留在投资范围内。有一种方式可以降低风险，"生命周期"投资鼓励从高风险资产转向低风险资产。政府应该鼓励人们选择这种方式，或者应该更进一步地，将"生命周期"投资设定为默认投资。这种投资将保证大多数人的自动投资，并保留少数人自动投资的选择权。

表5　　　　　　2011年OECD国家养老金资产投资品种及比例　　　　　　单位：%

OECD国家	现金和存款	票据和债券	其中		贷款	股份	土地及房产	共同基金(CIS)	未分配的保险合同	对冲基金	私募股权基金	结构化产品	其他投资
			公共机构持有	私人部门持有									
澳大利亚	15.0	9.0	21.9	78.1	1.0	49.7	6.6	0.0	0.0	0.0	0.0	0.0	18.7
奥地利	4.5	1.7	88.1	11.9	1.0	0.1	0.3	92.2	0.0	0.0	0.0	0.1	0.0
比利时	2.6	12.9	57.5	42.5	0.8	8.4	1.1	68.8	1.3	0.0	0.0	0.0	4.1
加拿大	2.6	28.3	82.4	17.6	0.3	24.4	5.2	34.4	0.0	0.0	0.0	0.0	4.8
智利	0.3	46.9	46.3	53.7	1.5	13.6	0.0	38.1	0.0	0.0	0.0	0.0	−0.5
捷克	7.9	84.5	83.6	16.4	0.0	0.0	2.5	0.0	0.0	0.0	0.0	2.0	1.9
丹麦	0.4	55.4	72.5	27.5	0.1	12.6	1.0	1.9	0.0	0.0	0.0	0.0	18.7
爱沙尼亚	16.4	26.6	—	—	0.0	3.6	0.0	53.2	0.0	0.0	0.0	0.0	0.8
芬兰	1.4	35.4	—	—	5.6	41.3	9.1	0.0	0.0	0.0	0.0	0.0	7.1
德国	0.8	26.6	8.8	91.2	27.9	0.4	2.2	38.8	0.0	0.0	0.0	0.0	2.7
希腊	37.0	52.4	82.9	17.1	0.0	0.0	0.0	8.3	0.0	0.0	0.0	0.0	1.7
匈牙利	4.2	64.0	92.5	7.5	0.0	6.8	0.0	25.1	0.0	0.0	0.0	0.0	0.0
冰岛	7.2	51.8	87.1	12.9	9.5	8.6	0.0	13.9	0.0	0.0	9.0	0.0	0.0
以色列	4.6	77.2	85.1	14.9	1.8	4.8	0.0	0.0	0.0	0.2	0.1	0.0	6.4
意大利	4.4	42.9	83.4	16.6	0.0	9.2	3.8	12.1	21.9	0.0	0.0	0.0	5.7
日本	5.3	35.9	—	—	2.4	8.7	0.0	0.0	0.0	0.0	0.0	0.0	47.7
韩国	55.8	5.0	67.6	32.4	02	0.0	0.0	5.4	31.3	0.0	0.0	0.0	2.3

续表

OECD国家	现金和存款	票据和债券	其中		贷款	股份	土地及房产	共同基金(CIS)	未分配的保险合同	对冲基金	私募股权基金	结构化产品	其他投资
			公共机构持有	私人部门持有									
卢森堡	4.8	58.4	—	—	0.0	0.0	0.0	34.5	0.0	0.0	0.0	0.2	2.2
墨西哥	0.3	80.2	78.9	21.1	0.0	16.8	0.0	2.2	0.0	0.0	0.0	0.0	0.5
荷兰	1.1	23.6	69.7	30.3	4.2	11.7	1.1	52.1	0.0	0.0	0.0	0.0	6.3
挪威	2.7	54.6	38.1	61.9	0.9	12.7	3.5	24.7	0.0	0.0	0.0	0.0	1.0
波兰	5.7	62.4	94.7	5.3	0.0	30.7	0.0	0.5	0.0	0.0	0.0	0.0	0.7
葡萄牙	11.8	43.5	56.5	43.5	0.0	15.4	13.9	32.1	0.0	0.0	0.0	5.6	−22.2
斯洛伐克	28.1	67.9	61.1	38.9	0.0	1.2	0.0	2.6	0.0	0.0	0.0	0.0	0.2
斯洛文尼亚	27.1	52.4	45.1	54.9	4.7	1.3	0.0	14.3	0.0	0.0	0.0	0.0	0.1
西班牙	14.9	57.7	60.1	39.9	0.0	9.2	0.2	7.1	10.1	0.0	0.6	0.0	0.0
瑞士	6.8	21.2	—	—	3.5	11.9	10.2	42.3	0.0	2.6	1.1	0.0	0.4
土耳其	12.4	60.2	—	—	0.0	12.1	0.0	0.0	0.0	0.0	0.0	0.0	15.4
美国	1.1	20.1	62.2	37.8	0.8	37.3	1.5	22.6	4.3	0.0	0.0	0.0	12.5

数据来源:OECD Global Pension Statistics.

墨西哥和斯洛伐克在强制私人养老金计划中提供投资选择权,但高风险投资不对老年员工开放。但同时,风险资产中股票的比例不足20%。波兰也引入了投资选择权与"生命周期"投资。在美国,"生命周期"投资显得不那么成功,尽管2/3的养老金计划提供"生命周期"的投资选择权,但只有25%的员工选择,且账户资产占比仅仅7%;新法规规定,计划资产将自动投入"生命周期"选择的组合,上述比例将有所上升。

实际投资收益率(以本地汇率计算及扣除投资管理费用后),2011年平均为−1.7%,其中丹麦的投资收益率最高,达12.1%,而土耳其最低,达−10.8%。排名在丹麦之后,荷兰8.2%,澳大利亚4.1%,冰岛2.3%,新西兰2.3%。而意大利、日本、西班牙、英国、美国的投资收益在−3.6%至−2.2%。有9个OECD国家的投资收益在−4%以下。

与过去几年相比,养老金资产投资上市公司股票的比例显著降低。DC计划的资产规模迅速攀升,但DB计划仍是整体资产的重要部分。

抛开近年的负面影响,养老金基金的长期投资绩效仍有吸引力。基于OECD模拟计算,如果个人积累40年的养老金,其中60%投资股票和40%投资债券,在2010年退休,在日本其养老金年化收益为2.8%,在德国为4.2%,在美国为4.4%,在英国为5.8%。

四、结　　论

经济金融危机给各国政府带来巨大的短期压力。然而,人口结构变化及老龄化,作为养老金体制的长期威胁仍未消退,且伴随经济金融危机仍在进一步恶化。对公共养老金和私人养老金而言,经济金融危机的影响同样严重。但在养老金政策方面,老龄化的影响更为严峻。

危机迫使人们关注投资风险，而实际上，它只是养老金体制中众多经济、人口、财政以及社会不确定性因素中的一个方面。最重要的投资者教育是，风险不能消除，只能通过分散投资来减轻。危机重新验证了OECD（1998）提出的养老金体制多元化理论。

参考文献

[1] Edward Whitehouse: Pensions During the Crisis: Impact on Retirement Income Systems and Policy Responses. *The Geneva Papers* 34 (2009): 536—547, r 2009 The International Association for the Study of Insurance Economics 1018—5895/09, www.palgrave-journals.com/gpp/.

[2] Esping-Andersen, G. *The Three Worlds of Welfare Capitalism*. Cambridge: Polity Press, 1990.

[3] Lindquist, Gabriella Sjogren Lindquist, and Eskil Wadensjo: Retirement, Pensions and Work in Sweden. *The Geneva Papers* 34 (2009): 578—590, www.palgrave-journals.com/gpp/.

[4] Jacqueline Arzoz Padres: Determinants of coverage and the value of social insurance with a large informal sector: the mexican case. A dissertation in business and public policy for the graduate group in managerial science and applied economics presented to the faculties of the university of Pennsylvania.

[5] Lawrence H. Thompson: The Advantages and Disadvantages of Different Social Welfare Strategies, delivered by the author to the High Level American Meeting of Experts on The Challenges of Social Reform and New Administrative and Financial Management Techniques.

[6] Thompson, Lawrence H. XXI Vol. The Social Security Reform Debate. *Journal of Economic Literature* December (1983): 1425—1467.

[7] Orio Giarini: The Four Pillars, the Financial Crisis and Demographics—Challenges and Opportunities. *The Geneva Papers* 34 (2009): 507—511.

[8] Pierson, Paul. Post—Industrial Pressures on the Mature Welfare States. in Paul Pierson (ed.) *The New Politics of the Welfare State*. New York: Oxford University Press, 2001: 80—104.

[9] Schwartz, Herman. Round up the Usual Suspects! Globalization, Domestic Politics, and Welfare State Change. In Paul Pierson (ed.) *The New Politics of the Welfare State*. New York: Oxford University Press, 2001: 17—44.

[10] Sheldon, Oliver. *The Social Responsibility of Management, The Philosophy of Management*. London: Sir Isaac Pitman and Sons Ltd, 1924.

[11] Swank, Duane. Political Institutions and Welfare State Restructuring: The Impact of Institutions on Social Policy Change in Developed Democracies. In Paul Pierson (ed.) *The New Politics of the Welfare State*. New York: Oxford University Press, 2001: 197—237.

关于推迟退休年龄问题的几点理论思考
——兼论中国推迟退休年龄问题

丁建定　何家华

【摘要】 本文从核心目标、关键选择、配套制度和必要社会心理准备等几个方面，分析了推迟退休年龄与经济发展、劳动者权益实现、政府、个人和企业责任关系确立以及社会保障制度整合与完善之间的关系，认为推迟退休年龄的核心目标在于增加经济活动人口，其关键选择在于确定强制缴费资格年限，制度完善层面在于确立责任关系、将政府责任具体化并以法律的形式加以确立，同时又要结合国情以合理的方式逐步推迟退休年龄，这将有助于通过推迟退休年龄推进社会保障制度的发展和完善。

【关键词】 推迟退休年龄　经济活动人口　缴费资格年限　相关配套制度　社会心理准备

Theoretical Reflections on Postpone Age of Retirement
——On the Problem of Postpone the Age of Retirement in China

Ding Jianding　He Jiahua
(Huazhong University of Science and Technology)

Abstract This paper analyses the relationships among the age of retirement, the development of economy, the achievements of rights of workers, the balance of the responsibilities for government, cooperation's and individuals and the integration of the system and institution according to the theoretical reflections such as core objectives, the crucial selection, supporting systems and necessary social psychology accumulation. This paper argues that the core objective of postpone the age of retirement is to increase the economically active population, the crucial selections is to determine payment eligibility age, the supporting system requires the determination of responsibility relationships and the government performs the responsibility specifically and legally. The system should combine the postpone of age of retirement with the actual situation of the nation as well. This would help to improve the social insurance system.

Key words Delay the Age of Retirement　The Economically Active Population　Payment Eligibility Age　Relational System　Social Psychology Preparation

一、推迟退休年龄的核心目标应是增加经济活动人口

退休制度的内容包括退休年龄的确定和退休后的生活保障。退休年龄的确定与劳动者的

作者：丁建定，华中科技大学社会学系教授、副主任、博士生导师、社会保障研究所所长，主要研究方向为社会保障理论、社会保障制度；何家华，华中科技大学社会学系社会保障专业博士研究生，主要研究方向为社会保障理论。

生理、心理因素紧密相连，一般情况下，劳动者在达到退休年龄、退出工作岗位之后开始休养。退休年龄直接决定退休者能否享受到一定的经济待遇。可以说，退休年龄是退休者获得相应权利的前提条件，是劳动者、用人单位和政府各方主体利益关系的连接点，合理的退休年龄制度将有助于退休行为顺利发生，为退休者获得生活保障提供制度条件，而为退休者的生活提供保障则是退休制度的核心。①

目前，在社会保障制度发展和完善的背景下，退休制度是沟通社会保障和劳动力市场的重要渠道。虽然从历史上看，社会保障制度被视作是将劳动力"去商品化"以实现对于劳动力的保护的重要机制，似乎社会保障制度介入的结果将造成对于劳动力自由流动和供给的阻碍，但是，这一认识在社会保障制度与劳动制度的互动发展中有了明显的转变，一方面社会保障制度内部也包含着一些促进劳动力有效供给的因素，另一方面社会政策理念处于不断的变化之中，纯粹消极的"非生产性"福利正在被积极的"生产性"福利所取代，社会政策也从单纯的"去商品化"逐步走向"保护性的再商品化"，这导致了社会保障制度与劳动力供给的关系出现了全新变化。

而经过了从"去商品化"到"保护性再商品化"的退休制度，其制度目标转变体现在退休制度从单纯地将劳动力的载体即人与资本市场进行剥离以达到保护，转向了以保护性的方式增加经济活动人口的总量，而经济活动人口和非经济活动人口又是人口经济构成中的一个最一般、最基本的比例关系，是人口经济构成分析的逻辑起点。因此，如果要分析推迟退休年龄在经济领域的影响，就有必要分析推迟退休年龄对于经济活动人口的影响，借以探寻推迟退休年龄对于经济发展的综合影响。

经济活动人口是总人口中实际从事一定社会劳动并取得报酬的人口，亦称在业人口或劳动人口，是否在业是其划分标准，未达到或已超过劳动年龄但仍然从事社会劳动的也属于经济活动人口范围，与劳动适龄人口概念相比，劳动适龄人口中不从事社会劳动的人口不能称作经济活动人口。② 从经济活动的一般规律而言，经济活动人口可以直观反映出一个人口群体中生产与消费之间的关系。经济活动人口所占的比例越高，人口群体中需要扶养的人数比例相对就会越低，社会扶养负担就会越轻，经济活动越有活力。相反则体现社会扶养成本高，负担重，在相同的经济水平之下，扶养负担重往往意味着经济发展缺乏活力；从生产和消费之间的关系来看，由于生产决定消费，经济活动人口的增加有助于促进生产，总体的生产和供应就会上升，同时增加的经济活动人口会更多地参与到经济活动中，在人口总量维持相对稳定的情形下有利于扩大内需消费，更多的消费也将有助于推动再生产，为更多的人口参与经济活动提供基础，形成消费对于生产的良性反作用。

作为与一国的劳动力市场、生产和消费等因素紧密相关的制度因素，退休年龄对于经济活动人口的增减有着不可忽视的作用。从理论上看，退休制度和经济发展有相关之处，在经济运行中，劳动力和资本的选择往往是决定市场选择的关键，如果劳动力成本低，资本成本高，市场会倾向于选择劳动力。相反，如果劳动力成本高于资本成本，市场就会倾向于选择资本。劳动力成本高低取决于很多方面，养老金负担和福利高低是其中重要部分。从这个角

---

① 张凌竹. 退休法律制度研究 [O]. 吉林大学博士学位论文, 2012, (6).
② 陈玉光. 我国经济活动人口的分析 [J]. 经济研究. 1983, (6).

度考察，较低退休年龄导致较短工作期限和较长退休期，在确定的养老保险和退休金支付水平下，社会保险供款率和退休金支付数量必然上升，劳动力成本将会上升，这将导致市场逐渐倾向于选择资本。而一旦劳动力成本高于资本，则资本将取代劳动力成为市场的主要选择，资本替代劳动将直接导致失业率上升，能够参与经济活动的人口数量减少，社会扶养成本随之上升，经济发展放缓，劳动力市场的损失最终将以循环的方式将更大的损失传导至整体的经济发展。

相比之下，推迟退休年龄可以在一个渐进过程中减少劳动力成本，增加市场对于劳动力的选择偏好，经济活动人口也将随之增加。从这个角度来研究社会保障制度和福利制度对于劳动力市场的影响，为了刺激经济发展和提升劳动就业率，首要的应当是提高经济活动人口比例，具体到包括中国在内的许多国家，就是制定吸引而非排挤更多劳动力的退休年龄制度。因此，推迟退休年龄的最重要动力，并非仅是为了积累基金以应对老龄化风险或者将退休年龄制度与国际接轨，而是结合各国人口状况、经济发展水平、劳动力市场运行态势以及社会保障制度，切实增加经济活动人口。

经济活动人口增加将为经济发展从生产和消费两个方面提供更充分的支持，有利于整体经济水平的继续发展。由于新中国成立后的一系列人口政策，使得中国在迎来改革开放，建立社会主义市场经济的过程中，有着其他国家和地区难以比拟的劳动力数量优势，较为充分的劳动力供应在相当长一段时间内对中国经济快速发展产生了巨大的推动作用。尽管随着人口老龄化的趋势加快，人口政策的调整，劳动制度和社会保障制度的建立完善导致人力成本有所上升，科学技术发展对于劳动力构成结构的影响等因素，中国劳动力成本优势有所减少，但是，这并不意味着中国的经济活动人口比例到了必然下降的时期；相反，随着受教育程度和人均寿命的增长，中国的个体劳动者参与劳动的能力较之过去大大增强，其所能产出的价值更大，所能持续劳动的时间也更长。但是，劳动者实际能力和劳动期限的增长并未获得退休制度，尤其是退休年龄制度的认可，相关制度更新缓慢导致在传统的退休制度之下劳动者参与经济活动的期限被人为减少，能力被闲置和浪费，进而导致社会扶养成本的上升，在整体经济水平未能获得充分提升的情况下，社会保障制度想要达到的目标水平也受到了限制。而推迟退休年龄将能够在更大的范围内以传动作用推动经济总量的提升，而总体经济水平的发展直接决定社会保障水平的发展，可以说推迟退休年龄有助于推动劳动力资源的优化利用，促进我国的劳动力就业，也将有利于我国社会保障制度的稳定和发展。

当前我国的退休制度和与之相关的社会保障制度已经建立并正在得到完善，可以说我国的养老保险的收支标准将进入稳步调整的时期，养老基金积累不能继续简单依靠提高费率实现，在企业、政府和个人共同承担缴费责任的前提下，如何增加中国的社会保障缴费人口，将是能否增加基金积累的重要环节。推迟退休年龄有助于增加经济活动人口，而经济活动人口的增加是社会保障缴费人口增加的关键，能从根本上促进社会保障基金积累。

经济活动人口与劳动适龄人口对于经济发展的影响并不相同，经济活动人口数量的增加有助于整体经济发展，而在理想的劳动就业环境中，劳动适龄人口中应当有一定的失业和非就业比例，如发达国家中通常会有一部分劳动适龄人口，由于技术升级导致工作对于劳动者质量要求较高而失业或者出于其他原因选择不参加工作。从社会保障角度来看，这部分失业或者非就业人口的存在并不会对经济发展和劳动就业造成负面影响。与之相比，经济活动人口的比例对于一个社会中所需要的劳动力比例的体现较为准确,经济活动人口的就业也是决定劳动就业政策是否成功的核心。[①] 中国当前劳动力资源仍然较为充足,劳动力环境正在得到改善,劳动就业政策的核心并非更多地吸纳劳动适龄人口加入劳动力市场,而是为劳动者更好地为经济发展贡献而完善条件和环境。因此,适当推迟退休年龄有助于促进中国实现劳动就业政策的核心目标。

推迟退休年龄必然会有经济发展和社会认同两个层面的效应,而决定推迟退休年龄的影响正负与否的核心在于能否增加经济活动人口。在人力资源方面,推迟退休年龄无非意味着两个方面,即单位人群经济活动时间的延长或者单位时间内经济活动人口总量的扩大,而单位时间内经济活动人口总量的扩大既包括推迟退休人口,也包括新增就业人口,故其较之前者更有价值。如果推迟退休年龄能够增加经济活动人口,并推动劳动政策的实现、劳动者的劳动权利的实现并且促进养老保险基金收支平衡,将有利于延长退休年龄制度与当前的社会保障制度、劳动政策和经济发展目标进行协调。而如果推迟退休仅为单位人群经济活动时间的延长,却排斥新增就业人口,则会产生新增就业人口与即将退休人口间的就业机会矛盾,不仅无补于推迟退休年龄的目标,而且会导致劳动力市场的压力。

二、推迟退休年龄的关键选择是确定强制缴费资格年限

推迟退休年龄的一个重要目标是增加社会保障基金的积累,但是,就推迟退休年龄是否一定可以有助于社会保障基金的积累显然是一个需要区别分析的问题。推迟退休年龄一方面有助于短期内社会保障基金的积累,但是,也仅将支付的负担在时间段上做出一定的延迟而并非有效的解决,而推迟退休年龄还将带来支付标准和支付额的增加,因而单一的推迟退休年龄从长远来看不仅不会有助于社会保障基金的积累,反而会加重社会保障支付负担。

在此有必要考察主要国家和地区的相应制度构建。英国国家养老金制度在20世纪经历了免费养老金、缴费养老金、与收入相联系的养老金等阶段,使得英国形成以统一标准国家基本养老金为基本养老保障、与收入相联系的养老金为差别保障、以补充养老金为必要补充、以各种职业养老金保障高水平养老要求、以老年救济金为特殊养老保障的多形式多层次的养老保障制度。其中国家基本养老金领取者必须具备两个重要的资格,其一是年龄资格,其二则是缴费资格。任何人要想领取国家基本养老金,必须按照法定数额和期限缴纳国民保险费,每一个纳税年度必须缴纳至少52周的国民保险费。缴费资格年限还与工作年限紧密相连,在某一工作年限中养老金制度参加者的缴费资格年限必须达到规定的数量,否则即视为缴费资格年限不足,只能领取按规定比例降低后的国家基本养老金,反之缴费资格年限每增加一年,领取国家基本养老金的标准则按照规定的比例相应提高。[②]

法国的退休制度改革在20世纪80年代开始涉及缴费期限的问题。法国左翼政府在1986年开始将退休金缴费期限逐步由150个季度改为160个季度;1993年法国政府将缴纳退休金的资格年限要求从37.5年延长到了40年,并从1994年起,退休金缴费资格季度从160个季度过渡到2004年的170个季度;1995年,法国政府本欲改革退休制度,将公共部

---

① 陈玉光. 我国经济活动人口的分析 [J]. 经济研究. 1983, (6).
② 丁建定. 英国国家养老金制度及其启示 [J]. 华中科技大学学报. 2002, (3).

门取得全部养老金的缴纳时间延长到相同的 40 年,但是遭遇社会心理反弹最终取消;虽然在 2003 年相关改革仍然未能成功,但是 2010 年法国政府仍将缴费年限提高到 41 年。①

与之相比,中国基本养老金的受益资格设计门槛较低。《关于建立统一的企业职工基本养老保险制度的决定》规定了养老金的计发办法。参加工作的职工,个人缴费年限累计满 15 年的,退休后按月发给基本养老金。同时规定,本《决定》实施前参加工作、实施后退休且个人缴费和视同缴费年限累计满 15 年的人员,按照新老办法平衡衔接、待遇水平基本平衡等原则,在发给基础养老金和个人账户养老金的基础上再确定过渡性养老金,过渡性养老金从养老保险基金中解决。这导致了大多数人认可缴费年限设计为 15 年,故而许多 35 岁以前的年轻人对于参保缴费毫不积极,一些人则选择在临近退休年龄累加缴纳。这使得养老基金的收支波动起伏大,不利于养老基金的保值增值,同时导致吸纳年轻人就业和老年人就业的企业负担不一。②

造成这种局面的原因是多样的,从制度规范层面来看,由于中国的退休制度属于劳动政策的一部分,而养老金的积累和支付则属于社会保障政策范畴;本来在实践中应当紧密结合的退休制度和养老金制度,当前则由于分属不同的政策范畴,由于历史传统和政策执行部门的不同而没有合理的衔接起来,突出反映在尽管从制度宗旨上,退休制度和养老金制度都以为退出劳动岗位的劳动者提供生活保障为目标,但是一如当前运行的劳动制度,现行的退休制度侧重于保护处于弱势地位的劳动者的利益,而养老金制度则将制度覆盖到全社会,从制度运作对象上就存在差别;从介入退休行为的时间来看,虽然共同关注了退休的发生过程,但是退休制度侧重于考察退休前的劳动行为,而养老金制度则侧重于为劳动者退休之后的生活提供经济保障,两者关注的重点存在不同;退休制度中少有关于缴费资格年限的强制性规定,与企业职工基本养老保险的强制性不能协调。这种情况不仅使得强制性基本养老保险与自愿性保险相结合的理想的养老金体系难以实现,还使得养老金制度有着较大的负担和缺陷。因此,如果要通过推迟退休年龄来实现基金的积累以应对老龄化风险,有必要从制度上打破退休制度和养老制度上的隔阂,将之相互协调,将推迟退休年龄与缴费资格年限强制性挂钩,以此保证养老基金能够在推迟退休年龄后达到长期的积累和收支平衡,这也是完善和协调我国劳动制度和社会保障制度的必然要求。

工龄是指职工以工资收入为生活资料的全部或者主要来源的工作时间,工龄的长短标志着职工参加工作时间的长短,也反映着职工对社会和企业的贡献大小和知识、经验、技术熟练程度的高低。在社会保障制度中,缴费资格年限是指参保人参加养老保险并且缴纳养老保险费的期限长短,同样关注劳动者的参加劳动的时间。③ 应当认为,在社会保障制度逐步完善的背景下,工龄的计算和缴费资格年限的计算本应有相通之处,但是,由于中国政策制度中对于工龄和缴费资格年限的规定导致了两者之间难以衔接:工龄目前被分为一般工龄和本企业工龄,一般工龄是指职工从事生产、工作的总的工作时间,在计算一般工龄时应包括本企业工龄,本企业工龄是指工人、职员在本企业内连续工作的时间④,虽然在 1978 年 6 月

---

① 陈雷. 法国养老金改革及其启示 [M]. 唯实,2011,(4).
② 吴君槐. 中美两国养老保险技术机制运用比较研究 [M]. 社会科学研究,2009,(1).
③ 范围. 基本养老保险缴费年限制度研究 [M]. 社会保障研究,2012,(2).
④ 李善金. 金华公司薪酬机制的改进研究 [J]. 天津:南开大学出版社,2010.

由国务院颁布的《安置老弱病残干部的暂行办法》中，本企业工龄改名为连续工龄，并将职工在本企业连续工作的时间扩展至可包括前后两个工作单位可以合并计算的工作时间，但是连续工龄仍然在时间跨度上不等于一般工龄。

与此相对的是，缴费资格年限规定被保险人的缴费年限为视同缴费年限和实际缴费年限之和。视同缴费年限是指被保险人在当地实行养老保险统筹制度以前，根据国家和地方有关政策规定可以计算连续工龄（工作年限）的时间，根据国家和地方性规定，可计算为视同缴费年限的时间主要包括：（1）企业职工或者机关、事业单位工作人员在实行养老保险统筹前的连续工龄；（2）部队复转军人在部队服役的时间；（3）"文革"期间城镇知识青年上山下乡的时间；（4）从事特殊工种工作职工的折算工龄的缴费年限；（5）其他可计算为连续工龄的工作时间。实际缴费年限则是被保险人实际参加养老保险，并缴纳保费的年限。1997年，国务院《关于建立统一的企业职工基本养老保险制度的决定》（国发［1997］26号）规定，"本决定实施后参加工作的职工，个人缴费年限累计满15年的，退休后按月发给基本养老金，个人缴费年限累计不满15年的，退休后不享受基础养老金待遇，其个人账户储存额一次支付给本人。"[①] 该规定确立了基本养老保险最低缴费年限制度，人力资源和社会保障部颁布的多个规范性文件以及《社会保险法》都延续了该制度规定。但是，在实际制度运作过程中，《社会保险法》及之前的规范性文件规定的"累积缴费满15年"在地方实践中变成了被保险人领取养老金的条件是"至少连续缴费满15年"，根据这些地方的规定，被保险人虽累计缴费满15年，但从其初次参保缴费，至达到退休年龄之间曾中断缴费的，无法办理退休手续，而需补缴中断年份的保费，而补缴制度又有着诸多漏洞，导致制度规定难以完全落实。[②]

随着市场经济的完善和劳动力市场的发展，劳动力的流动更为频繁，有关于工龄中一般工龄和连续工龄的差别计算方式很可能导致劳动者的连续工龄小于其一般工龄，而作为缴费资格年限的一个重要组成部分，由于连续工龄计算所造成的缺失也随之影响到缴费资格年限的计算：如果劳动者的流动超过了连续工龄的计算范围，则实际上很多劳动者因其实际缴费年限不被制度承认，所以难以达到"连续缴费15年"的制度门槛，也就实际上损害了劳动者的权益。这种制度缺陷是由于劳动制度和社会保险制度未能有效衔接而造成的，同样作为衡量劳动者参加劳动的时间长短、劳动者对企业和社会做出贡献大小的制度，除去各自制度设计和实施中的问题，工龄制度和缴费资格年限制度之间缺乏有效衔接导致制度缺陷并损害劳动者利益的局面亟待改变。

除此之外，退休年龄和养老金替代率之间的关系亦有必要予以关注。国务院《关于完善企业职工基本养老保险制度的决定》（国发［2005］38号）规定，基本养老金由基础养老金和个人账户养老金组成。退休时的基础养老金月标准以当地上年度在岗职工月平均工资和本人指数化月平均缴费工资的平均值为基数，缴费每满1年发给1%。个人账户养老金月标准为个人账户储存额除以计发月数，计发月数根据职工退休时城镇人口平均预期寿命、本人退休年龄、利息等因素确定。这一规定旨在确立养老保险待遇与缴费年限成正相关的关系，形

---

① 潘丽娟. 我国的社会保障制度存在的问题及对策［J］. 内蒙古民族大学学报，2010，（1）.
② 范围. 基本养老保险缴费年限制度研究［J］. 社会保障研究，2012，（2）.

成"多缴多得"的局面。但实际上每缴费1年发给1%的基础养老金的规定缺乏激励性,中国基础养老金的计发比例未区分最低缴费年限内还是多缴的年限,均是按照缴费每满1年发给1%计发。据模拟研究,设定被保险人上年度月平均工资为5 000元,市职工上年度月平均工资为3 200元,被保险人工资增长率为5%,市职工平均工资增长率为3%,被保险人多缴费1年,本养老金增加约185元/月,根据28%缴费率来计算,多缴的1年中单位和个人需缴存1 400元/月,其中单位缴存1 000元/月,个人缴存400元/月。多缴纳的社会保险费与可能多领取的待遇之间相差不多,使得参保人"多缴"难以"多得"。① 形成制度目标和制度实施效果上的落差是和制度设计与其他制度缺乏衔接有关。

法定的退休年龄关系到国家、企业和个人三方面的利益分配。而与退休年龄确定密切相关的因素除了缴费年限还有养老金替代率,在同样的替代率情况下,当退休年龄较早时,缴费的年限较短,社会养老相对更多依赖于国家财政转移支付和企业的缴费率;退休年龄较晚时,养老资金相对充足,社会养老更倾向于个人的缴费储蓄。② 也就是说,退休年龄的确定需要充分考虑养老金替代率。而在养老保险制度中,养老金替代率保持适度水平是非常重要的,养老金替代率过高会导致缴费率居高不下和养老金的收支失衡,养老金替代率过低则不能为老年人口提供适度的经济保障。③ 养老保险替代率的适度水平要求能够与养老保险制度的基本功能相适应,既保证社会稳定又促进经济发展,既有利于社会公平又有利于提高效率,既保证人民基本生活又激励职工积极劳动,既提高人民素质又促进社会进步。从社会生产力发展水平的角度出发,适度的养老保险保障水平需与国家财政、企事业单位和职工个人各自的承受能力相适应。从退休人员生活需求的角度出发,适度的养老保险水平需能够满足退休人员的基本生活,而基本生活的概念应包括生存资料、生活必需品和一定的享受与发展需要,不仅满足最低生存需要,还包括对原有工资的替代水平。④

退休年龄的延长有利于我国基本养老基金的积累和投资运营,提高个人账户的基金总额,同时也可以提高个人退休后的收入水平。而当前已有研究证明,从55岁以后退休年龄每提高1个百分点,养老金替代率都将增加,且随着退休年龄的增长,养老保险替代率的敏感系数变动趋势增强。⑤ 但当前的现实是,随着我国养老保险制度的改革与发展,养老金替代率具有逐年降低的趋势。2008年,养老金替代率的现实水平与由弹性确定的养老金替代率适度水平的上限接近,2009年已低于适度水平的上限,若不及时进行调整与控制,现实水平有继续低于适度水平的趋势。2009年以前的养老金替代率的下降,一方面,是经济发展的成果,是职工收入增长的结果;另一方面,可以说是养老保险制度改革的成效,是养老金支付水平的价值回归,是养老保险保障水平的合理表现。但是,养老金替代率若继续有一定幅度的下降,则将不能为退休者提供较充分的生活保障。提升养老保险保障水平的途径主要通过提高个人账户替代率实现。基础替代率相对稳定,主要由缴费年限决定;个人账户替代率可以有比较大的波动,主要由工资增长和记账利率决定。当记账利率小于等于工资增

---

① 邓大松. 中国城镇职工养老保险替代率敏感性分析[J]. 学习与实践, 2008, (8).
② 丁仁船. 退休年龄与社会养老金关系的定量研究[J]. 市场与人口分析, 2006, (1).
③ 孟庆玮. 基于养老金替代率的退休年龄分析[O]. 北方经贸, 2009, (3).
④ 郝勇. 养老金替代率适度水平的确定研究[J]. 中国矿业大学博士学位论文, 2012-12.
⑤ 邓大松. 中国城镇职工养老保险替代率敏感性分析[J]. 学习与实践, 2008, (8).

长率时，个人账户替代率不是很大；当记账利率大于工资增长率时，能够带来比较大的个人账户替代率。① 因而将退休制度设计和养老保险替代率进行衔接，在具体的制度设计上将多缴多得的比例比照养老保险替代率进行调整是十分必要的。

三、推迟退休年龄需要相关的配套性制度调整

如前文所述，推迟退休年龄的目标在于通过增加经济活动人口总量以实现社会保障基金的积累，而增加社会保障基金积累一般有以下几种方法：增加在职者的缴费率、降低退休者的养老金替代率与增加政府投入。第一种方法在中国难以推行。因为现在的缴费率已经很高，继续提高的话，只会加重企业负担，并导致更多企业逃避缴费。对于个人而言，这会给他们生活带来沉重的隐性负担。第二种方法也难以推行。在中国退休者中，企业退休工人的养老金水平并不高，无法降低，他们占了退休者的大多数。虽然中国企业退休职工的养老金已经连续九年上调。退休金水平最高的是公务员，其次是事业单位人员，2009年，关于改革事业单位退休制度的政策遭到了强大阻力，在不首先对待遇水平最高的公务员退休制度进行改革的情况下，削减任何其他群体的待遇水平的措施都难以推行。而且，对于多数老年人而言，养老金几乎是唯一收入来源，削减养老金水平会导致老年贫困。第三种方法在中国目前是必要的，但是，由于退休者和潜在退休者数量庞大，由此带来的养老金缺口不可能完全由政府来买单。因此，为了达到增加社会保障基金积累的目的，除了推迟退休年龄，增加缴费年限之外，还需要对养老金的缴费机制予以规范。②

中外推迟退休年龄的背景和目标基本一致，但是作为保障推迟退休年龄直接目标的社会保障基金积累实现的有关缴费机制的规定却并不一致。就我国目前的立法状况而言，存在大量与缴费机制相关的法律规范性文件，但是专门性法律在此问题上则并无明确规定。从立法进程中可以看到，1983年9月2日，全国人民代表大会常务委员会发布《关于授权国务院对职工退休退职办法进行部分修改和补充的决定》，其主要内容是"授权国务院对1978年5月24日第五届全国人民代表大会常务委员会第二次会议原则批准的《国务院关于安置老弱病残干部的暂行办法》和《国务院关于工人退休、退职的暂行办法》的部分规定作一些必要的修改和补充。"除此之外，《劳动法》第九章"社会保险和福利"规定了社会保险的参加方式、参加主体、基金管理等若干问题。《社会保险法》只在第二章规定了"基本养老保险"的内容，《公务员法》分别在第七十九条与第八十九条提到了退休金的经费来源与享有退休金具有法定性。③

在这些已有的法律规范中，看不到有关于个人、企业和政府共同参与养老金缴费机制的清晰确定的表述和规定。影响中国养老金缴费机制的重要制度多出现在行政法规中，这些不稳定和较低层级的制度规定导致在实践中很难以严谨的逻辑体系与适用依据去解决存在于个人、企业和政府之间有关缴费机制的问题。在政策上尽管经历了数次改革，意在确立政府、企业和个人分担责任的制度，然而制度一经确立很难彻底改变，新的政策无形中继承了旧制

---

① 郝勇. 养老金替代率适度水平的确定研究 [D]. 中国矿业大学博士学位论文，2012-12.
② 周辉. 我国延迟退休年龄限制因素分析与建议 [J]. 学术交流，2011，(2).
③ 张凌竹. 退休法律制度研究 [D]. 吉林大学博士学位论文，2012-6.

度尚未解决的问题，导致政府的投入始终停留在政策层面，而以法律规范缺失为代表的制度缺位则极大限制了中国养老金缴费机制的进一步改革和发展。

通过考察中国现行养老保险缴费机制以及我国推迟退休年龄的相关因素，有必要在制度上做出如下选择：

第一，以法律确立政府责任关系。在养老金缴费机制的问题上，法律规定或者模糊不清，难以成为适用依据，或者回避不予表述，这导致法律制度对于政府责任的表述不够清楚，政府责任边界不清，内容庞杂，不仅不会减轻政府负担，相反会由于缺乏客观衡量标准导致政府责任失控，最终将不利于完善的养老金缴费机制的形成，而一旦无法实现这一目标，推迟退休年龄将失去意义。

第二，政府责任的具体化。结合当前的养老金缴费的实践来看，政府并非没有投入，各级法律法规和政策文件都规定了政府有必要在基金的积累中予以补贴。当前的实际情况是，由于财政预算制度没有明确规定各级财政社会保障预算安排的硬性比例，导致年初预算时安排养老保险支出指标弱化，社会保障预算执行的随意性较大。各地的养老保险资金80％以上靠中央财政投入，地方财政投入少。有的将中央财政拨入的养老保险资金长期挂账，不及时拨付有关部门和单位。有的甚至将中央财政安排的养老保险资金挪作他用或平衡预算，影响了中央财政资金使用的预期效益。由于没有清晰地划分中央政府和地方政府的责任，造成地方依赖中央的情况发生。如2001年，各级财政补贴基本养老保险基金530亿元，其中中央财政补贴474.3亿元，地方财政仅有55.7亿元。1998—2000年，全国财政"两个确保"支出总计1 097.58亿元，其中中央财政占75.8％，地方财政仅占24.2％。从增长速度上看，全国财政"两个确保"支出增幅为年均103.6％，中央财政支出的增幅为123.7％，而同期地方财政支出的增幅仅为62.3％。[①] 可见，政府财政责任的履行不仅数量不足，且缺乏稳定的预算机制，究其缘由，仍是政府责任未能借由制度规定具体化，泛化的政府责任导致政府陷入负担沉重同时责任履行不到位的局面。[②] 但是个人、企业和政府分担责任已是大势所趋和实践经验，因而政府完全有理由变当前的补贴为直接进入，确立养老金积累中的政府责任，为推迟退休年龄，积累基金并应对老龄化风险激发社会积极性。

第三，以法律确立工龄、缴费资格年限、退休年龄与养老金替代率之间的关系。前文已经对于工龄制度、缴费资格年限和法定退休年龄之间的关系做出了分析，由于它们各由不同领域的法律制度予以规定而未能予以衔接，因而导致劳动者的权益受损。此外，多缴多得的制度理念无法有效体现在具体规定中，其原因在于具体规定与养老金替代率的调整是脱节的，影响了制度运行的效果。作为社会保障领域的基础性法律文件，《社会保险法》应当在统领现有规定的前提下，确立上述概念之间的关系，并明确规定其衔接关系，以求在社会保障领域以法律的强制力打破现有的制度隔阂。

四、推迟退休年龄需要合理的社会心理准备期

由于退休年龄的调整必须和社会认知在整体上相符合，因此不管是在理论的论证中，还

---

① "十一五"期间社会保障资金需求与财政保障能力的研究［EB/OL］. http://www.studa.net/jingji/080728/11203071.html.
② 杨方方. 我国养老保险制度演变与政府责任［J］. 中国软科学，2005，(2).

是在制度运行中，推迟退休年龄往往会经过激烈的全社会范围内的讨论。退休年龄的经济学意义在于单位人群经济活动的时间或单位时间经济活动人口的规模，而其社会保障领域的意义在于对个人对社会的责任及国家对个人的权利的认可，因此，推迟退休的内在功能应是保证和实现个人养老权益的最大化。各国的退休制度大多先后经历了建立、规范和改革等阶段，内在的动因也发生了个人本位向社会本位的转向，其退休年龄的确定都需要由经济发展为其提供调整动力、经过国家政治体系和制度的确认并且获得社会舆论的认同方能付诸实施。发达国家在其较早建立的退休制度中对于退休年龄的规定大多比较高，而后随着经济的发展和人口结构的变化做出微调，其浮动范围多在最初的70岁或更高直至目前在65岁左右，历经百年的制度发展变迁，辅之以完善的政策过程，社会心理的准备是比较充分的，社会舆论对于退休年龄的调整的反应处在相对比较宽松的状态中。

中国的退休制度产生于社会主义政治制度下，最初属于计划经济的一部分，退休年龄的确定在更大程度上属于政治范畴的问题，与经济发展和市场经济的关系并不密切。虽然在社会主义市场经济阶段，退休制度经过改革，逐渐与市场接轨，但究其根本，中国退休年龄的确定仍然与外国相应制度的运行有着运行机理的问题。中国的退休年龄的调整主要在于政府，市场和社会对于退休年龄调整的直接影响力很小。首先，经济因素对于退休年龄的影响是显而易见的。在中国统一规定的退休年龄之下，蕴藏着由于地域、行业不平衡而导致的经济供养能力的极大差别，对于经济效益不好的单位，劳动者往往选择较早退休以获得高于工资的退休金。其次，工作环境因素对于退休年龄的影响是明显的。尽管中国的劳动法律法规对于工作环境和工作保障有着规定，但是部分规定的可执行性有限，加上实践中部分规定得不到执行和落实，使得未能获得合格工作环境的劳动者倾向于较早退休。最后，观念因素对于退休年龄的影响是最为明显的。一方面家庭因素会直接制约劳动者继续投入劳动的热情和能力，尤其是照顾家庭需要占用劳动者大量时间和精力，而社会保障等其他制度未能有效分担其压力时，劳动者并不一定会继续投入工作；另一方面，人们对待退休年龄问题的看法和认知，既包括政策制定的出发点和价值，也包括就业者对于政策的认同和接受态度。而后者恰恰是在中国从传统福利视角、社会利益视角以及社会公正与基本人权视角等多方面确定退休年龄时必须予以更多关注的问题。除此之外，男女性别差异作为传统的观念对于退休年龄的确定也有明显的影响。

当前中国的退休年龄起点是很低的，从制度建立初期的50岁左右，经过数十年的发展和调整，目前也仅仅达到60岁左右，而与之相对应的是，自1982年至今，人均受教育年限从6.8年提升到10.8年；人均预期寿命从71.6岁提升至80.0岁，这一变化的结果就是实际工作年限从42.7年降低到了38.8年，而退休生涯从14.1年提升到了22.5年，这其中还不包括广泛存在的劳动者提前退休的现象。与发达国家建立时高起点、微调并实现总体趋势上的下降相比，中国的退休年龄起点低，而且当前造成的社会预期是比较低的，一旦将退休年龄上调至与发达国家更为接近的65岁左右，将势必引发本就空间有限的社会心理的反弹，而此种反弹一旦与中国退休年龄确定过程的特点和缺陷相结合，是有可能对退休年龄制度的改革形成阻碍的。

采用社会保障缴费制度的中国在人均受教育年限和人均预期寿命上均有明显提高，在缴费率已经很高的状态下再作提高已不切实际。而在推迟退休年龄势在必行的前提下，怎样调整受到既有制度影响的社会心理成为必须关注的问题之一。通过考察一些 OECD 国家政策的执行可见，虽然其在 20 世纪 90 年代就已经推迟了退休年龄，但此项调整至 21 世纪才完全执行生效，其渐进的方式值得注意。

如法国政府推动推迟退休年龄是以渐进方式完成的。按照法国的经济发展水平和人口结构，国家需要尽快开始延迟退休年龄。但是政策安排上，其在规范现有退休年龄的基础上，采取了以 2040 年实现男女同龄 65 岁退休为基本目标，进行倒逼式的制度安排，女先男后，小步渐进，逐步延长劳动者的退休年龄。①

与法国相仿，美国采用的是微幅调整缓慢提高退休年龄的办法。即在每年规定的基准年限上增加两个月的服务年限，以此类推。这种设计方式使得部分人群尽管心里不情愿，也能够接受，而且在规定的基准年限上增加两个月的服务年限，初始波及的人群少，调整相对容易，而后采取每年在基准年限上累加两个月的办法产生了一种平稳递进，容易让人们自觉产生自己的退休年限将要推迟的心理预期，后期阻抗的心理自然减弱。②

因此，如果通过渐进的方式，并且由多个年龄群的劳动者共同承担其影响，将有效降低单一年龄群体的不安全感；同时在渐进调整中一定要做到公平，减少既有的行业、地域差异在调整退休年龄的表现，在这个过程中引导社会心理建立起市场经济体系下对于退休年龄的正确认识，并建立政府和社会之间的良性互动。

综上所述，推迟退休年龄问题并非中国社会保障制度发展变化中遇到的一个新的问题，而是全球社会保障制度在发展过程中都将面临的一个问题。对于推迟退休年龄问题不能够单一来看待，而应该放在经济增长、人口变化、人力资源、就业市场与社会保障可持续发展等宏观环境中来思考。应该改变推迟退休年龄是因为养老金支付出现问题等片面认识，强调推迟退休年龄的实际功能是通过增加经济活动人口，扩大社会保障基金积累和规模，进而更有效地实现劳动者养老保障权益以及其他社会保障权益的最大化。推迟退休年龄问题是一个系统工程，应该将通过推迟退休年龄实现的工作年龄延长和强制性的缴费资格年限、弹性化的退休年龄、法定性的领取养老金年龄以及养老保险待遇的替代率等五个方面紧密挂钩，与此同时，还要注意相关配套制度的调整以及社会心理承受能力等，只有这样，才能够使推迟退休年龄政策选择不仅能够适应劳动者与社会的心理预期，而且可以促进经济活动人口的增长，更能够促使劳动就业制度与养老保障制度之间的协调，构建养老保障制度的几个关键方面的内在机制，有效实现养老保障权益最大化。

本文系教育部哲学社会科学研究重大课题攻关项目《中国社会保障制度整合与体系完善研究》（项目号：13JZD019）的研究成果，也为 2011 年度国家社科基金项目《我国农村居民养老保障制度整合研究》（立项号：11BSH065）的中期研究成果。

参考文献

[1] 陈雷等. 法国养老金改革及其启示 [J]. 唯实，2011，(4).
[2] 邓大松. 中国城镇职工养老保险替代率敏感性分析 [J]. 学习与实践，2008，(8).
[3] 范围. 基本养老保险缴费年限制度研究 [J]. 社会保障研究，2012，(2).

---

① 陈雷. 法国养老金改革及其启示 [J]. 唯实，2011，(4).
② 吴君槐. 中美两国养老保险技术机制运用比较研究 [J]. 社会科学研究，2009，(1).

[4] 吴君槐. 中美两国养老保险技术机制运用比较研究[J]. 社会科学研究, 2009, (1).
[5] 郝勇. 养老金替代率适度水平的确定研究[D]. 中国矿业大学博士学位论文, 2012—12.
[6] 张凌竹. 退休法律制度研究[D]. 吉林大学博士学位论文, 2012—6.
[7] 陈玉光. 我国经济活动人口的分析[D]. 经济研究, 1983, (6).
[8] 丁建定. 英国国家养老金制度及其启示[J]. 华中科技大学学报, 2002, (3).
[9] 丁仁船. 退休年龄与社会养老金关系的定量研究[J]. 市场与人口分析, 2006, (1).
[10] 李善金. 金华公司薪酬机制的改进研究[M]. 天津: 南开大学出版社, 2010.
[11] 孟庆玮. 基于养老金替代率的退休年龄分析[J]. 北方经贸, 2009, (3).
[12] 潘丽娟. 我国的社会保障制度存在的问题及对策[J]. 内蒙古民族大学学报, 2010, (1).
[13] 杨方方. 我国养老保险制度演变与政府责任[J]. 中国软科学, 2005, (2).
[14] 周辉. 我国延迟退休年龄限制因素分析与建议[J]. 学术交流, 2011, (2).
[15] 李珍. 关于退休年龄的经济学思考[J]. 经济评论, 1997, (1).
[16] 李保华. 退休年龄选择机理[J]. 新疆财经大学学报, 2009, (2).
[17] 高庆波. 关于中国法定退休年龄的探讨[J]. 北京社会科学, 2009, (4).
[18] 柳清瑞等. 人口红利变化——老龄化与提高退休年龄[J]. 人口与发展, 2011, (4).
[19] 金刚. 中国退休年龄的现状、问题及实施延迟退休的必要性分析[J]. 社会保障研究, 2010, (2).
[20] 纪晶晶. 论退休年龄对养老保险基金收支平衡的影响[J]. 武汉理工大学学报, 2006, (5).
[21] 秦中春. 参保人缴费年限与养老保险制度框架寻求[J]. 改革, 2011, (2).
[22] 邵国栋等. 人口老龄化挑战中国现行退休年龄规定[J]. 未来与发展, 2007, (6).
[23] 邵国栋等. 基于生命周期理论的延迟退休年龄合理性研究[J]. 云南社会科学, 2007, (5).
[24] 田青. 透析养老金替代率[J]. 中国社会保障, 2013, (9).
[25] 王清. 调整我国退休年龄的依据分析[J]. 经济纵横, 2000, (6).
[26] 杨欣然. 推迟退休年龄的利与弊及实绩分析[J]. 现代经济, 2008, (11).
[27] 原新等. 缓解老龄化压力, 推迟退休有效吗[J]. 人口研究, 2006, (4).
[28] 张雄. 退休年龄对劳动参与率的影响[J]. 西北人口, 2009, (6).

乡土文化变迁与农村养老保障演进思考
——以来自关中 C 村的质性研究为例

翟绍果 杨竹莉

【摘要】 中国传统农村是以农耕文化为主导的乡土社会,养老保障以一种差序格局下的礼物交换关系形式存在。本文以来自关中 C 村的质性研究为例,思考乡土文化变迁与农村养老保障演进。随着乡土文化的变迁,互惠与合作的文化秩序促使养老保障从家庭保障走向社会保障,但冲突与超越的文化模式重构着农村养老保障的制度生态,需要在融蓄与共识的乡土文化基因中实现农村养老保障的制度均衡。

【关键词】 乡土文化 养老保障 质性研究

The Thinking on Local Cultural Transformation and Rural Old—age Security Evolution
——To Take the Qualitative Method from Village C in Guanzhong Area for Example

Zhai Shaoguo Yang Zhuli

(*School of Public Administration, Northwest University*)

Abstract Traditional village in China is the rural society which is dominated by farming culture, and the old—age security exists as a kind of patterns in gift exchange relationship with the structure of hierarchical order. This paper takes the qualitative method from village C in Guanzhong area for example in order to make thinking on local cultural transformation and rural old—age security evolution. With the local cultural transformation, the culture order of reciprocity and cooperation prompts old—age security to turn from family security into society security, but the pattern of rural old—age security system is reconstructed by the cultural mode of conflict and transcendence, and it needs to realize the balance of rural old—age security system with the local culture genes of fusion and consensus.

Key words Local Culture Old—age Security The Qualitative Method

中国传统农村是以农耕文化为主导的乡土社会,养老保障以一种差序格局下的礼物交换关系形式存在。本文以来自关中 C 村的质性研究为例,思考乡土文化变迁与农村养老保障演进。C 村位于陕西关中地区,有 400 多户家庭,大约 1 700 多人,老年人口约占三分之一左右。村里有杨、焦、任、王、陈、刘六大宗族,以及一些潘、李等少数外来的小族。该村历史悠久,乡土气息浓厚,既普通又典型,在驻村进行的一些质性访谈与观察中,我们对乡

作者:翟绍果,西北大学公共管理学院社会保障学系讲师、博士,主要从事社会保障理论与健康保障制度研究;杨竹莉,西北大学公共管理学院社会保障学系学生,主要从事社会保障理论研究。本文获国家社科基金青年项目(11CGL070)、国家社科基金一般项目(13BGL114)基金资助。

土社会的养老保障以及乡土文化变迁下的养老保障演进有了初步思考。随着乡土文化的变迁，互惠与合作的文化秩序促使养老保障从家庭保障走向社会保障，但冲突与超越的文化模式重构着农村养老保障的制度生态，需要在融蓄与共识的乡土文化基因中实现农村养老保障的制度均衡。

一、乡土文化与养老模式的理论诠释

（一）差序格局下自组织的养老模式

对于乡土社会结构，费孝通用一个同心圆的比喻来解读："以'己'为中心，像石子一般投入水中，和别人联系成的社会关系，不像团体中的分子一般大家立在一个水平面上的，而是像水的波纹一般，一圈圈推出去，愈推愈远，也愈推愈薄。"[①] 由此建立的社会关系是一个基于私人联系增加构成的社会网络，这个网络的中心是乡土社会的一个个体，关系网络大小则由中心势力的强弱决定，维系网络的纲纪是差序。

同心圆似的关系格局，"己"是最小的社会关系结构——个体的家庭，整体的结构同心圆是由家庭—家族—宗族、邻里—村落（社区）构成的。传统村落，往往是由几个较大的宗族加上少部分"外来户"构成的。缔结在这个关系网中的关系是亲属关系、邻里街坊关系以及少部分朋友关系，维系网络的纲纪则是一系列对于这些关系的差序规范。乡土文化中的养老模式同这个差序格局息息相关，养老的责任主体按照等级差序分布，不同等级圈子上的主体有不同的责任和义务。每个人都在各自的圈子内参与养老活动，并与其他人的圈子汇聚成网络，整体按照乡土社会的道德规范运行，形成一个独立组织内的养老模式网络。这一组织由于小农经济的主导、内部的封闭性，经历千百年积淀，形成相对稳定的乡土文化下的养老模式，通过乡土社会系统内的有序结构的自组织的养老规范，引导人们的赡养行为。

（二）礼物交换关系下契约化的养老模式

莫斯在《礼物》中指出[②]，人与人之间是交换与契约的关系，以礼物的形式达成，表面上是自愿的，实质上送礼和回礼都是义务性的。这里的礼物，除了事物本身之外还包含了送礼者的精神本质和灵魂，或者说是他本性、本质的一部分，收礼者要想办法通过另一种礼物予以归还，保留这些事物会导致危险。在回报的礼物和收到的礼物间存在着一种对比关系，这种对比关系确定了个体在社会交往中所处的位置，如图1所示。

这种礼物关系除了人与人之间的缔结之外，还有人与"神"或者其他非自然力量的缔结。冯·奥森布鲁根（Van Ossenbruggen）通过在特罗布里恩群岛的生活发现：给人及神的礼物在于购买平安，人们以此来避免恶灵，或者是一般地说是避免不好的影响，甚至那些非人格化的不好的影响。在中国的传统文化中，养老和送终是占同等地位的，送终礼仪以葬礼的形式达成，人们会准备纸做的金钱、生活用品、住宅等以焚烧的方式奉献给死者和神灵，以祈求他们的佑护。

---

① 费孝通. 乡土中国 [M]. 北京：生活·读书·新知三联书店出版，1985：21—28.
② 马塞尔·莫斯. 礼物——古式社会中交换的形式与理由 [M]. 汲喆译. 上海：上海人民出版社，2002：16—28.

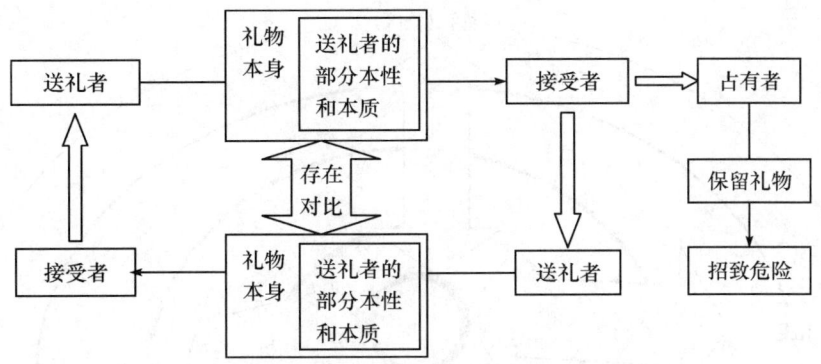

图1 交换主体间的礼物关系

这种礼物交换其实是一种乡土文化下的养老模式，父母生育抚养子女，子女为父母养老送终，结成礼物交换关系，看似自愿的行为，实质上是义务的。在这种代际交换行为中，除了物质性、服务性的付出之外，还寄托了付出者的精神与本质，即爱心、关怀等方面的东西。如果接受者不予以回报，便会有招致"天谴""报应"等非自然力量的危险，也会落人话柄。不论是人与人之间缔结的关系还是人与神之间的缔结，都要求礼物交换按规则顺利进行，现实意义便是构建反哺与接力共存的养老模式。

（三）乡土养老保障：差序格局下的礼物交换关系规则

基于对差序格局及礼物交换关系的分析，可以看出，乡土社会的养老模式实质是一个差序格局下的礼物交换关系构成的网络，具有自组织和契约化的特点，这个网络存在一系列内在规则。如图2所示。

第一类规则是，同心圆越大，礼物关系中所包含的人的自我的成分越少，相对应的责任与义务也越少。这是在差序格局中确定的人的亲疏远近决定的，越亲近越要付出更多的情感因素，也要承担更多的义务。礼物的赠予与获得并非是表现出的那种自愿行为，而是义务的。比如，在一个社会个体遭遇重大疾病时，首先由其家庭成员承担经济上的救助、生活照料以及情感上的慰藉，然后到家族、朋友，再到宗族，一般性的同一社区的成员等，关系远的一般就礼节性的送点慰问病人的礼物。

第二类规则是，付出的礼物与接受者回报的礼物的对比关系影响等级差序。回报的礼物小于接受的礼物，则回报者的地位低于送礼者的地位；回报的礼物大于接受的礼物，则回报者会感到自身的地位提高。在乡土社会礼物交换关系中，对等的关系往往较少。在一个农村家庭中，父亲在经济收入等方面具有绝对优势时，他是这个家的家长，也称作"掌柜的"，而当他的儿子成人并承担起这个家庭的主要经济责任的时候，他的地位便渐渐弱于儿子，直到儿子成了实质的"掌柜的"。在这个过程中，实质的转变便是赠予礼物能力的强弱，谁的赠予能力强，谁的地位更高、话语权更大。而对于无回报的礼物，对于赠予这份礼物的人来说，成了一种施舍行为，回报者因无法回报而感到耻辱，受到伤害。俗话说："拿人的手短，吃人的嘴软"，意思就是获取了别人的礼物，不予回报，则自身地位变低，要为其服务。

第三类规则是，乡土社会是一个由众多差序格局下的礼物关系构成的整体，每个个体独

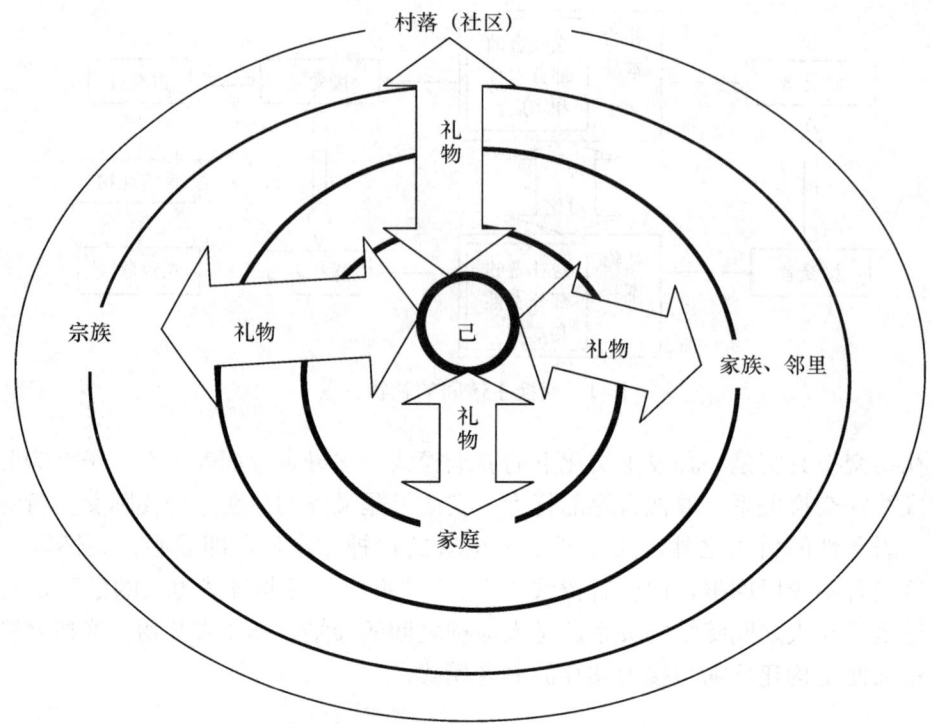

图 2　差序格局下的礼物关系示意图

立的圈子都与别人的圈子交叉存在,维系整体的纲纪是道德和人情。传统的农村,一个村子便能构成一个小的乡土社会,它包含了乡土社会方方面面的内容,从小的家族到几个大的宗族往往就构成一个社区,加上小农经济的闭塞,与别的村子间的联系较少。村子这个小的聚落里,实质是一个熟人社区,每个人都在公认的道德与人情关系中生活,参与礼物交换。在村民发生人生的重大事件,如婚丧嫁娶等时,会邀请亲朋好友,被邀请的人有接受邀请的义务,如果哪个个体拒绝,则意味着他违反秩序,会被排斥在圈子之外。也就是说,乡土文化在这里充当了一个共同社会秩序法则的角色,这个角色规范社区生活,实现社区整合。

第四类规则是,差序格局下的礼物交换关系并非一成不变,它会受到来自社会制度以及经济发展等方面的影响。西方人在社会生活中注重个人的权利,以法律来约束和保障;我国传统社会更注重关系,往往说的是"天理、人情、国法",在天理和人情之后才是讲法律,更强调的是道德约束。在城市化推进过程中,工业、商业发展,法治社会观念开始深入人心,金钱和物质的作用被过分强调,农村的人员流动加剧,传统的礼物交换关系被淡化。哈耶克在《通往奴役之路》中说:"钱是人们所发明的最伟大的自由工具之一"。人们通过金钱的传递减少了情感道德上的谴责,由此对乡土文化、乡土社会的结构带来冲击与变迁。

差序格局下的礼物交换关系,形成了乡土社会养老模式。这种模式的主要表现是代际之间的交换,在家庭内部的代际交换之外还有家族、宗族、其他亲属以及社区等主体的参与。基于上述差序格局下的礼物交换关系形成的乡土社会养老模式,深深植根于几千年来中国传统乡土文化的厚土。

(四) 生命周期内养老代际交换能力的变化

一般的社会成员在交换中会以生命周期为主线,经历四个阶段:进入期、成长期、成熟期、衰退期。这四个阶段,与个体的年龄增长相关,交换能力呈现一个上升再下降的过程。进入期——幼年,由家庭抚养,体现的是对晚辈的亲情惠赠,仅能回报一种"承欢膝下"的情感,礼物交换能力弱;成长期——青年,能够从事一些有助于家庭的活动,礼物交换能力获得增长;成熟期——壮年,能够承担家庭的主要经济责任,随着父母年龄的增长,达到了所谓的顶门立户的时期,交换能力达到最高;衰退期——中老年,参与社会劳动减少,自身的经济获取能力逐渐变弱,交换能力逐渐衰退。

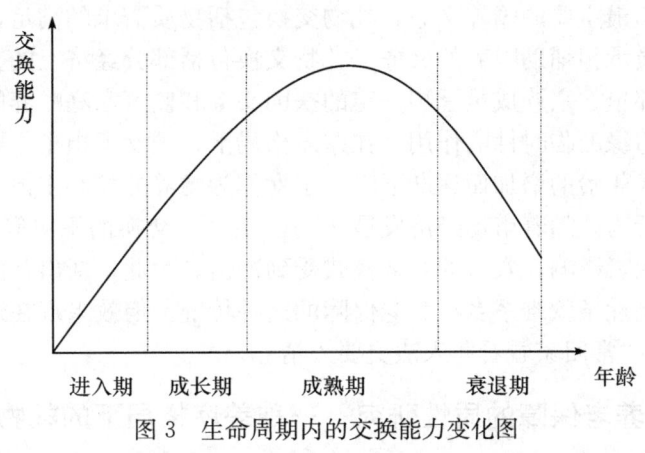

图3 生命周期内的交换能力变化图

因此,以生命周期为主线,其到老年阶段,交换能力逐渐变弱。随着交换能力的降低,赠予出去的礼物变少而获取回报也随之减少。在乡土社会养老模式下,代际交换是家庭养老的重要特征,当一个人步入老年时期,养老保障的获取便要靠这种古式道德对子女进行约束,引导子女对幼年及青年时期从父母处所收到的礼物进行回报。然而,这个回报能够顺利进行时基于每个人都是道德人的假设。现实生活中,短视的行为更为普遍。在"分家"之前,父亲在经济收入等方面具有绝对优势时,他是这个家的家长,也称作"掌柜的",在分家之后,他的儿子承担起这个家庭的主要经济责任,父亲地位便渐渐弱于儿子,儿子成了实质的"掌柜的"。在这个过程中,赠予礼物能力的强弱发生了转变,谁的赠予能力强,谁的地位更高、话语权更大。所有子女均成家之后,有一些是父母与成家子女再在一起生活几年,分家的过程就结束了,这是父母决定退居二线、步入养老阶段的标志。农民的收入有限,土地和房屋是最主要的家产,通过分家,质朴的农村人为了辅佐子女的发展,已经将遗产的分配问题解决,所以,不同于城市,在养老方面极少存在遗产动机问题。分家之后,父母的经济实力衰退,交换能力急剧下降,养老保障依赖家庭成员。约束家庭成员对老人进行良好养老保障的力量源于礼物交换关系,这是乡土文化下的秩序和规则,是一种"孝"文化,子女通过赡养老人来报答老人对自己的抚养,体现自己的孝心,也为下一代做出表率。

在新型农村养老保险制度实施之后,在农村发现这样一个现象,老年人的生活地位得到了改善。每个月55元能带来生活地位的改变?事实上确是如此。老年人因为有了一部分自己的收入,能够给家里购买一些日用品,给孙子孙女零用钱,改变了不断索取的地位,恢复了部分的交换能力,因此,获得了生活的改善。

(五) 差序格局与礼物关系下赡养主体的权利和义务

在传统农村中,赡养这一事件参与的主体按照差序格局大致分为四个层次,第一层次为核心家庭;第二层次为家族、近亲及邻居;第三层次为其他亲属及宗族;第四层次为社区。这个体系中,老人作为核心,在乡土社会的道德观念中,享有被晚辈"孝敬"、赡养的权利,在老人将子女养育成年后享有子女养老送终的权利。这种养老模式是一种反哺式的赡养。

基于差序格局下的礼物交换关系形成的养老模式,各主体承担的责任、义务有所不同。核心家庭的成员承担最主要的赡养义务,礼物交换包括物质需求的满足,基本的生活服务和精神慰藉;家族成员承担辅助赡养的义务,礼物交换包括部分经济上的支持,临时性的生活服务及精神慰藉;邻里、宗族成员承担一定的扶助义务和监督家庭赡养的义务;远亲及社区在赡养关系中承担边缘的临时性的作用。在差序格局下,子女承担了主要的赡养义务,礼物交换的能力随着老人年龄的增加而逐渐下降,子女作为赡养的核心主体,却只能靠传统的道德观念约束其反哺行为。随着市场经济发展,利己主义、交换的不对等性造成的心理差异、等级差异等现实性因素影响,农村的养老模式受到冲击。为此,新出台的《老年人权益保障法》不得不通过强制性条款维系乡土养老保障的这种传统,但效果现在还不得而知,因为在乡土文化的场域中,"常回家看看"入法更要入情。

二、乡土养老保障的质性研究:一种差序格局下的礼物交换关系

乡土养老保障是在中国传统农村的乡土社会滋生的一种传统养老保障模式。以血缘确定的差序格局,以礼物交换确定的责任义务关系,这种差序格局下的礼物交换关系作为一种乡土社会的文化秩序,是衡量人的行为的准则,也是农村养老保障的模式。关中C村是一个农耕为主的村落,从住在山沟底下的窑洞搬到平地建造房屋,世代定居于此,组成现在的聚居格局。只有极少数迁移过来的潘姓、李姓等人家,前后不过五代人,被称作外来户。居民迁移变化主要来源于嫁娶活动,也不过在附近几个村落间进行,这是一个相对封闭的乡土社会。按年龄称呼叔叔、阿姨在这里会造成错乱,四五十岁的大叔被叫叔叔后会笑着说"按辈分算,我还管你叫姑姑呢,你吃亏了,哈哈"。小孩子打架了,家里大人也不找,他舅打了他外甥,有什么可找的呢。礼俗和辈分经过成百上千年的濡化认同内生成为了一种法理型的文化秩序,与城市的各种规则不同,这就是乡土社会。

费孝通所讲的江村如此,C村亦如此,本质上的中国农村具有极大的相似性。以差序格局构成的社会网络表现为:己—家庭—家族、邻里—宗族—村落构成的同心圆,这个关系网络的大小由中心个体的影响力决定。在C村,杨、焦、任、王、陈、刘六大宗族,同一姓氏同根同源,潘、李等几个小姓被称作外来户,也是一姓一源,由这些宗族组成了C村这个村落。家族,是一个变动的概念,往往可以通过祭祀、婚嫁等人生礼仪活动或者春节等节庆活动区分一个家族。清明节祭祀时,一个家族的人聚集在父系最年长的长辈家中出发去祭祖坟。伴随着最年长的长辈的去世,一个家族便被分成几支,村里人称这些分开的小家族间为"同支人"。C村最年长的老人,非本家族的人算不清辈分的都称她为"十婆",一百零五

岁，她家五世同堂，是本村最大的一个家族。家庭与家族间的区分在C村通过是否"分家"确定。分家是中国农村特有的仪式，在中国的城市或者国外，去世之际才会立遗嘱、分家产；而在中国农村，朴素的人们为了更好地辅佐孩子们的生活，早早就把家产以及自己的养老送终大事通过分家划分下去。在C村，分家有分家的"讲究"，一般是在子女各自成家分屋而居之后，父母约集本家族中威望较高的长辈以及自己的子女进行商议，将家里的土地、房产以及其他财产划分给子女，并且确定老人的供养事宜，从此之后，各立门户。还有一种情况是，多个子女，儿子结婚后父母分给其部分家产，随即"另"出去单过，父母还与未结婚子女生活，待所有子女结婚之后，再确定与哪个孩子在一起生活，与之一起生活的孩子成了赡养的主要责任人。极少数的家族会有净身出户的孩子，随后与家族断开联系。在这个神圣的过程中，子女的舅舅如被邀请也可参加，女儿一般不参与分配，招来的女婿享有同儿子一般的地位。多数家庭供养能力有限，老两口的生活起居和日常照料往往被划分给不同的儿子，这个现象挺奇怪的是，生活了大半辈子的夫妻从此就出入不同的门过各自独居的日子，好像从来都不相关一般。

差序格局划分出远近亲疏的圈子，礼物交换则缔结圈子之间的关联。除夕夜，可以看到各立门户的子孙们提着酒，端着几样小菜回到家族中最年长的老人家中相聚，以这种方式来表达对老人的尊敬和对照料老人的同胞的慰问。孙子、曾孙等排队给老人磕头拜年，老人发压岁钱给孩子们，这是一种古式的道德和礼仪。以礼物的形式达成，表面上是自愿的，实质上送礼和回礼都是义务性的。在代际交换行为中，如果接受者不予以回报，会落人话柄。C村人们常挂在嘴边的话是"做什么什么也不怕人笑话"，似乎一切的事都如同电视直播给全村在看一般。相较于城市快节奏的陌生人社会，C村总是一副宁静平和，农闲的时候，男人聚在"城门口"打打牌、吹吹牛；女人们坐在门口的大石墩上，纳鞋底子织毛衣，拿任何人的家事做谈资，谁家婆媳关系不好，谁家兄弟不和，谁家不孝敬老人，谁家孩子是个捣蛋鬼，谁家家风有问题等，长年累月的被拿来讨论，一遍一遍，最后都被升华到理论高度，如"一对夫妇可以养活六个孩子，六个孩子养不活两个老人，不知是多子多福还是多子多灾啊"，这是村民凝练出来的理论，也是以下杨文成（化名）老人故事的引子。流传在村头巷尾间的闲话，往往会形成一股强大的舆论，在子女嫁娶等关键时刻成为重要依据。

杨文成老人有五个儿子一个女儿，老人的女儿在整体中排行老三，但是村民叙述中老几这个称呼只针对其儿子，也就是老大、老二、老三、老四和老小。在村里，他们家的经济状况属于中上水平，按照一般性推理，杨文成老人及其老伴的赡养应该不成问题，然而在村民的叙述中，老两口均是被饿死的。据其邻居说："老人的儿子依次娶媳妇成家，成家一个，老人就把族里的说话的人（有威望的人）叫来，全家坐到一起谈谈，把成家的儿子另（分家）出去，分给他些家当（财物）。"在这个过程中，邻居提到："厉害的儿子分得的就多，老好的儿子分的就少，女（儿）在这（里面）不掺和，前四个儿子都结婚之后，老人当然就跟着最后一个儿子过了。"这里的"过"的意思指的就是老人日后的生活起居都是由老小负责。邻居继续介绍说："老小结婚后，媳妇比较厉害，不想管（照顾老两口），那时候老人都快七十了，也出不了力，干不了啥了。老小在离老屋二三百米的地方盖了新房，两口子跟娃搬了过去，让老人们单独住在老屋。"笔者询问老人的吃饭问题，邻居叹了口气说："分了家之后，老人的地都是老小种着呢，老两口种不动了也没啥收入，早前（之前）分家能分的都分出去了,就靠老小养,开始还老两口凑合着自己做饭吃,后来做不了了,老小家人想起来了给老两口端碗饭,想不起来了就没有人管,老婆子(老人的老伴)饿得不行在屋里(家里)喊,邻居听不下去了就给送碗饭给个馍,唉,到最后老两口相继走了"。那其他子女呢?"其他人家都另出去了,不管,女嫁到G村了,不远是不远,人家也不管么","这里头有事呢,老人偏心分的不公平,其他人也有意见,都不管",那其他家族还有宗族成员呢?村委会呢?"都是极少数去看一下,又不是五保户,村上也管不了。也冇(没)人敢管,他那儿子歪的(脾气大)很"。询问老人参与新农保政策情况,邻居回答说:"政策要儿女参保老人才能领钱,当时他儿女都没有参保。再说就算参保能领钱,老人又自己不能去取钱,到最后还不是在儿女手里了,政策好是好,就是难享受"。邻居最后点评说:"一个老人能养活六个娃,六个娃养不活一个老人,唉,这社会,不知道多子多福还是多子多灾"。

三、互惠与合作的文化秩序促使养老从家庭保障走向社会保障

人类风险的演进没有文化区分,但解决风险的机制深受文化影响。如果C村的一切还如数百年间一般,维持着男耕女织、生于斯老于斯的模样,那么应对养老风险,也会一如既往的保持差序格局下的礼物交换关系这种习惯。然而,新的中国、新的制度还有那姗姗来迟的工业化已经悄悄地撕开了这村落的平静。文化变迁下人类行为由互惠式的礼物交换到合作,从而达成社会保障的制度秩序。

新中国之前,C村以一个偏远的自然村落的形式存在。C村桑树茂密,户户养蚕,男耕女织。土地是私有的,有土地的农民生活富足,没有土地的租地主家的土地耕种,被称作佃户,这种平静一直在持续。传统的乡土文化在这种缓慢变化的土壤中孕育发展成熟,在养老保障方面形成了差序格局下的礼物关系模式。

改变始于20世纪五六十年代,农业合作社在C村火热的开展。大家都扛着农具去赚工分,除了生病的人,能动的都下地干活,劳动是伴随农民一生的事业,即使是70岁的老人,仍会尽自己所能下地干活,没有退休养老一说。这一时期,村里建了大食堂,修了路,装上大喇叭,大家下工回来去吃大锅饭,靠国家养老第一次出现在乡土社会。火热的劳动带来了生育的高峰,多生孩子多赚工分,国家的需要也是人民的需要。然而,这种火热伴随着合作社的解散迅速烟消云散了。养儿防老的观念虽然有那么些许的被触动,但仍根深蒂固。

第二次的触动在20世纪70年代开始,来自计划生育国策,制度文化的变迁对乡土气息浓郁的C村冲击来得更猛烈。C村在这个阶段,多了很多"黑孩",就是没有户口的孩子,都是一些女孩,躲在外婆家成了这一时期孩子们最深刻的记忆。隐藏生下来的女孩,顶风冒险的生儿子,成了村里的热潮。没有儿子,老了怎么办?这是人们心中深深的恐惧。也许自己的收入尚可,女儿倒也还孝顺,可是,没有儿子,走在路上似乎都矮人一头,生怕那些窃窃私语里夹杂着同情意味的耻笑。实质上,有儿子也未见得会有一个美好的老年生活。但是,这一政策太强硬了,人们抵抗不了它的力量,倾家荡产的生孩子,心理得到了安慰,生活却日趋窘迫。中国人的阿Q精神开始起作用,看着满村"生儿生女都一样"的标语,人们自我安慰,把生孩子的热忱慢慢降了下来。C村的人们开始搞副业,大家都在果园里忙碌,希望从经济生活的改善来提升自己的社会地位。孩子少了,靠儿子互惠式养老模式的地位被撼动,人们开始寻求其他路径。

20世纪80年代初,土地承包责任制开始推行,这使得C村的家庭细胞分裂进程变得更快了。土地承包责任制的推行在C村是件了不得的大事,"城门口"抽着旱烟的老人们提到这个时期显得尤为激动,气氛变得热烈,老人敲掉烟锅里的烟灰,掸掉衣服上的土,站起来比画着说:"嚯,我记得清清的,那是八一(1981)年的事。那时候之前,土地是集体的,大家按时上工挣工分,干活那是能偷懒就偷懒。土地一包干,地是自己的,就像土里能生出金子,人们得空都往地里跑,见缝就种瓜种豆。""分配地是按户按人头分的,可以继承不可以买卖",结了婚,孩子们就要另出去单过,青壮年的两口子,勤快的种地,日子更能过前去(过好)。

20世纪80年代中期,C村迎来了经济的飞跃式发展。八五(1985)年,C村所在的镇开始有了"会","会"是当地的俗称,在有些地方也叫"旗",农历的二或七的日子,就是逢"会","会"其实就是商品交易的集市。C村自给自足的日子被打破,商品经济进入人们的生活。"会"上人们可以进行农产品的交易,理发店、照相馆等服务业也开始兴起,人们对金钱的诉求开始变得狂热。此时,乡镇企业适时出现,C村的一些青壮年农闲上班,农忙务农,过起了半工人半农民的生活,工业文化开始进入C村并产生影响。碍于户籍制度的限制,C村基本没有进城务工的行为。

到了21世纪,工业化这块巨大的吸铁石,将C村的青壮年吸进了城市,上海、广州、深圳,那些遥不可及的地方,似乎是一夜之间,C村变成了老人、妇女和孩子的天地。近几年,城市化的步伐加快,进城务工的C村人越来越多。撤点并校使得这一情况愈演愈烈,孩子进了城市的学校,孩子的父母陪读务工。原本热闹的C村突然之间冷清了许多,一些老房子门口,杂草丛生,似乎从来不曾有人住过,一些土地看不到耕种痕迹,回归荒芜。差序格局下的礼物关系,被距离所冲击,儿孙成群、尽享天伦的老年生活渐渐发生了改变,村口的守望成了常态。伴随着农村养老保险政策的推进,家庭养老保障转向了社会保障。

文化超越中养老从家庭保障走向社会保障,这种演变体现了农业文化向工业文化的变异。在这种文化变异中撕裂了乡土文化下的世俗礼仪、伦理道德和社会秩序,一直到现在,传统与现代还在互相交织,演化变异,也正是这种文化变异彰显着社会保障的文明和进步。

四、冲突与超越的文化模式重构着养老保障的制度生态

乡土社会延续的还是传统的理念,讲究"天理、人情、国法",在自然之理和人情关系之后才讲法律,遵循自然之理,仰赖道德约束。这种约束的效力在C村的杨文成老人身上,引起了人们的反思。老人有五儿一女,是村民口中富裕的人家,家产丰硕,人丁兴旺,老人应是颐养天年,尽享天伦之乐才是。然而,在分家之后,老夫妇跟着小儿子生活,却饿死家中,这是C村引以为鉴的典型例子,却也是经常发生的故事。村民认为老人分家不公,老大、老二、老四"歪(脾气专横)"分得多,老三、老五"老好(老实忠厚)"分的少,在赡养老人时老大、老二、老四直接不管,认为老人跟了小儿子就应该由他管,而老五和老三也心有怨言,再迫于媳妇的压力,也对老人冷漠淡然。五个儿子各立门户,唯有老人守在老宅,饿得老太太在家中喊,邻居看不过去送个馍送个饭,也不是长久之计,还怕被其儿子知道了怨恨。"一对夫妇可以养活六个孩子,六个孩子养不活两个老人,不知是多子多福还是多子多灾啊",这句村民的感慨让人心寒,五个儿子养不活一对老人真是金钱不足之过吗?还是天理人情作用的减弱和传统文化的丧失。

哈耶克说过，钱是人们所发明的最伟大的自由工具之一。想必哈耶克也是在工业社会的熏陶之下说出这样的话来，在乡土社会，金钱的效用大打折扣。敬老院走进C村所在的镇又颓然撤出的例子证实了这一点。20世纪90年代后期，C村所在的镇开办了镇敬老院，漂亮的二层小洋楼，有假山、水池、花园，还有食堂，比起村里那些破旧的老房子，这里优越得不可想象。然而，这种美好的环境却吸引不了老人入住，除了那些实在没有办法，孤苦伶仃又身有残障的老人。门可罗雀的敬老院前两年被拆迁了，没有人出来反对，那些在家里生活窘迫没有保障的老人也不愿去享受这一政策的福利。乡土社会，即使近几十年间差序格局下的礼物关系这种养老保障模式被冲击，可它仍然是正统的思想，这变迁缓慢的乡土文化与雨后春笋般出土的制度产生了冲突。

社会保障是诞生在工业文明中的制度，它的原始生态是工业文化，中国农村是典型的乡土社会，工业文化对农业文化的超越才伊始，两种文化之间的冲突矛盾和濡化认同内生出社会保障的博弈行为。养老保障该何去何从，这与制度的生态息息相关。美国社会学家W·F·奥格本指出：一般而言，物质技术的变化发生在非物质的适应性文化之前，为文化堕距。冲突与超越的文化模式重构着养老保障的生态，文化堕距使得养老保障制度与传统家庭养老在农村的博弈更为激烈。

当物质生活取得飞速发展时，C村的分家变得更为频繁，原本靠互惠合作来获取生活必需品的一大家人可以独立成几个小家庭，而乡土文化中以差序格局下的礼物交换关系为基础的养老保障模式在人们心中变化缓慢，人们过度追逐各自的物质生活水平，兄弟间相互攀比，使得传统养老模式陷入困境。随后，发源于工业社会的现代养老保障制度进入农村。C村的老人们感激这一制度的推行，但显现在老人们身上的，更多的是一份落寞的守望。晒太阳的老人们，总是愿意聊自己的儿子女儿等去了何方，做什么工作，想象着他们在城市的美好生活。适逢年前，一位老太太正在村头站着，一个小孩兴高采烈地说他"大大（爸爸的哥哥）"回来了，老太太匆匆的搓着手往家里走，还不忘回头跟其他人说，儿子今年回来要带个外省的儿媳妇，还不知道咋样。看得出，大家都是一片欣羡，那是埋藏在人们心中，对天伦之乐的向往。工业文化对农业文化的超越，文化堕距还在持续，养老保障制度生态还未稳定。

五、融蓄与共识的文化基因决定着养老保障的制度均衡

社会保障作为文化价值理念，蕴含着以人为本的文化本质，这一文化基因在工业文化与乡土文化中融蓄共识，是决定养老保障制度均衡的根本。只有建立在生命、生存、发展和平等的逻辑基础之上，顺应乡土社会为人们所认同的乡土文化，使得乡土文化的变迁与养老保障均衡发展，才能走向理想中的美好社会，人民才能从制度中得到真正的福利。文化的冲突矛盾和濡化认同内生出社会保障的博弈行为，传统与现代的文化张力重构着社会保障的共生共识，理性选择合作机制，才能促成社会保障的制度均衡，包括养老保障制度均衡。[①]

农村在经济发展的大背景下向现代化迈进，乡土社会的变迁有两方面内容：物质层面的社区现代化和精神层面的观念现代化。在文化堕距理论中，物质是先于精神变化的，制度是

---

① 翟绍果，王佩. 社会保障科学发展的文化阐释 [C]. 第三届中国社会保障论坛论文集 [M]. 北京：中国劳动社会保障出版社，2008：1288—1301.

先于文化变化的,在重塑新型的乡土社会养老秩序的过程中要把握好这几个要素之间的关系。构建乡土社会的新型养老模式,需从两个层面出发:一是改进原有的以家庭养老为核心的养老模式,即差序格局下礼物交换的秩序;二是推进现代养老保险制度设计在乡土社会的发展,对家庭养老予以补充。这个构建过程是一个乡土社会的现代化过程。

(一)扩大礼物交换,追溯古式道德,增强乡土文化的正能量

理查德·怀斯曼在他的《正能量》一书中阐释了正能量对人的影响,通过一系列的训练方法提升人内在的信任、豁达、愉悦、进取等正能量;规避猜疑、沉郁、沮丧、消沉等负能量。乡土文化对养老保障的影响,存在一系列正面的影响,增强这类影响的作用,以正能量来推动传统社会家庭养老的良性运行,构建幸福社会。这里的幸福在于人们之间和睦和谐的生活氛围,在于家庭财富积聚之后的再分配,在于乡土文化正能量所倡导的尊重和互惠。

乡土社会,在差序格局下的礼物交换关系中存在代际间礼物交换,以及核心家庭向家族、宗族以及社区的辐射淡化的现象,这是一种传统的养老秩序。提高乡土文化的正能量,应该引导这类秩序,扩大礼物交换的范围,促使养老风险由核心家庭向家族以及宗族社区转移。对古式基本道德的追溯,也是提高乡土文化在养老方面正能量的一种方式。伊壁鸠鲁学说中倾向的古代道德指的是人们寻求的善于快乐,而不是物质的有用性。近年来,市场经济的发展对农村社会造成很大冲击,人们逐渐转变为复杂的精于计算的人。但是,古式的基本道德只是被动摇,在传统社会形成的孝顺者受人尊敬,促进家庭、邻里和睦,受人钦羡,当众赠礼带给人快乐等正面的力量还存在。这类道德形成的不是一种约束,而是一种推进人上进的力量,追溯它有助于乡土社会构架下养老的稳定运行。从快乐赠礼的角度说,是一种构建幸福社会的价值理想。

(二)提高交换能力,推进经济平等,增强养老保险政策在乡土社会的制度嵌入能力

养老保险政策对于农村来说是一个外来物,制度能否取得较好的政策效果,一个重要的影响因素就是嵌入乡土文化的能力。

在对人的生命周期交换能力的分析中,到达老年时交换能力日趋下降的过程,是不能达成同时期礼物交换转向代际交换的过程。在传统文化中,这个转移是历史的必然,引导文化正能量应该引导这个反哺的过程。养老保险政策的设计在这里是一个补充的作用。通过养老保险政策,提高老年人的交换能力,有利于礼物交换的运行。养老保险政策在关中C村推行,受到村民的好评,但是政策存在部分与乡土社会不能嵌合的状况。对于60岁以上的老人,不用缴费,只要符合条件子女缴费即可享受,由于一些村民的短视效应以及自我为中心的考虑,不愿缴费,老年人因此不能享受制度的保障。享受养老保险制度是每个公民的权利,将其捆绑于其他人身上导致了政策的不可及。养老金的发放中,子女代老人领取养老金是基于子女会按照老年人的意愿行事的假设,而这个假设在很多家庭是不成立的,子女往往认为老人的收入都是家庭共有的,而非老人个人的,老年人因此也不能按自己的意愿支配自己的养老金。所以,政策的设计、调整要深入到乡土社会的文化传统中去,要提高政策的受益效果,就要有一个经济平等的理念为支撑。

中央与地方关系视角下地方农村社会养老保险制度变迁：基于广州的个案研究

岳经纶　万　旋

【摘要】 长期以来，我国农村社会养老保险制度一直未有效建立起来，广大农村居民的养老保障主要依赖土地保障和家庭保障等非正式制度安排。广州市农村社会养老保险制度的变迁是我国农村社会养老保险发展的一个缩影，其制度演变经历了从无到有，从初步探索、制度建立到逐步完善的过程。然而，广州市作为中国经济最发达的城市之一，其农村社会养老保险的发展不仅起步较晚，而且伴随着频繁的制度变迁。地方农村社会养老保险的制度变迁为何频繁发生？制度变迁的动力主要来自于中央政府还是地方政府？围绕这一问题，本文首先对农村社会养老保险的已有研究进行文献回顾。接着，在对广州市农村社会养老保险的制度变迁过程进行梳理的基础上，作者重点探讨了地方农村社会养老保险制度变迁背后的内在逻辑以及频繁制度变迁所带来的影响，并尝试从中央与地方政府关系的视角对地方农村社会养老保险制度变迁的动力进行理论解释。广州的经验表明，尽管地方农村社会养老保险制度变迁的实现是中央政府政策推动与地方政府自主探索共同作用的结果，但是地方农村社会养老保险制度变迁的动力主要来自于中央政府，而地方政府尤其是市级政府对于加速制度变迁的到来（或在加快政策议程设置方面）具有重要作用。

【关键词】 农村社会养老保险　制度变迁　动力　中央与地方关系

The Changes of Local Rural Pension Systems in Guangzhou: A Central—local Relation Perspective

Yue Jinglun　Wan Xuan

(*School of Government, Sun Yat-sen University, Guangzhou*)

Abstract Before the rural pension system was built up in China, most rural residents mainly relied on informal institutional arrangements to gain security for their old age. The institutional change of rural pension system in Guangzhou is a microcosm of the development of rural pension systems in China, and the development of rural pension system in Guangzhou has gone through a process of launching a pilot project, building up a system, and making policy adjustments, or adopting a new system. However, as one of the most developed cities in China, Guangzhou not only lagged behind in the agenda setting of rural pension system, but also did Guangzhou change the system frequently. Why did institutional changes happen in local areas so frequently? Are the dynamics of institutional changes result from the central government or local governments? In or-

---

作者：岳经纶，中山大学政治与公共事务管理学院教授、中山大学中国公共管理研究中心副主任、中山大学社会保障与社会政策研究所所长；万旋，中山大学政治与公共事务管理学院硕士研究生。

der to answer these questions, at first, the paper makes a literature review of major studies related to rural pension system in China. Then, we discuss about historical evolution of rural pension system in Guangzhou, based on which we explore dynamics of the institutional changes from the perspective of central-local relations and the consequences that frequent policy changes may bring about. As Guangzhou's experience shows, even though the institutional changes of local pension systems is the product of interactions between the central and local governments, the central government plays a dominant role in the course of local institutional changes, while local governments is of great significance to accelerate the institutional changes or speed up the agenda-setting of local rural pension systems.

Key words Rural Pension System Institutional Change Dynamics Local-central Relations

一、引言

长期以来，我国农村社会养老保险制度一直未有效建立起来，广大农村居民的养老主要依赖土地保障和家庭保障等非正式制度安排。20 世纪 80 年代中期，民政部开始在部分富裕地区开展农村养老保险试点工作。民政部从 1992 年开始推行"老农保"政策，但由于政府责任缺位、集体补助不足等因素，"老农保"制度很快陷入困境，广大农村居民继续依靠土地和家庭等传统的非正式制度安排进行养老。2007 年 8 月，劳动保障部等部门联合印发《关于做好农村社会养老保险和被征地农民社会保障工作有关问题的通知》，重新加强了对地方农村社会养老保险工作的指导。2009 年年初，国务院决定在全国开展新型农村社会养老保险（以下简称"新农保"）试点工作，对新农保试点的基本原则和制度模式等方面作了具体要求。直到 2009 年年底，农村社会养老保险制度开始在全国范围内普遍建立起来。与此同时，我国地方的农村社会养老保险制度经历了从无到有，从初步探索、制度建立到逐步完善的过程。尤其是 2007 年中央开始重新重视农村养老保险工作以来，各地纷纷进行农村社会养老保险的制度探索。从地方的制度探索实践来看，从 2007 年至今，许多地方的农村社会养老保险制度均经历了几次大的调整；然而，已有研究对这段时期地方农村社会养老保险制度的频繁变迁的现象却关注不够，并且缺乏对这一现象的系统的理论解释。

本文内容主要包括五个部分：第一部分为引言，主要介绍研究背景；第二部分为文献回顾，重点梳理农村社会养老保险相关文献的研究发现并做简要评述；第三部分为案例情况介绍，通过对广州市的个案研究，从一个侧面揭示了 2007 年以来地方农村社会养老保险制度的演变过程以及制度变迁所带来的影响；在第四部分，本文尝试对"短期内农村社会养老保险制度的频繁变迁"现象进行理论解释，并从中央与地方政府关系的角度探讨地方农村社会养老保险制度变迁的主要动力；第五部分为研究结论与讨论。

二、关于中国农村社会养老保险的研究综述

长期以来，我国农村的养老保障问题一直未能得到政府的足够重视。20 世纪 80 年代中期，民政部开始在部分富裕地区开展农村养老保险试点工作。1992 年，民政部颁发了《县级农村社会养老保险基本方案（试行）》，要求有条件的地方逐步推广农村养老保险试点。随着农村养老保险制度在许多地方逐步建立，农村社会养老保险逐渐成为学者们研究的重要内容。早期的研究主要关注农村养老保险的发展状况、存在问题以及对策建议（于潇、申斯迎，2000；王凯、雷丽，2001；尚长风，2004；安增龙，2004；乐章，2004；杨玲、吴湘

玲，2005；方越峦、黄富荣，2005；文莉等，2006）。与此同时，许多学者围绕"是否要在全国普遍建立农村社会养老保险制度"这一问题，展开了热烈的讨论，并形成了不同的观点。对这一问题，有些学者认为在全国建立农村养老保险制度的条件还不成熟，发达地区可以优先推进，落后地区则应暂缓推行（杨翠迎、庹国柱，1998；何文炯等，2001）。也有一些学者认为，中国逐步推进农村社会养老保险的经济和战略条件已经基本具备（卢海元，2003；范献亮，2009），应尽快在全国建立农村社会养老保险制度，并从人口老龄化加速、农村家庭和土地保障功能的弱化、农村养老保险发展滞后、政府责任缺失、消除城乡二元分割等方面论证了建立农村养老保险制度的必要性和紧迫性（王延中，2001；殷俊，2002）。此外，也有研究认为，影响农村养老保险制度建立的决定性因素不是经济发展水平，而是政治因素，而且政治领导人的态度对于养老金制度的建立具有重要影响（贡森、侯塞因，2004）。在农村土地保障、家庭保障功能不断弱化与"老农保"制度实施陷入困境等背景下，对农村养老保险制度进行改革的呼声日益强烈，在全国普遍建立新型农村社会养老保险制度逐渐成为政府和学术界的共识。

尽管如此，对于如何推进农村社会养老制度改革这一问题，学术界尚存有诸多分歧。其中，农村社会养老保险制度的模式选择成为争论的焦点。关于制度模式的选择，许多学者认为，农村养老保障制度应根据不同人群和不同经济发展水平分类设计、分步实施（郑功成，2002；卢海元，2003；刘洪波，2005；李春根，2006；杨翠迎、米红，2007）。有些学者认为，养老保障模式的选择应该回归传统，充分发挥家庭在养老保障中的主体作用。如陈银娥、王亚柯（2002）提出，应按照自下而上，经由自我养老保障—家庭（宗族）养老保障—社会养老保障—政府养老保障的路径，推行内敛型养老保障模式；应以家庭（家族）养老保障为主线，建立家庭（家族）养老资源的纵向风险分散机制，构建内源式生长的农村养老保障体系（杨复兴，2005；马红鸽，2012）。同时，也有学者主张强化农村养老保障制度建设中的政府责任，如陈志国（2005）认为，应在中、低收入地区实施非纳费型养老金计划，并逐渐由商业保险取代个人账户养老金，实现城乡社会养老保险的整合统一；宫春子、王杰峰（2008）则建议采取缴税、出售或出租集体资产、分享部分国有资产变现收入或国企利润、政府财政"买单"等方式完善农村养老保险筹资模式。此外，部分学者提倡建立"政府责任和个人责任相结合"的养老保障模式，如尚长风（2006）提出的公共部门和私人部门伙伴关系（即 PPP 模式）；范献亮（2009）提出，应建立具有收入补充型、农民缴费与政府补贴相结合、普遍覆盖、现收现付制、DB 型、PPP 型基金管理、市（省）级统筹等特点的养老保障模式。也有学者主张建立基金积累制（曾毅，2005；刘昌平、谢婷，2009）和普惠型（杨德清、董克用，2008）的农村养老保障制度。

在地方农村社会养老保险的探索实践中，虽然形成了诸多具有地方特色的模式，如北京模式、苏州模式、嘉兴模式和宝鸡模式等（黄庆杰，2009），但各地在养老保障制度模式选择方面仍具有一些共同特点：一是制度模式覆盖范围趋向于"全覆盖"；二是建立多元化筹资机制；三是缴费标准参照城镇，缴费方式更加灵活；四是建立以基金积累的个人账户为主、社会统筹账户为辅的模式（刘昌平等，2008）。广州市推行农村社会养老保险较迟，因此针对广州市农村社会养老保险的研究不多，但也有这方面的文献论述。裴培（2009）认为，广州市当前主要采取"分类分层保障"的模式，对不同类型的人群采取不同的保障措施，且广州市农村社会养老保险最迫切需要解决的是城镇与农村二元分化问题。

此外，也有学者对农村社会养老保险的制度变迁进行探讨。已有研究大多从历史演变的角度对农村养老保障制度的变迁路径及总体特征进行梳理（王国军，2004；刘苓玲，2007；黄佳豪，2009；张艳，2012）。关于农村养老保障制度变迁的原因，有学者分析了制度变迁中出现的各种农村社会保障制度形式存在和发展的政治、经济及社会根源，认为农村经济体制改革导致的集体经济力量削弱和家庭养老负担的增加等一系列矛盾，催生了社会养老保险制度在农村的萌发（王国军，2004）；也有学者从制度经济学的角度进行分析，认为新中国成立以来我国农村老年社会保障制度基本处于诱致性变迁的过程中，强制性变迁则很少发生（刘苓玲，2007）；张艳（2012）则认为，由于受到工业化、城市化、人口结构变化、家庭模式变化等因素的影响，导致家庭的养老照料以及经济保障功能的弱化，从而推动传统的家庭养老模式向社会化养老模式转变。

综上所述，关于农村社会养老保险的已有研究在制度建立的必要性与可行性、制度模式选择、筹资机制等方面做了一些理论探讨，近年来关于农村养老保险的实证研究方面有所加强，对地方农村社会养老保险制度运行情况及基本经验的介绍有所增加。然而，已有研究仍存在一些不足之处：如专门针对典型地区的实证研究较少；相关的专题研究较多但专题间的关联研究不够，相对缺乏对农村社会养老保险整体性和全局性的把握，且对农村社会养老保险制度发展的阶段性特征认识和研究不够深入（王晓琴、杨翠迎，2011）。此外，从地方的制度探索实践来看，2007年以来许多地方的农村社会养老保险制度均经历了几次变迁。然而，目前关于地方农村社会养老保险制度变迁的研究仍然较少，已有研究对地方农村社会养老保险制度的频繁变迁的现象却关注不够，并且缺乏对其制度变迁动力的系统理论解释。

本文将重点关注2007年以来我国地方农村社会养老保险制度的频繁变迁现象。通过对广州市的个案研究，总结广州市农村社会养老保险制度变迁的基本经验，本文尝试从中央与地方政府关系的视角，探讨地方农村社会养老保险制度变迁的主要动力，以期对上述"频繁制度变迁"现象进行理论解释。

三、广州市农村社会养老保险的制度变迁

本研究拟采用个案研究方法。罗伯特·K·殷（2004）认为，案例研究法最适合用于如下情况：研究的问题类型是"怎么样"和"为什么"，研究对象是目前正在发生的事件，研究者对于当前正在发生的事件不能控制或极少能控制。由于农村社会养老保险制度在我国还处于初步建立阶段，而地方农村社会养老保险政策频繁变迁这一现象及其所带来的诸多负面影响至今仍未受到人们的广泛关注，已有研究对制度变迁的动力讨论也不深入。本文选择广州市农村社会养老保险制度作为个案，主要基于以下几方面考虑：首先，广州作为省会城市，不仅具有一般地级市的所有属性，而且在政策制定方面通常比普通地级市拥有更多的自主权；其次，改革开放以来，中国在经济、社会领域的许多制度创新或试点均发源于广东省尤其是广州市，然而，近些年来广州在社会政策领域尤其是农村社会养老政策方面却明显缺乏政策探索的主动性和政策创新的动力；再次，自2007年以来，许多地方的农村社会养老保险政策均伴随着频繁的政策调整，而广州农村社会养老保险政策变迁的频繁程度却明显高于周边其他大部分地级市。本文旨在通过对广州这一典型案例的梳理，探讨制度变迁过程中

地方与中央政府之间的互动机制,以及这些互动是如何推动地方制度变迁,从而为解释国内其他地方的农村养老制度变迁提供参考。

本文通过利用网上公开资料(包括相关政策文件、政府工作报告、统计数据等),开展实地调研,以及对市人力资源和社会保障局(以下简称"人社局")主要负责人进行半结构化访谈等方法,获得了大量关于广州农村社会养老保险制度的第一手或二手数据资料。

作为中国经济最发达的城市之一,广州市农村社会养老保险不仅制度建立时间较晚,而且伴随着频繁的制度变迁。截至2006年年末,广州市登记农村住户人口为316.59万人,农村居民参加农村社会养老保险人数为0.89万人①,仅占农村人口的0.28%②,绝大多数农民仍缺乏社会化的养老保险制度安排。总体而言,广州农村社会养老保险制度的发展经历了三次重大变迁(见表1)。

表1　　　　　　　　　广州市农村社会养老保险制度的演变历程

制度名称及其实施期限	适用对象	财务模式	筹资模式	待遇给付
被征地农民养老保险(2008.04—2008.10)	16周岁以上、未参加城镇职工基本养老保险的被征地农民	完全积累个人账户	以个人缴费为主,集体补助和政府补贴为辅,但未明确政府的筹资责任。	每月养老金=个人账户储存额(含利息)÷139。
农村社会养老保险(2008.11—2010.10)	16周岁以上、未参加城镇职工基本养老保险的农村居民	完全积累个人账户	个人仍承担主要筹资责任,但政府的筹资责任开始得到强化。	每月养老金=个人账户储存额(含利息)÷139。
新农保(2010.11—2012.07)	16周岁以上、未参加城镇职工基本养老保险的农村居民	基础养老金+个人账户	集体与政府开始承担主要筹资责任,个人缴费为辅,进一步明确政府筹资责任。	(1)每月个人账户养老金=个人账户储存额(含利息)÷平均余命系数;(2)每月基础养老金=110+0.1%*(N-15*12),其中N为缴费月数。
城乡居民社会养老保险(2012.08至今)	16周岁以上、未参加城镇职工基本养老保险的城乡居民	基础养老金+个人账户	集体与政府承担主要筹资责任,个人承担次要责任,但强化了个人的缴费激励。	(1)每月个人账户养老金(同上);(2)每月基础养老金=130+6*(K-15),其中K为缴费月数。

资料来源:《广州市被征地农民养老保险试行办法》,2008;《印发〈广州市农村社会养老保险试行办法〉的通知》,2008;《印发〈广州市新型农村社会养老保险实施办法〉的通知》,2010;《印发广州市城乡居民社会养老保险试行办法的通知》,2012。

---

① 广州市统计局. 广州市第二次全国农业普查主要数据公报 [J]. 广州市统计信息网 [EB/OL]. (2008-05-14) [2012-12-07] http://www.gzstats.gov.cn/tjfx/gztjfs/200812/t20081212_1953.htm.
② 此数值根据广州市农村社会养老保险参保人数与登记农村住户人口数之比计算得到。

（一）第一次制度变迁：从被征地农民养老保险到农村社会养老保险

1. 被征地农民养老保险：农村社会养老保险制度的初步探索

2008年4月，广州市颁布实施了《广州市被征地农民养老保险试行办法》，建立了被征地农民养老保险制度，将"16周岁以上、未参加城镇企业职工基本养老保险（含未享受基本养老金）的被征地农民"纳入制度覆盖范围。广州被征地农民养老保险实行完全积累的个人账户模式[①]，根据被征地农民的年龄情况，对被征地农民实行"分类保障"：即对于达到35岁但未达到60周岁的被征地农民，采用参加被征地农民养老保险的办法，实行养老保险的保障原则；对于60周岁以上的被征地农民，其可以选择用缴费的方式参加被征地农民养老保险，或选择不缴费但直接领取老年生活津贴，实行福利保障；对年满16周岁但不满35周岁的被征地农民，通过以培训后转移就业、参加城镇企业职工基本养老保险为主的方式，或者选择参加被征地农民养老保险的方式来保障其生活，主要实行就业保障。同时，被征地农民养老保险实行"个人缴费、集体补助和政府扶持相结合"的筹资模式。养老保险费主要由个人缴纳，对个人缴费设定了从每月50元到130元五个档次标准，每个档次相差20元。对村集体经济组织补助规定了每月20~60元五个档次标准，每个档次相差10元（见表2）。而根据《转发省劳动保障厅关于做好被征地农民基本养老保障工作意见的通知》（粤府办[2007]91号）规定，各地的被征地农民养老保险应坚持"政府、集体、个人三方共担筹资责任"的原则，但由于并未明确三方尤其是政府应承担的筹资责任及具体比重，导致广州市在执行上级政策时将主要筹资责任转嫁给了"被征地农民"。

2. 农村社会养老保险：制度全覆盖的实现

在2008年4月出台被征地农民养老保险办法后，于同年11月颁布并实施《广州市农村社会养老保险试行办法》，标志着广州农村社会养老保险制度正式建立，制度覆盖范围从原来的"被征地农民"扩展到"16周岁以上、未参加各类社会养老保险（含未领取基本养老金）的本市农村户籍人员"，基本实现了农村社会养老保险的制度全覆盖。农村社会养老保险制度继续沿用完全积累的个人账户模式、分类保障方式和筹资模式，并明确了政府的筹资责任，规定了对集体缴费和个人缴费的政府补贴标准（见表3）。

表2　广州市农村社会养老保险制度筹资标准（参保人和经济组织均缴费）

单位：元/月

	个人缴费	政府对个人缴费的补贴	集体经济组织缴费	政府对集体缴费的补贴
第一档	30	10	从五个档次中统一选择一个档次（第一至第五档分别为：10元、20元、30元、40元和50元）。	根据经济组织为参保人缴费的档次，每月按如下标准对应资助：第一档10元、第二档15元、第三档20元、第四档25元、第五档30元。
第二档	50	15		
第三档	70	20		
第四档	90	25		
第五档	110	30		

资料来源：《印发〈广州市农村社会养老保险试行办法〉的通知》，2008。

[①] 广州市人力资源和社会保障网.《广州市被征地农民养老保险试行办法》新闻发布稿［EB/OL］.（2008-04-22）［2012-12-07］http://www.hrssgz.gov.cn/zwxxgk/zwdt/201101/t20110113_145430.html.

表3　　　　　　　广州市农村社会养老保险的筹资结构（个人及集体均缴费）

	个人缴费（元）	个人负担比重（%）	集体缴费（元）	集体负担比重（%）	政府补贴（元）	政府负担比重（%）	筹资总额（元）
第一档	30	30.00	30	30.00	30	30.00	90
第二档	50	43.48	30	26.09	35	30.43	115
第三档	70	50.00	30	21.43	40	28.57	140
第四档	90	54.55	30	18.18	45	27.27	165
第五档	110	57.89	30	15.79	50	26.32	190

备注：上表只考虑集体经济组织选择第三档标准对参保人进行补助的情况。

资料来源：《印发〈广州市农村社会养老保险试行办法〉的通知》，2008。

（二）第二次制度变迁：从农村社会养老保险到新农保

2010年11月1日，广州市开始施行《广州市新型农村社会养老保险实施办法》，对原来的被征地农民养老保险和农村社会养老保险制度进行整合，标志着新农保制度在广州市正式建立。与原农村社会养老保险制度相比，新农保制度在以下方面做了调整：（1）改革制度模式。新农保制度实行"统筹账户＋个人账户"的模式，参保人每月养老金由基础养老金和个人账户养老金组成，基础养老金全额由财政支付，个人账户养老金的月计发标准为个人账户全部储存额除平均余命系数。（2）强化政府的筹资责任。从表3和表4的对比可以看出，与原农村社会养老保险制度相比，新农保制度降低了个人的筹资比重，增加了政府的筹资比重，政府和集体承担了新农保的主要筹资责任。同时，为了解决新征地项目社会保障工作中征地主体与失地农村居民商定缴费档次耗时过长、征地主体承担的社会保障费用过重的问题，新农保制度重新规定新征地项目征地主体应按第5档标准（90元/月）预存15年的养老保险费中的个人缴费部分（共1.62万元），并规定征地主体所承担的被征地农民养老保障资金应单列计提，并列入征地成本，从而明确了征地主体所承担的被征地农民养老保障资金的筹资来源。（3）激励参保人长期缴费。为鼓励45岁以下的参保人提高缴费年限，新农保制度对于参保人累计缴费满15年以上的，每超出1月增加0.1%的基础养老金。

表4　　　　　　　　　　广州市新农保筹资标准　　　　　　　　　　单位：元/月

个人缴费档次	个人缴费	政府对个人缴费的补贴	集体补助	政府对集体补助的补贴
第一档	10	15	从以下七档中的统一选择一档：第一档5元、第二档10元、第三档20元、第四档30元、第五档40元、第六档50元、第七档60元。	根据集体经济组织对参保人缴费给予补助的档次，每月按如下标准予以对应补贴：第一档5元、第二档10元、第三档20元、第四档25元、第五档30元、第六档35元、第七档及以上40元。
第二档	30	35		
第三档	50	50		
第四档	70	60		
第五档	90	70		
第六档	110	75		
第七档	130	80		

资料来源：《印发〈广州市新型农村社会养老保险实施办法〉的通知》，2010。

表5　　　　　　　广州市新农保的筹资结构（个人及集体均缴费）

	个人缴费（元）	个人负担比重（%）	集体缴费（元）	集体负担比重（%）	政府补贴（元）	政府负担比重（%）	筹资总额（元）
第一档	10	12.50	30	37.50	40	50.00	80
第二档	30	25.00	30	25.00	60	50.00	120
第三档	50	32.26	30	19.35	75	48.39	155
第四档	70	37.84	30	16.22	85	45.95	185
第五档	90	41.86	30	13.95	95	44.19	215
第六档	110	45.83	30	12.50	100	41.67	240
第七档	130	49.06	30	11.32	105	39.62	265

备注：上表只考虑集体经济组织选择第四档标准对参保人进行补助的情况。
资料来源：《印发〈广州市新型农村社会养老保险实施办法〉的通知》，2010。

（三）第三次制度变迁：从新农保到城乡居民社会养老保险

2012年8月，广州市颁布了《印发广州市城乡居民社会养老保险试行办法的通知》，以新农保制度为政策框架，在对原新农保制度进行局部调整的基础上，将新农保与原城镇老年居民养老保险[①]合并实施，建立了城乡居民社会养老保险制度，实现了城乡居民筹资标准和养老金待遇的城乡一体化。尽管总体上依然遵循原新农保的制度框架，广州市城乡居民社会养老保险制度仍在筹资和待遇给付两方面强化了个人增加缴费的激励：如城乡居民社会养老保险制度规定，"没有集体经济组织或集体经济组织未给予补助的参保人，可参照集体经济组织补助标准缴纳集体经济组织的补助费用，同样享受政府对集体经济组织补助对应的补贴""缴费年限超过15年的，每超1年，每月加发基础养老金6元"[②]，强化了参保人提高缴费水平和延长缴费年限的激励。

四、广州市农村社会养老保险制度变迁的动力

广州市农村社会养老保险制度的变迁是我国农村养老保障制度发展的一个缩影，其制度发展经历了从无到有，从初步探索、制度建立到进一步完善的过程。从2008年4月至今，广州市农村养老保险制度先后经历了3次较大的调整。我们不禁要问：为何在短时期内地方农村养老保险制度变迁如此频繁？制度变迁的主要动力是什么？在推动地方制度变迁过程中，是中央政府还是地方政府起着主导作用呢？围绕上述问题，本文尝试从中央政府与地方政府的关系的角度，对地方农村社会养老保险制度变迁的动力进行探讨。

---

① 2008年9月，广州市颁布实施了《印发广州市城镇老年居民养老保险试行办法的通知》（穗府办［2008］48号），为城镇无定期养老待遇老年居民的老年保障提供制度性安排。
② 广州市人民政府办公厅.《印发广州市城乡居民社会养老保险试行办法的通知》（穗府办［2012］34号），广州市人力资源和社会保障局［EB/OL］.（2012-08-08）［2013-03-06］http://www.hrssgz.gov.cn/zcfg/shbxyzgfl/201210/t20121018_192393.htm

(一)分析视角：中央与地方政府关系

从中央政府与地方政府的关系来看，在过去高度集中的政治经济体制下，由于权力高度集中在中央政府，加之其垄断了国家几乎所有的重要稀缺资源，中央政府制定政策的自主性程度很高，地方政府在政策执行方面的自主性相对较小。20世纪80年代开始的政府"放权"和经济体制改革，使得地方政府和企业的自主性逐渐增加①。在改革过程中，中央政府只是提出一些原则性的政策，缺乏具体的实施措施和立法规范，同时鼓励地方积极进行试验和探索，对下级的变通行为表示默许，而下级对政策变通的运用完全出于地方的利益驱动（孙立平，1996）。在这样的背景下，一方面，中央政府政策就不是靠强行指令就能实现的，它需要依赖地方政府的积极合作和支持（金太军，1999）；另一方面，当中央政府需要重新确立自己的权威时，原先地方政府采取的变通措施（试验或探索），可能与中央政府的政策目标发生冲突（孙立平，1999）。在社会保障政策制定和实施方面，尽管中央政府通常是政策的制定者，地方政府则负责政策的具体实施。然而，在社会保障政策实践中，中央与地方政府之间的权责划分依然模糊，"统放不分"的现象仍然存在（黄书亭、周宗顺，2004）。在中国当前行政体制下，尽管市级政府在农村社会养老保险制度探索过程中拥有一定的自主性，但中央和省级政府在农村养老保险制度变迁中仍起着主导作用，上级政府的政策安排对于市级农村社会养老保险制度的建立和调整具有重要影响。

(二)广州市农村社会养老保险制度变迁的动力机制

随着中央和省政府新农保政策的出台，广州市原农村社会养老保险制度很快被新农保制度所替代；随后，广州市又确立了城乡居民社会养老保险制度。总体而言，广州市农村社会养老保险制度的变迁是上级政府政策推动与市级政府自发探索相结合的产物；具体来看，广州市农村社会养老保险三次制度变迁的动力仍存在一些差异。

首先，广州市农村社会养老保险第一次制度变迁的实现，在一定程度上体现了地方政府在议程设置上的政策自主性，但政策内容上缺乏实质创新。广州市被征地农民养老保险制度的建立，体现了由中央到地方"自上而下"的政策执行过程。近年来，随着城镇化进程中农村大量土地被征用，被征地农民的社会保障问题日益突出。针对这一问题，2006年至2007年中央政府出台了一系列被征地农民社会保障的相关政策并设定政策目标；广东省政府很快出台实施办法，对中央的指导意见和政策目标进行细化；广州市政府则根据中央和省级政府的政策要求，制定具体的、可操作化的政策。尽管广州市在2006年提出要"探索失地人员养老保险办法"并于同年出台了"农转居"人员基本养老保险办法②，2007年又提出要"积

---

① 有学者将这一过程称为"目标开放性的改革"，改革后，中央政府面对的是一些拥有自主利益的对象（如地方、企业等），之前存在的"结构蜂窝化"和政策执行变通化的现象变得普遍化和常规化（孙立平，1996）；金太军（1999）认为，在市场经济条件下，地方政府在管理所辖地区社会公共事务时拥有一定的自主权，中央政府行政和政策不是靠强行指令就能实现，它需要依赖地方政府的积极合作和支持。

② 张杰明. 开拓思路 攻克难点 推动劳动保障事业新发展——在2006年广州市劳动保障工作会议上的报告[R]. 广州市人力资源和社会保障局网站[EB/OL].（2006—02—23）[2013—04—05］. http://www.hrssgz.gov.cn/zwxxgk/jhzj/zjbg/201101/t20110111_132027.htm.

极稳妥推进'农转居'人员参加基本养老保险,研究被征地但未'农转居'人员基本养老保险办法①",但却一直未出台被征地农民养老保险的具体政策。为贯彻中央和省政府政策文件,广州市直到 2008 年 4 月才出台被征地农民养老保险政策。由此可见,广州市被征地农民养老保险制度的建立,其主要的动力还是来自上级政府尤其是中央政府的推动。

广州市农村社会养老保险制度的建立,则更多地体现了地方政府的自主性。2007 年 5 月,广州市提出要"着力研究农村农民养老保险办法②"。2007 年 8 月,劳动保障部等联合印发《关于做好农村社会养老保险和被征地农民社会保障工作有关问题的通知》,要求各地加强对农村社会养老保险的管理,东部经济较发达的地级市可选择 1~2 个县级单位开展新农保试点工作,广州市名列其中。2007 年 11 月,广东省劳动保障厅等部门转发了上述通知,并在覆盖人群、筹资原则、制度模式等方面对各市开展新农保试点做出要求。在此背景下,广州市在对被征地农民养老保险制度进行整合的基础上,于 2008 年 11 月在全市范围内探索建立了农村社会养老保险制度,完成了农村社会养老保险制度的第一次变迁。在本次制度变迁过程中,中央政府只要求广州市等地级市选择 1~2 个县进行新农保试点,广东省政府主要负责向市级政府传达中央的文件精神,而广州市则在执行上级政策要求的基础上建立了覆盖全市所有县级行政区域的农村社会养老保险制度。正如在访谈中广州市人社局的一位官员所说:"农保政策不是说 2008 年才有的,早在 1998 年的时候就有了农保(老农保),这是大势所趋,是必须要做的一个事情,这跟'有没有试点'是没有关联的。直接实现制度全覆盖,是大势所趋。这主要是国家(中央)的要求,是在建立制度全覆盖大趋势的前提下。"(GBOHRASSQ09Z01)

由此可见,广州市农村社会养老保险第一次制度变迁的发生,是中央政府行政推动与地方政府自主探索相互作用的产物,尽管从一定程度上体现了地方政府的政策自主性,广州市在被征地农民养老保险政策实施后不到半年的时间内就出台了新政策,实现了农村社会养老保险的制度全覆盖,加速了制度变迁的到来(或加快了议程设置),但是在总体上还是自上而下的产物,中央政府仍是推动制度变迁的主要力量。

其次,广州市农村社会养老保险的第二次制度变迁,主要是中央政府自上而下的行政推动的产物。中央和省级政府的政策安排对于广州市新农保制度的加速确立起了关键作用。2009 年年初,国务院决定在全国开展"新农保"试点工作,印发了《关于开展新型农村社会养老保险试点的指导意见》,提出了新农保的基本原则、基本制度、主要政策和有关要求,新农保开始正式列入中央政府的"议事日程"。为了回应中央的政策要求,广东省政府于同年 11 月印发了《广东省新型农村社会养老保险试点实施办法》,对新农保试点的目标、参保范围、基金筹集、养老金待遇、待遇领取条件、相关制度衔接等做出了具体规定。在上述背景下,为执行中央和省政府的政策,广州市政府在对原来两项制度进行整合的基础上,于 2010 年 11 月确立广州市新农保制度,导致仅仅实施两年的原农村社会养老保险制度搁浅。关于此次制度变迁,广州市人社局一位官员认为:"跟省政府基本上没有关系,这主要是跟

---

① 崔仁泉. 全面落实科学发展观 推动劳动保障工作创新发展——在 2007 年广州市劳动保障工作会议上的报告[R]. 广州市人力资源和社会保障局网站[EB/OL]. (2007-05-31) [2013-04-05]. http://www.hrssgz.gov.cn/zwxxgk/jhzj/zjbg/201101/t20110111_132033.htm.

② 同上.

国家大的政策环境的调整有关系。因为广州在制定相关政策的时候，主要是看国家大的政策环境背景的，这跟某些人为的或者某些省领导的重要讲话是基本没有关系的，还是主要根据中央政策的大方向来确定。"（GBOHRASSQ13Z01）

可见，第二次制度变迁主要是从中央到地方自上而下推动的产物，省、市两级地方政府主要负责执行中央的政策，市政府在本次变迁过程中相对缺乏政策的自主性。

再次，广州市农村社会养老保险第三次制度变迁的发生，很大程度上是中央政府自上而下推动的产物，但市政府对于加速制度变迁的到来发挥着重要作用。尽管中央政府早已明确"城乡统筹"的发展方向，如国务院于2011年6月颁布的《国务院关于开展城镇居民社会养老保险试点的指导意见》规定："有条件的地方，城镇居民养老保险应与新农保合并实施。其他地方应积极创造条件将两项制度合并实施。"紧接着，2011年8月，广东在全省城镇居民社会养老保险试点工作部署暨新农保试点经验交流会议上明确要求，"全省各级政府、各有关部门要……以城乡统筹为方向，着力抓好两项制度的政策衔接。各地在制定试点实施办法时，对城居保的各项具体规定要尽量与新农保保持一致，以利于实现城乡居民养老保险一体化……"①但是中央与省级政府却一直未出台城镇居民社会养老保险与新农保制度并轨的具体实施办法。在此背景下，广州于2012年7月启动实施新农保与城镇老年居民养老保险的制度并轨，并于同年8月出台具体实施办法，在具体做法上基本遵循了中央与省政府所提倡的并轨模式。

"广州从上到下都是按照国家的模式来实行的。国家出台政策都不是一时兴起，也都是经过实证调研，所以这个思维在运用的时候它基本上是定型的。所以，我们很多思路基本上与国家模式是一致的。"（GBOHRASSQ17Z01）

"就广州的情况来讲，在这两项制度合并实施的时候之所以采取与其他个别城市不一样的制度并轨模式，是由于各个地方的不同条件所造成的。之所以在2012年的时候将两项制度合并实施，是因为我们认为条件已经成熟了，跟省领导的个人讲话或意志没有关系。我们都是根据《社会保险法》的要求来做的，因为省里面对于这两项制度并轨的工作还没有具体展开。当时，广州相对来讲在全省是走在最前列的，在全省还没有出台具体的办法。关于城乡一体化的办法，全省其他城市多数是今年（2013年）出台的。"（GBOHRASSQ16Z02）

由此可以看出，在第三次制度变迁过程中，虽然广州市（地方政府）在加速政策议程方面具有一定政策自主性，但中央政府在这一政策变迁过程（如政策模式的选择）中仍起主导作用。

五、结语

从广州市农村社会养老保险制度的演变过程来看，2008年至2012年期间广州市先后实行了被征地农民养老保险、农村社会养老保险、新农保、城乡居民社会养老保险4个制度，仅仅4年时间就发生了3次重大的制度变迁。总体来看，尽管地方农村社会养老保险制度变迁的实现是中央政府政策推动与地方政府自主探索共同作用的结果，但是地方农村社会养老保险制度变迁的动力主要来自于中央政府，而地方政府尤其是市级政府对于加速制度变迁的

---

① 杨进. 全力推进城乡居民社会养老保险一体化［N］. 广州日报，2011-08-30.

到来（或在加快政策议程设置方面）具有重要作用。

在中央政府主导下推动实现的制度变迁，尽管在加快地方农村社会养老保险制度的建立和完善方面发挥了积极作用，但由于未能处理好中央政策与地方实践的关系，地方频繁的制度变迁所带来的消极影响同样不容忽视。首先，在中央主导下完成的地方频繁的制度变迁从一定程度上抑制了地方政府进行制度探索的主动性和制度创新的动力。由于中央政府的政策随意性较大，一方面鼓励地方积极进行政策探索和试点；另一方面又通过"自上而下"的方式推行统一的政策，导致地方频繁进行政策调整，在一定程度上打击了地方政府自主探索的积极性。其次，地方频繁的制度变迁未能有效地回应农民的养老保障需求；一方面，由于对政府的责任定位不清晰以及未能明确各级政府在制度制定和实施中权责划分，导致地方的制度变迁未能有效回应农民的养老保障需求。另一方面，由于地方政策频繁调整，政策的不稳定性导致部分农民对政策不信任，从而影响了农民参保的积极性。再次，地方频繁的制度变迁导致农村社会养老保险制度建设步伐与经办服务能力的提升不协调。由于部分市（区、县）的基层新农保经办机构的人力和经费配置薄弱，特别是街道（乡、镇）、居委会（村委会）基层经办人员和经费投入不足，各地虽然出台了临时性的农保工作经费保障措施，但尚未形成有效的工作机制，影响了新农保"参保扩面"工作的推进，也制约了农村社会养老保险管理和服务水平的提高。

此外，虽然地方政府在农村社会养老保险制度探索方面存在一定的自主性，但由于中央与地方政府在政策制定以及政策执行等方面的权责划分不清晰，地方的政策自主性的发挥仍缺乏明确的制度保障和具体的法律规范，导致部分地方政府缺乏足够的动力进行农村社会养老保险的制度创新。同时，本研究并未观察到地方政府之间存在明显的福利竞争行为，地方政府在制定政策时也并未充分地回应农村居民的养老保障需求。这也从一个侧面印证了：地方农村社会养老保险制度变迁的动力并非由本地民众的养老保障需求或是地方政府之间的福利竞争所驱动，而是主要来自中央政府。然而，本研究选取的个案尽管能够从一定程度上反映地方农村社会养老保险制度变迁的一些共性，但由于各地制度探索实践差异较大，基于广州市的个案研究很难完全代表地方农村社会养老保险制度变迁的整体情况。为了更加全面地解释2007年以来地方农村社会养老保险制度变迁的动力，一方面需要对更多典型案例进行研究，另一方面则需要对解释框架进行补充和完善。本文只是抛砖引玉，希望大家对上述问题予以更多关注和讨论。

参考文献

[1] 郑功成. 农民工权益与社会保障 [J]. 中国党政干部论坛，2002，(8).

[2] 卢海元. 中国农村社会养老保险制度建立条件分析 [J]. 经济学家，2003，(5).

[3] 何文炯、金皓、尹海鹏. 农村社会养老保险：进与退 [J]. 浙江大学学报：人文社会科学版，2001，31（3）.

[4] 孙立平. 向市场经济过渡过程中的国家自主性问题 [J]. 战略与管理，1996，(4).

[5] 王国军. 中国农村社会保障制度的变迁 [J]. 浙江社会科学，2004，(1).

[6] 乐章. 现行制度安排下农民的社会养老保险参与意向 [J]. 中国人口科学，2004，(5).

[7] 杨翠迎，米红. 农村社会养老保险：基于有限财政责任理念的制度安排及政策构想 [J]. 西北农林科技大学学报（社会科学版），2007，(3).

[8] 金太军. 当代中国中央政府与地方政府关系现状及对策 [J]. 中国行政管理, 1999, (7).

[9] 杨德清, 董克用. 普惠制养老金——中国农村养老保障的一种尝试 [J]. 中国行政管理, 2008, (3).

[10] 黄书亭, 周宗顺. 中央政府与地方政府在社会保障中的职责划分 [J]. 经济体制改革, 2004, (3).

[11] 刘昌平, 殷宝明, 谢婷. 中国新型农村社会养老保险制度研究 [M]. 中国社会科学出版社, 2008.

[12] 李春根. 中国农村养老保险制度的现状与制度安排 [J]. 江西社会科学, 2006, (3).

[13] 尚长风. 农村养老保险制度的财政学反思 [J]. 南京大学学报（哲学·人文科学·社会科学版）, 2004, (5).

[14] 林义. 国际农村社会保障改革发展的新趋势 [J]. 学海, 2004, (5).

[15] 刘洪波. 中国农村养老保障制度建设的阶段性 [J]. 华中科技大学学报：社会科学版, 2005, (1).

[16] 陈志国. 发展中国家农村养老保障构架与我国选择 [J]. 社会保障制度, 2005, (5).

[17] 鲁思来·贡森, 亚瑟·侯塞因. 中国农村老年保障：从土地中的土地到全球化的养老基金 [J]. 经济社会体制比较, 2004, (4).

[18] 邓大松, 方晓梅. 从公共政策的角度看政府在社会保障中的职能 [J]. 经济评论, 2001, (6).

[19] 殷俊. 我国农村养老保险体制改革若干问题的思考 [J]. 中国软科学, 2002, (11).

[20] 于潇, 申斯迎. 吉林省农村养老保险发展状况分析 [J]. 人口学刊, 2000, (3).

[21] 杨翠迎, 庹国柱. 我国农民社会养老保险的经济可行性研究 [J]. 中国农村观察, 1998, (4).

[22] 文莉, 肖云, 胡同泽. 政府信誉与建立农村养老保险体制研究——对1757位农民的调查 [J]. 农村经济, 2006, (1).

[23] 曾毅. 中国人口老化、退休金缺口与农村养老保障 [J]. 经济学（季刊）, 2005, (4).

[24] 杨复兴. 论新型农村养老保障模式的基本架构 [J]. 经济问题探索, 2005, (3).

[25] 刘昌平, 谢婷. 基金积累制应用于新型农村社会养老保险制度的可行性研究 [J]. 财经理论与实践（双月刊）, 2009, (6).

[26] 王凯, 雷丽. 农村城市化进程中的养老保险制度改革 [J]. 财经科学, 2001, (2).

[27] 陈银娥, 王亚柯. 内敛型养老模式—转型期我国农村养老保障的探索性思考 [J]. 江汉论坛, 2002, (11).

[28] 方越峦, 黄富荣. 我国农村社会养老保险问题及对策 [J]. 农村经济, 2005, (1).

[29] 尚长风. PPP模式在农村养老保险制度中的运用 [J]. 审计与经济研究, 2006, (2).

[30] 罗伯特·K. 案例研究：设计与方法 [M]. 周海涛, 李永贤, 李虔译. 重庆：重庆大学出版社, 2004：11.

[31] 黄佳豪. 我国农村养老保险制度的历史演进及其探索 [J]. 重庆社会科学, 2009, (10).

[32] 宫春子, 王杰峰. 农村养老保险模式设计与基金来源问题 [J]. 农村经济, 2008, (1).

[33] 陈颐. 农村养老保险：一种方案的设计和论证 [J]. 学海, 2005, (5).

[34] 袁春瑛. 国外农民社会养老保险及对我国的启示 [J]. 调研世界, 2004, (12).

[35] 杨玲, 吴湘玲. 湖北省农村社会养老保险制度危机与重建 [J]. 湖北社会科学, 2005, (12).

[36] 安增龙, 罗剑朝. 现阶段我国农村养老保险的需求与供给 [J]. 调研世界, 2004, (8).

[37] 王晓琴, 杨翠迎. 我国农村社会养老保险研究的回顾与评析 [J]. 求索, 2011, (9).

[38] 王延中. 农民养老专家访谈录—社会保障制度应消除城乡二元化 [J]. 半月谈, 2001, (16).

[39] 林道善, 石志刚, 曾服民. 广州市养老保险基本模式的探讨 [J]. 中山大学学报：社会科学版,

1997，(1).

[40] 马红鸽. 城市郊区农村居民家庭养老支持力系统的构建——以西安为例 [J]. 西北农林科技大学学报（社会科学版），2012，(6).

[41] 范献亮. 论中国农村养老保险模式 [C]. 中国保险学会首届学术年会论文集，2009.

[42] 黄庆杰. 城乡统筹的农村社会养老保障：制度选择与政府责任 [D]. 北京：中国社会科学院研究生院，2009.

[43] 刘荃玲. 老年社会保障制度变迁与路径选择 [D]. 首都经贸大学，2007.

[44] 裴培. 广州市农村社会养老保险问题研究 [D]. 华南理工大学，2009.

[45] 张艳. 我国农村老年保障制度变迁研究 [D]. 西北农林科技大学，2012.

[46] 曹云. 稳定社会，推进改革——广州市全面建立社会保障体系 [N]. 广州政报，2002，(19).

[47] 杨进. 全力推进城乡居民社会养老保险一体化 [N]. 广州日报，2011-08-30.

养老护理政策的目标

[日] 沈 洁

【摘要】 由于人口预期寿命的延长,作者提出"全民皆护理"的理念,强调每个人应了解更多老年人知识与护理技能。作者认为长期护理政策的目标是保障老人最终生活权。以日本为例,作者介绍了日本选择公共性护理保险制度的动因和条件、护理保险制度创设的政治过程、已经进行的改革与发展趋势,并对中日韩护理保险政策进行比较分析。

【关键词】 长期护理 日本

The Objective of Elderly Care Policy

Shen Jie

(*Department of social welfare*, *Japan Women's University*;
Sociology College, *Central China Normal University*)

Abstract Due to the extended life expectancy, the author puts forward an idea of "everyone cares", which emphasize that all should learn more knowledge and skills of elderly care. It is argued that the objective of long—term care policy is to guarantee the life rights of the elderly. Taking Japan as an example, this study explores the reasons for Japan to establish the long—term care insurance, the related political process, and its past reforms and future trends. This study also compares the long—term care policy between Japan, Korea and China.

Key words Long—term Care Japan

一、"全民皆护理":一种新的社会理念

我们即将进入"全民皆护理"这样一个前所未有的时代。

人生百年,已经不再是神话传说,它正在一步步走进我们现实的生活。据中国老年学学会等第二次公布百岁老人调查结果显示,截至 2010 年 8 月 1 日,中国健在百岁老人已达 43 708 人,比 2009 年净增加了 3 316 人,而在 2013 年 7 月 1 日显示的最新数字来看,全国 31 个省区市健在的百岁老人达到 54 166 人,也是我国百岁老人数量首次突破 5 万人大关,其中最长寿者年龄达 127 岁。

其实,1963 年日本首次对全国百岁老人进行调查,当时百岁老人仅有 1 300 余人,但此后,呈年年增加趋势。根据厚生省最新统计数据,2012 年日本百岁老人已经突破 51 376 人。特别是仅在最近的 3 年之间,就增加了 10 000 人。今后,百岁老人的增加将会贯穿 21 世纪人口发展的全过程。

作者:沈洁,日本女子大学社会福利系教授,华中师范大学社会学院兼职教授。

养老护理政策的目标

　　我们如果把镜头转向 20 世纪上半叶的话，可以看到当时世界人口的平均寿命在 40 岁左右，而日本人口的平均寿命还不足 40 岁。明治时期的著名诗人石川啄木，曾有一首描写母子相互怜爱的诗句，我把它翻译如下：

　　　　　　　　母子戏嬉子背母
　　　　　　　　老母身轻似未负
　　　　　　　　举腿三步双膝软
　　　　　　　　儿忧母衰伏案哭

　　但是通过这首诗句我们可以窥见在人生 40 年的时代，活到 40 岁已经算高寿了，母子之间的年龄相差很近，所以就会出现年幼的孩儿照顾老衰父母的场面。这首脍炙人口的诗，描述了还未成年的儿子照顾衰老的母亲，终因年小体弱，力不负重，相互怜爱的动人情景。诗人意在刻画母子情深，并未预测到百年后，我们会走向人生百年的时代。而现在，石川啄木描写的幼儿背老母的画面在现实生活中已经不复存在。代之而来的是另外一副场景，这就是"老老照顾"。

　　1997 年，我曾在撰写的《日本老人福利制度》（上海远东出版社）一书中，对石川啄木的诗句作了如下的改写，以描述日本老龄社会中面临的老老照顾的社会问题。

　　　　　　　　父子戏嬉子背父
　　　　　　　　父衰儿老不胜负
　　　　　　　　半步未举腰骨折
　　　　　　　　双双住院求人助

　　改写的这一场面，不是夸张，其实已经成为比比皆是的社会现实。在人生百年的时代，70 岁的儿女照顾 90 岁的父母，已成为一个普遍的社会现象。

　　在这里我特意举出以上两首诗句，是想强调从 20 世纪初叶到 21 世纪初叶的这 100 年中，特别是东亚地区的人口结构发生了戏剧般的变化。这种"压缩型"工业化发展带来的急剧的人口变化，是任何一个国家都没有经历过的独特经验。

　　我们进入了一个前所未有的人口老龄化时代，在这个时代生活的每一个人，都会面临这一时代的特征。老年人的照顾以及护理问题，不再是个人的问题，一个家庭的问题，而是全民都要应对的问题。最近，不断地在重复一个概念，这个概念就是"全民皆护理"。用通俗的话来讲，就是每个人都需要学习和了解有关老年学的知识，每个人都需要掌握更加科学的护理老年人的基本技能。我们需要极早确立这样一个"全民皆护理"的观念，通过每一个人的力量来支撑这个越来越沉重的老年人的照顾护理问题，通过全社会的力量，开创我们面临着的人生百年这个新的时代。

　　"全民皆护理"，不光光是口号，它应该包括很多具体的政策和实施的方法。比如，1991 年日本颁布实施《育儿·护理休假法》，此法的第三章"护理休假"中明文规定，为了照顾生活不能自理的父母，配偶可以享受带薪休假，最多不得超过 93 天。法律实施之后，利用护理休假的人并不是太多，特别是公司职员利用率比较低。但是，把护理老人作为一种社会性义务的观念逐渐推广到社会这一点是应该给予正面评价的。

　　另外，在日本，有关老龄社会以及老人护理的普及教育，从小学就已经开始。进入中学以后，社会课程安排中都会穿插一些护理卧床不起老人和残疾人等的实务课程。进入高中以后，一部分的高中开设"护理福利专业课程"，年满16岁的高中生，可以自由的选修这些课程，取得一定的学分以及短期现场实习之后，可以获取二级护理员职称，如果再进一步学习，还可以取得护理福利士资格。大多数学生并不是为了今后要从事老人护理工作才去获取护理员职称的，更多的是把它作为像会打电脑，会英语一样的社会技能来接受。有了这种技能就可以在家人或者他人需要护理照顾的时候，及时发挥作用。也有部分高中生是为了到福利设施打工，获取护理员职称的。因为到福利设施打工，必须要经过一定的职业训练和取得专业职称才能够上岗。

另外，企业和社区也都有义务对职工和居民进行老年人护理知识以及技能的普及教育。根据法令规定，企业要为即将退休的职工进行系统的退休生活设计以及养老护理教育。因而，退休前教育中重要的一项就是护理预防和护理基本技能的实务操作训练。即将退休的职工，都很乐意参与这种培训，他们意识到这不仅是为了自己，也是为了照顾自己的配偶或者便于参加社区的居家护理照顾义工活动。总之，学了之后，马上就会有用武之地。在社区，社区组织定期为居民开办各种免费的护理技能培训班，鼓励作为志愿者积极参与社区的居家照顾。一些比较先进社区的家庭主妇，大多都参加过护理技能的专业培训。

普及护理知识以及护理技巧的教育实践，逐渐消除了社会上对从事养老护理工作的偏见和歧视，因为，通过普及教育，让大家对养老护理工作有了更多的了解和理解。由此可见，进入21世纪，养老护理不再是个人或者家庭的私事，已经成为一个全民参与的社会事业。"全民皆护理"也将会成为一种新的社会理念被人们广泛接受。

二、保障最终生活权是长期护理政策的目标

长期护理（Long—term Care）这一关键词的主要含义是指保障生活的终极阶段。即使是处于卧床不起，失智状态的老年人，也要维护他的人生尊严，直到最后一息。福利（Welfare）就是追求幸福，达到幸福的一种状态。

1991年联合国在发布"为了老年人应该遵循的基本原则"当中，提出了"为了让镌刻人生的岁月更充满活力"的倡导。在有关长期护理的论述中，曾提出："各个国家应该依照本国的文化价值观和社会制度，为老年人提供一定的长期护理服务。使老年人能够从家庭或社区的护理与保护那里获得利益。"

"为了让镌刻人生的岁月更充满活力"的倡导，实际上它包含有很深刻的含义。日本护理学界的学者曾经指出，经济发展达到了一定程度国家的福利目标是"追求有价值的生活"。所谓有价值的生活，我的理解是，"追求和实现包含物质、精神、文化意义上的生活质量"。也就是保障人生最终阶段的 QOL（Quality of Life）。

我国经常把 QOL 作为一个医学概念理解，更多的是把它译成"生命质量"。然而在日本，更多的是把它理解成"生活质量"，并认为生活质量是护理福利应该追求的目标和境界。为什么要把保障人生最终阶段的生活质量作为长期护理的目标呢？我经常列举以下的事例来说明：比如说，一个人在他的青壮年期一直很有成就，很风光，很受世人尊敬，然而在他暮年时期，突然中风，卧床不起，又因为受不到适当的护理照顾，使他人生的最终阶段显得十分凄凉和悲惨。由此看来，他的一生是不完整的、是不完美的。进一步说，如果每个人都不得不带着遗憾和悲惨的心情迎来生命的终结，走向另外一个世界，那么，这个社会就是不完

美的了。长期护理制度的目标就是为了保障每个人在人生最终阶段依然能够保持人生的尊严，保持生活质量不会有大的跌落，让每个人的人生能够圆满的画上一个句号。这个目标也是实现和谐社会的目标。

如何来衡量生活质量？关于这个问题大概会有不少的说法。从护理福利领域的角度看，衡量生活质量首先要看生活需求包括哪些内容。一般来讲，包括老年人、残疾人在内的所有人的日常生活需求存在以下三个层面：

第一，基础性需求（Basic Needs）。它指的是为了衣食住行和维持健康而从事的行为。

第二，社会性需求（Social Needs）。人们常说人是社会的动物，那么首先作为最基本的家庭或者伙伴、朋友等关系的同时，在某种意义上想为社会尽一定职责的职业也是和社会性的需求相关联的。

第三，文化性需求（Cultural Needs）。对真、善、美的追求创造出了各种各样的文化。文化是人才有的东西，可以说归根结底，文化性需求和近年来护理服务现场强调的每个人的自我实现是相联系的。

在日本的护理服务现场，强调要遵循以下三项原则：（1）尽量不改变老年人的生活环境、生活习惯等继续性的原则。（2）最大限度地挖掘老年人残存的自我照料能力、身体活动能力，增强他生存的欲望。也就是维持残存能力的原则。（3）不要擅自替老人做主，尽量根据老人自己的意愿决定有关老人自身的事情。也就是自我决定原则。坚持这三项原则是与满足生活需求、提高生活质量密不可分的。①

因为，从保障最终生活权这个意义上来理解老年人的生活质量，就应该包括以上三个层次，而不是仅仅停留在衣食住行和保健的第一层次。即使对于已经入住福利设施的老年人或者居家养老的老年人来说，协调它们与社会以及家庭成员之间的联系，并间接地使他们介入社会活动，是提高他们生活质量的主要因素。满足文化方面的需求同样重要。比如，如果你把福利设施和老年人入住的房间设计的很有家庭的温馨，很有文化的氛围，自然会提高生活质量。此外，把开展琴棋书画文化活动融汇在护理过程中，不管是对护理工作者还是对老年人，都可以实现提高生活质量的目的。归根结底，我们所期待的长期护理应该是文化性，富有活力的。日本的养老机构，不论是养老院，还是那些短期或者日间的养老机构，都非常注重把福利文化和心理养护渗透到护理服务中。这对我们很有借鉴意义。

20世纪末到21世纪初出现的长期护理保险，是国家应对国民生命周期延长中出现的生活照顾问题给予社会性保障的制度。但是，护理保险制度保障的主要对象与年金保险，医疗保险有分工，重点是对失去劳动能力有护理照顾需求的老年人提供社会性的保障。长期护理保险是对养老保险和医疗保险的补充或者说是它们的延长。如果说养老保险和医疗保险制度遵循的基本理念是生存权保障，那么长期护理保险的基本原则和理念则可以概括为，是对老年人生最后的生活权给予社会性保障的制度。大多数老年人在人生最后的阶段，面临的风险不一定是来自经济方面的，而是生活照顾和身体照顾的需要。

我经常把长期护理（Long—term Care）的福利政策目标进行以下的概述："长期护理福利是一种艺术和科学的结合。它通过对需要帮助的老人提供生活、精神、文化上的全面服

---

① 一番濑康子. 护理福利学［M］. 沈洁等译. 北京：社会科学文献社，2009.

务，增进其身心的健康和愉悦，使他幸福、安详地走完人生最后的一段路程"。就是说，长期护理政策，不像经济目标和政治任务，通过强有力政策的推行，立即可以见到成效。它是需要具有艺术思维，具有科学性的护理方法来推行的一项社会政策。它是通过具有以上性格的福利服务，将其政策的含义和意义贯通于老年人的个人生活和社会生活中。

三、日本选择公共性护理保险制度的动因和条件

20世纪30年代，各个国家相继确立了养老保险、医疗保险和失业保险，其重要目的是为了保护劳动力和劳动力生产。进入后工业化社会，少子化、老龄化、空巢化问题出现，以保护生产力和生产力发展为重点的养老·医疗·失业的社会保险体系，已无法解决上述的问题。正如前所述，国家为应对国民生命周期延长中出现的生活照顾问题，创设了长期护理保险体系。

（一）制定公共性护理保险制度的背景

日本在护理保险制度创建之初，围绕着日本是不是需要在养老保险、医疗保险制度之外，重新建立一个护理保险体制的问题，各界的争论十分激烈，反对意见超过了赞同意见，最后，执政党施加各种压力，使国会通过了这一法律。为什么在反对意见的呼声下还要下决心推行这个制度呢？因为，走向后工业化社会的日本，面临着诸多新的课题。

首要课题是，维持传统的家庭照顾还是走向护理社会化。在20世纪80年，维持传统的家庭照顾模式代表了主流方向。但是，随着家庭结构由核心家庭逐步向家庭的个体化演变当中，家庭照顾实际上成了一个可望不可即的理想化模式，大多数家庭已经无力承担卧床不起或者患有痴呆老人的家庭照顾的责任。社会政策的方向是朝着家庭照顾倾斜，还是选择走护理社会化的道路，面临着重大抉择。

课题之二是，护理保险制度在实施之前，老人政策的重点是放在低所得层，也就是救贫型的老人福利政策。是依然坚持把保护低所得老人的利益作为重点，还是兼顾作为主要纳税人的中产阶级的利益。这也是一个难以抉择的课题。推行护理保险制度，将会减轻中产阶层家庭在老人护理上的家庭开支，所以，护理保险制度具有调节阶层之间的资源占有不公平的功能。

课题之三是，日本的医疗与福利之间没有一个资源共享的平台，两者之间相互独立，互不干涉。这样就带来了医疗和福利领域之间在资源使用上有重叠，社会成本非常高。日本政府试图通过护理保险制度的推行，在两者之间搭建一个桥梁，建构一个医疗、护理、福利三者之间的协作机制。

课题之四是，解决老年人的社会性住院问题。

课题之五是，试图通过开拓护理产业，创造大量的就业岗位，使日本经济尽快走出低谷。

在国民负担和寻求新的社会发展道路中间，国民和政府做出的抉择是，把护理保险作为一项新的公共保险制度，纳入社会保险体系中。

护理保险制度推行之初，政府提出了七项初期目标：（1）重视护理预防和康复训练。（2）赋予老人自我选择权利，因为过去实施的是救贫型政策，老人没有办法选择，只有向政

府伸手要。现在是把选择权让给老人,让老人来选择服务项目。(3)发展社区福利,推进居家养老。(4)提高以老人为本的人性化、个性化护理服务。(5)建构社会服务,重视民间、企业、社会团体、政府等多方合作和协作。(6)强化护理服务的经济建设。(7)探索多层次、高效率的护理服务制度体系。这是政府向国民提出的一种公约,一个承诺。

(二) 支撑公共性护理保险制度的必要条件

目前,国内一部分地方政府也在探讨开拓护理保险制度的可能性,对日本的护理保险制度的经验比较关注。其实,大多数发达国家并没有推行公共性护理保险制度。目前,仅仅有德国、丹麦、日本、韩国率先推行了护理保险制度,但仍然属于少数派。日本在引进护理保险制度时,究竟具备了哪些足以支撑一项新的保险体系的必要条件?有必要对其做一个分析。

首先,是它的年金·医疗保险制度进入成熟化。早在20世纪60年代,日本经济起飞之后,政府很快就推行了"国民年金"和"国民医疗保险"制度,在短短的时间里,实现了包括农民、家庭主妇、个人经营者在内的全民皆保险。当时,日本人口的平均寿命男性大约在63岁,女性68岁,退休年龄是60岁。利用经济起飞的黄金时期,果断推行全民皆保险体制,这为此后建构护理保险制度奠定了良好的基础。

其次,是老人福利法制和政策的逐步完善,如表1所示。在护理保险制度实施之前,老人福利政策的发展,大致经过了以下的过程:

20世纪60年代是发展的第一阶段,这一时期重点解决全民医疗保险和养老保险的问题。1963年颁布实施了《老人福利法》,1973年,推行了老人免费医疗制度,实现了对老人的经济收入和经济生活给予全面保障的目标。

20世纪80年代至90年代是发展的第二阶段,是整体构建老人福利制度的时期。这一时期的主要课题是对卧床不起、痴呆等老人的照顾和看护措施,同时重在厘清老人医疗·老人保健·老人福利的职能和分工以及平衡各个制度对老人医疗、护理费用的负担。目的在于降低社会成本,获得高质量、高效率的老年人服务效果。

这一时期颁布的主要法规和政策有:为了对应人口的老龄化,1982年制定推出了《老人保健法》。它以70岁以上的老人或者65岁以上卧床不起的老人为对象,把健康老人和需要护理老人的需求予以区分,更合理的使用社会资源。老人保健制度大大地平衡了各项制度间的支付水平的差异。

1989年,日本政府制订了《推进高龄者保健福利十年战略计划》(黄金计划),1994年"黄金计划"被重新修订,更名为"新黄金计划",完善了以居家养老为中心的社区老年服务体系,扩大了家庭服务员队伍,新设立为老年人提供休息及特别看护的短时服务设施、日间服务中心,提供各种日间服务等。

在第三阶段的20世纪90年代,护理政策的重点一方面是对20世纪60年代建设的养老设施进行更新换代以及开拓居家护理服务项目,一方面是强化对护理专业人才的培育。当时,诸多大学纷纷设置护理福利学院,同时也出现了一大批培养从事护理实务人才的专科学校,有关护理专业的学历教育以及职能教育的推动,不仅解决了护理专业人才匮乏的问题,也很快地提高了护理服务行业的专业化水准。

进入 21 世纪，老年人护理服务逐步形成了制度化、专业化的发展体系，其发展进入了它的第四阶段。这一阶段的重要标志是《护理保险法》的实施。

表 1　　　　　　　　　　　　　　老人福利法制的健全完善

年份	内容
1963 年	《老人福利法》
1973 年	实施老人免费医疗制度
1982 年	《老人保健法》
1987 年	《社会福利士·护理福利士法》
1989 年	《推进高龄者保健福利十年战略计划》（黄金计划）
1990 年	修订福利八法（推进居家福利；明确市町村为提供福利服务的主体；创建低费用利用性护理设施；开发护理型老人公寓；实施巡回护理员派遣制度）
1993 年	《高龄者福利保健计划》
1994 年	《21 世纪福利蓝图——面对少子高龄化》（新黄金计划）
1995 年	《高龄社会对策基本法》
1997 年	制定《护理保险法》，修订医疗法；创建痴呆型老人护理设施
1999 年	制订《21 世纪黄金计划》；推行护理休假制度
2000 年	正式实施《护理保险法》

四、护理保险制度创设的政治过程

创建护理保险制度，涉及各个政治团体、利益团体以及各阶层的利益。从创设的政治过程也可以看到，它反映了各方利益，如政党和行政之间的利益协调，当然也包括了中央政府和地方政府，行政和公民之间的权利相争，互相的妥协。实际上，护理保险从法律公布到实施，中间间隔了三年时间。这三年间，一直在进行各方利益的协调。最终，由政党、政治主导，强行实施了护理保险法。实际上这也是一个政治过程，所以从政治学的角度，从政策过程来研究老龄化以及老年护理问题，也显得极为重要。

图 1 显示了日本护理保险制度创设的政治过程。可以看到，在制度创设的政治过程中，政党和政府的作用是不同的。虽然，政党在制定过程中占据主导地位，但是，它的主要功能在于制定法案，协调政治利益集团之间的关系，审议护理保险制度的可行性、持续性和公平性。

而政府的主要作用是协调各个社会利益集团的利益关系，并把各个社会利益集团的意见、方案及时反馈于国会和政党执行部门。另外，在社会利益集团当中，专家学者集团、经营老人福利护理的业界团体以及老年人组织、基层自治组织是极为重要的社会力量。

护理保险制度从 1993 年开始提案，到 2000 年决定正式实施，经历了近十年的论证，利益协调和审议的过程。其中最重要的议题是协调兼顾各个社会集团利益和保障护理保险制度的财源渠道。

养老护理政策的目标

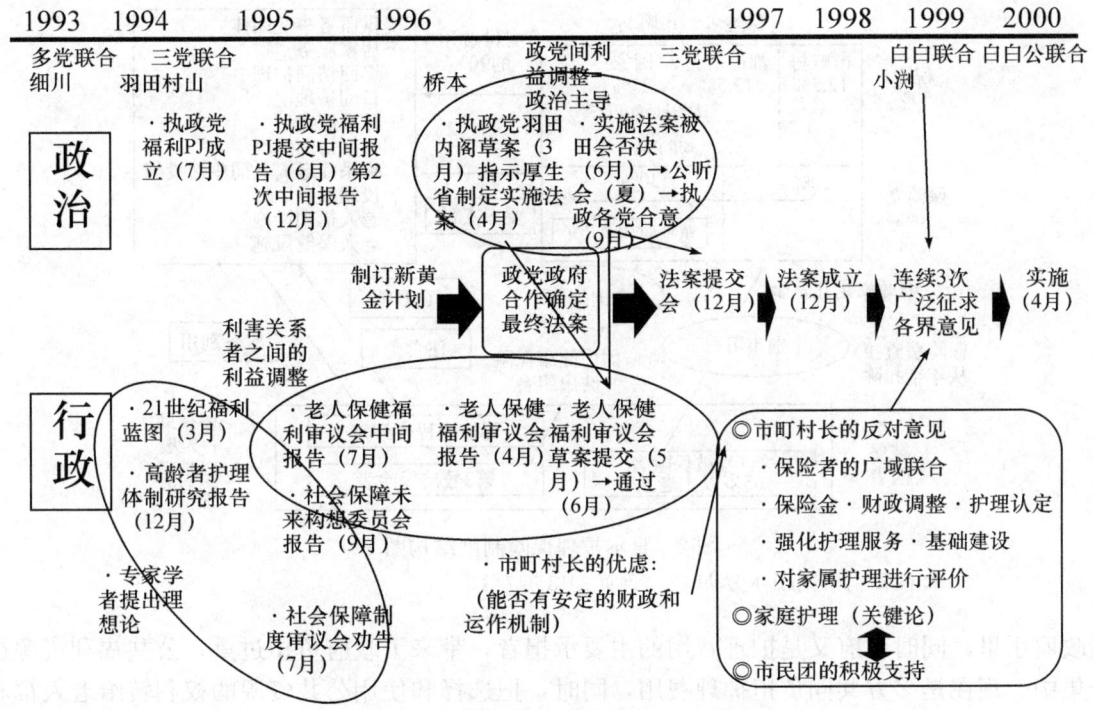

图 1　护理保险制度创建的政治过程

五、护理保险制度的改革

（一）日本护理保险制度结构图

2000 年正式实施的护理保险制度的基本结构，如图 2 所示。

护理保险对象分为两种：65 岁以上为第一号被保险者，自动加入，2000 年加入人数为 2 200 万人。40～64 岁以下为第二号被保险者，2000 年加入人数为 4 300 万人。护理保险财政由被保险者缴纳的保险费以及国家和地方政府三者共同承担。根据国家规定，第一号被保险者的保险费由各市町村根据当地收入水平设定，低收入者可以根据具体收入水平减免保险费；第二号被保险者的保险费与本人的医疗保险费并收，直接从工资中扣除，上缴给各医疗保险机构，实行全国统筹。

从护理保险费的负担比例上看，50％是由中央和地方政府的财政支出，其中，中央财政负担其中的 25％，地方政府的都道府县和市町村分别负担 12.5％。另外的 50％是由缴纳的保险费中支出。其中，33％是第二号被保险者，即 40～64 岁的人来负担，65 岁以上老人的负担比例只占 17％。由此可见，65 岁以上老人的护理费用，实际上由 65 岁以下人口来共同负担的。这也就是所谓的护理的社会化。

护理保险制度实行之后，给社会福利体制带来了怎样的结构性变化？它的变化体现在以下几个方面：

第一，过去福利机构和有需求的老年人向政府伸手要服务，所有的公共福利资源都控制

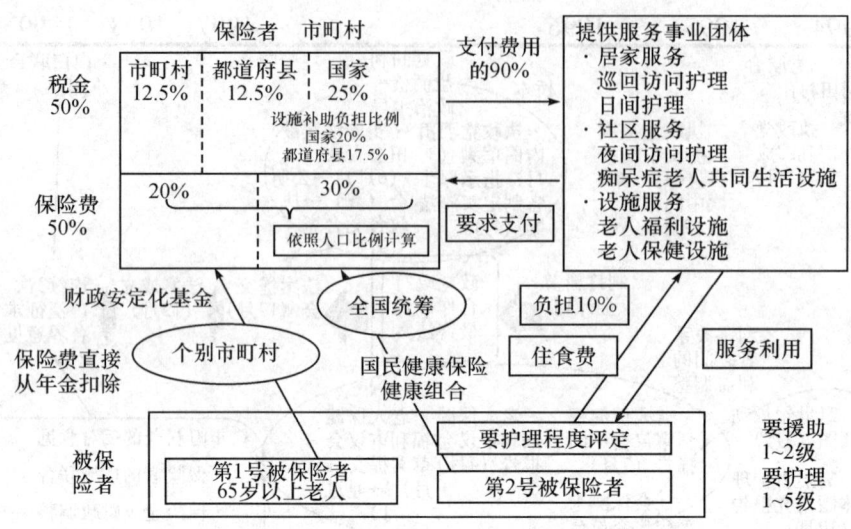

图 2 日本护理保险制度结构图

资料来源：引用日本劳动厚生省网页 2013 年 7 月。

在政府手里，同时政府又是护理费用的主要承担者，带来了政府负担过重，公共福利资源过分集中。现在是多方共同负担护理费用，同时，把选择和使用公共资源的权利转给老人福利机构和老年人个人。把选择权和使用护理费的权限交给个人，个人拿护理费的使用权限去换福利。政府、福利机构和老年人的立场和权限进行了一个结构性的调整。

第二，过去老年人的医疗服务和福利服务是分别办理的，现在将医疗与护理衔接起来，医疗和护理统合为一个档案，减少了很多程序，也节省了社会成本。

第三，过去护理服务供给是由政府主导，现在是政府、民间、市场多元化参与。

第四，过去政策趋向是照顾低收入阶层的老年人，中产收入阶层的老年人利用护理服务时，其个人承担的费用相当高。比方说一个中等收入家庭要利用同等条件的养老院的话，他要承担比低收入阶层老年人多两倍的费用。现在，衡量的尺度从经济收入的高低转向身体状况的护理程度的高低，兼顾了各个收入阶层的利益。这也是各个社会利益集团参与护理保险制度而产生的效应。

（二）护理保险制度改革的五个阶段

护理保险制度自 2000 年实施到 2012 年，已经经过了五个阶段的调整和完善。具体内容如表 2 所示。

表 2 护理保险制度改革与调整的步骤

	1997 年	12 月	颁布护理保险法
第 1 期	2000 年	4 月	护理保险法实施
第 2 期	2003 年	6 月	改定护理报酬水准（改革率为 2.3%；用于扩充居家服务）
	2005 年	10 月	个性法的一部分条文实施（调整养老设施给付标准）

养老护理政策的目标

续表

第3期	2006年	4月	修订法(1)全面实施(护理预防补贴——新设贴近老人生活型社区服务项目)改定护理报酬水准(改定率为0.5%;重视预防性体制建设)
	2008年	5月	护理保险法以及老人福利法同时修改,修改法(2)国会通过
第4期	2009年	4月	改定护理报酬水准(改定率为3.0%;改善护理工作人员待遇)
		5月	修改法(2)全面实施(强化业务管理体制、确保服务的质量和数量)
	2011年	6月	修改护理保险法(3)通过公布(为了进一步强化护理服务基础建设,延长护理疗养病床撤退的时限,改革所理福利士资格考试和认定方法)
第5期	2012年	4月	修改法(3)全面实施(开创新的服务、扩到护理人员的业务范围,比如,吸痰等,减缓缴纳护理保险费用的直线上升状况)

资料来源:引用日本劳动厚生省网页资料制作。

在此期间,《护理保险法》也进行了二次大的修改。第一次大幅度修改是2005年,法律修订的主要内容如图3所示。

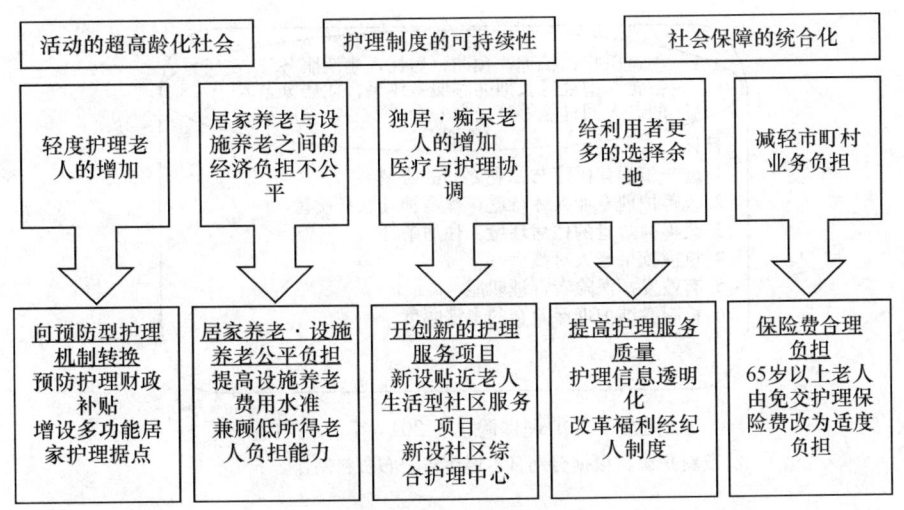

图3 《护理保险法》2005年修订的概要

资料来源:根据劳动厚生省资料制作。

修改的重点可以归纳为以下五点:

第一是推进预防型护理和康复训练体系,降低卧床不起的发病率。目的在于提高健康寿命时间,以及减少护理资源的浪费。

第二是解决居家养老和福利机构之间出现的费用负担不公平的问题。2000年,制度推行以后,发现了一个很重要的问题,就是居家养老的个人负担很重,入住福利机构养老的个人负担轻。制度在设计的时候已经预见到居家养老和机构养老会有负担上的不公平,但是,没有预料到两者之间的负担差距会有5~6倍。这直接影响到了正在积极提倡社区护理、居家护理的政策推行。

第三是开创新的护理服务项目,吸引企业对养老护理领域的投资和开发。由于放宽了市场对养老护理行业参与的政策，企业和民间的参与范围和参与幅度大大拓展。

第四是提高护理服务水平，导入质量评审制度。为了保证养老院的良性运转和避免虐待老人现象的出现，政府决定在老人服务机构自我检查基础上，引入更为客观和公正的第三方评价体系，包括硬件上的建筑、设备、人员配置以及软件上服务的质量、老人的评价，等等。这些评价不是通过简单的检查、打分来达到警示督促的作用，而是在分析养老院现实的基础上由专业机构提出更好的改善方法。

第五是保险费的合理负担，过去，相当一部分65岁以上的老年人，由于各种政策的保护，实际上是被免掉了缴纳护理保险费的责任。2005年的法律修改，严格了缴纳保险费的制度，比如，即使过了75岁，过了80岁，有承担能力的话，也要承担一部分护理保险基金费用。

2011年，《护理保险法》又做了第二次大的修改，修改内容主要有两点：第一，建构医疗、护理、预防、居住、生活服务一条龙的社区长期照顾体系，这是推出来的一个新的方向。第二，是让居住在家养老的老人也同样、同等地享受到安全、安心、高质量的护理服务。具体内容参看笔者归纳的图4。

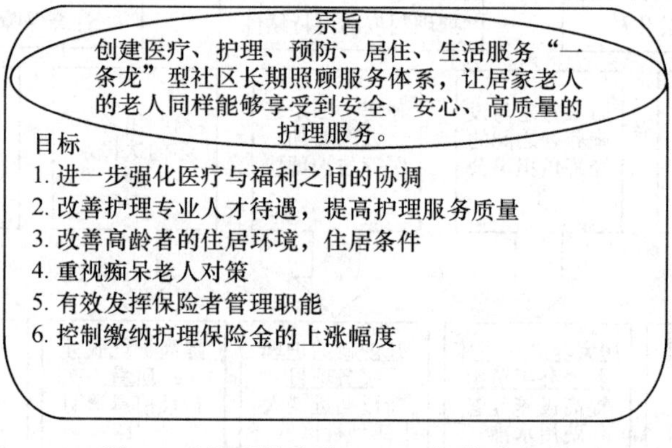

宗旨
创建医疗、护理、预防、居住、生活服务"一条龙"型社区长期照顾服务体系，让居家老人的老人同样能够享受到安全、安心、高质量的护理服务。

目标
1. 进一步强化医疗与福利之间的协调
2. 改善护理专业人才待遇，提高护理服务质量
3. 改善高龄者的住居环境，住居条件
4. 重视痴呆老人对策
5. 有效发挥保险者管理职能
6. 控制缴纳护理保险金的上涨幅度

图4　《护理保险法》2011年修改内容
资料来源：根据劳动日本厚生省公布资料制作。

六、课题和未来的政策取向

当前，日本护理保险制度面临的最大难题，一是护理保险费用支出上涨速度过快，二是公共护理床位不足。其护理保险费用支出的压力，可以通过以下图5来分析。

可以看到，2000年护理保险制度启动时，总费用是3.6兆日元，2005年增长到6.4兆日元，而到了2012年增长到8.9兆日元，增长幅度之大超过预想。此外，个人负担的护理保险费用也是水涨船高，2000年，65岁以上第一号被保险者每月缴纳的保险费为2 911日元，到了2012年，已经增长为4 972日元，对于靠年金生活的老年人来说，缴纳护理保险费是一个很重的负担。如何控制护理费用的无止境增长，是当前最大的政策课题。

其次，需要护理老人急剧增加带来的首要问题是公共护理床位不足。如图6所示，2000年制度开始推行的时候，通过认定符合接受公共护理服务的老年人是218万人，而在10年之后的2010年，增长为467万人，增长速度惊人。接踵而来的问题是公共护理床位严重不

养老护理政策的目标

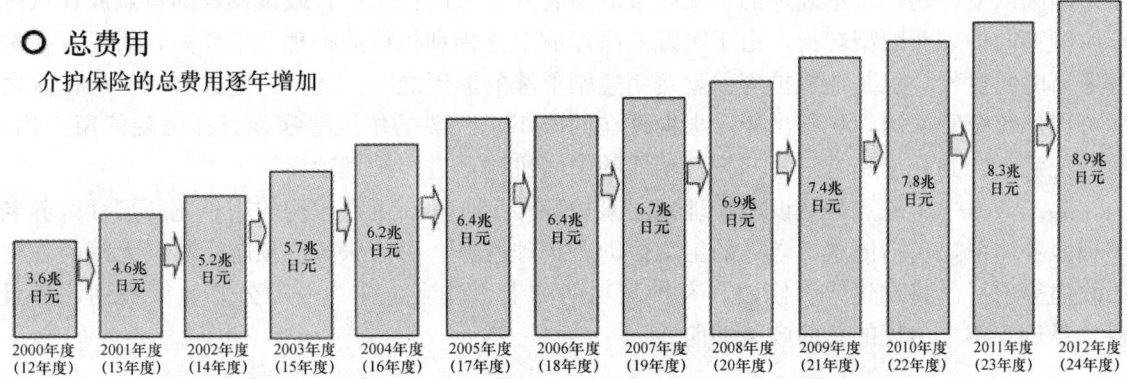

图 5　护理费用以及缴纳护理保险费的增长

资料来源：日本劳动厚生省公布资料。

足，特别是大城市，一个空床位会有十几位老人排队，有经济负担能力的人，无奈只好利用费用较高的营利性养老护理设施。

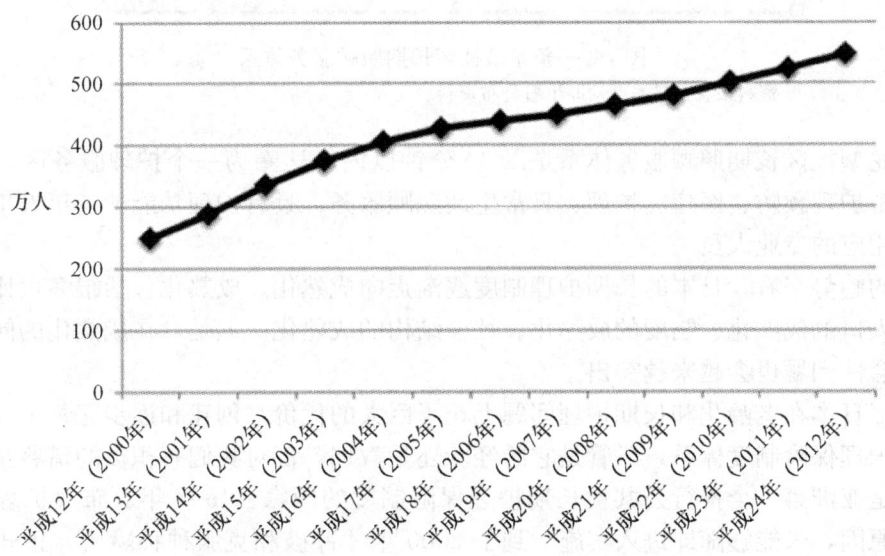

图 6　依法认定要护理、要援助老人的持续增长

资料来源：日本劳动厚生省公布资料。

面临以上课题，日本确定的未来政策取向有两个方面：第一，政策调整的重点放在从医疗照顾型向护理照顾型转换。由于医院的医疗成本比福利机构的护理成本要高，所以，在医院停留时间过长，也是造成护理保险费用急剧上涨的原因之一。比如，过去心血管病住院之后可以停留短则两周，长则半年。根据现在的改革，一般的中风等病症只在医院停留一周，然后把病人转到介于具有医疗和护理功能的中间机构，进行护理观察。

第二，另一个重点是从设施护理向居家护理转型。现在正在建构的一条龙新型社区养老护理服务体系，包括健康、老人的生活援助、护理服务、医疗服务、预防康复和无障碍住宅的改建等项目。将改建或者修建具有护理功能的老人住宅，作为一项公共政策提到议事日程，是近5年来出现的新的政策动向。

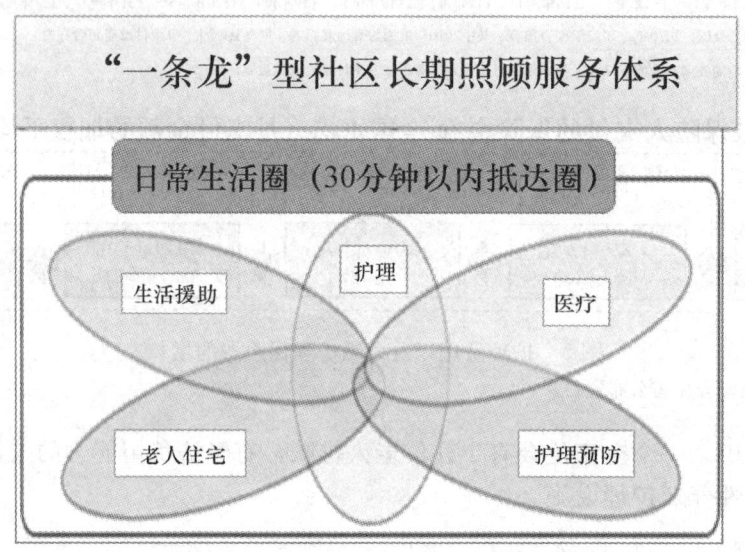

图7　一条龙型社区长期照顾服务体系
资料来源：日本劳动厚生省公布资料。

一条龙型社区长期照顾服务体系是以30分钟以内抵达圈为一个护理服务区，在服务区内合理配备护理预防、医疗、护理、日常生活照顾服务、具有护理功能的老年人集体住宅等资源以及相应的专业人员。

总体的趋势来看，日本的长期护理制度逐渐走向成熟化。成熟化包括很多，比如年金的成熟化、人口的成熟化、制度的成熟化、社会结构的成熟化。但是，在成熟化的同时，长期护理的社会性问题也会越来越突出。

总之，日本在老龄化和长期护理问题上花了巨大的代价，创建和逐步完善了一个新的公共性长期护理保险制度体系，不管是它的经验还是教训，都对我们有积极的借鉴意义。

日本是亚洲第一个推行公共性长期护理保险制度的国家。1997年颁布《护理保险法》，鉴于种种原因，未能够随即进入实施。到了2000年才冲破和克服种种障碍，正式进入实施阶段。日本在长期护理政策施行之初，也面临着一些与我国相似的境遇和问题。因此，研究和借鉴日本长期护理制度制定、推行过程以及当今的问题，对我们从整体上建构养老护理政策具有积极意义。

长期护理制度是一个社会体系，一项社会政策，但是，它同时又直接影响着我们每个人的生活，价值观，也在挑战传统意识和伦理观念。从这一意义上讲，它是一个全方位的社会改革，并不是依靠拉动养老产业，依靠政府发放的护理津贴就能够解决的问题。

如果过分强调养老护理问题是开拓内需的有效渠道，过分强调养老护理的产业功能和经济效益，将会把建构长期护理制度引入误区，也会进一步扩大老年人之间的贫富差距，影响社会和谐地发展。鉴于此，本文力图从制度的视角，同时也注意从文化的视角，对日本长期护理保险制度做一个比较分析。

七、日、韩、中长期护理政策的比较

（一）日本、韩国、中国长期护理政策形成过程比较分析

中、日、韩三国，在对应少子老龄化的政策课题上，有着很相似的发展轨迹。首先，三国老龄化指数上升幅度大，上升速度快属世界少见。这是因为，中、日、韩与西欧发达国家相比，同属于后发展国家，无论是人口结构还是经济结构的转型，都呈现出"压缩型"发展特征。所谓"压缩型"特征也可以解释为，先进发达国家在100年间完成的事业，而中、日、韩三国只需50年即可实现。促成压缩型发展模式的因素很多，其中一个很重要的因素就是，可以借鉴先进发达国家经验，缩短摸索的过程，直接走捷径。这一点也常常被称为是"后发展国家利益"。

尽管三国之间拥有很多的共性，但是，其差异也比较明显。比如，从社会文化、政治、经济对长期护理政策所形成的影响来分析，可以看到以下的异同。（参考表3）

与自由民主制度以及社会民主制度相比，中、日、韩三国的政治体制民主政治体制的色彩并不明显，都可以称作是中央集权的"权威政治体制"。但是，其权威政治影响的强弱有所不同。中国为最强，日本为最弱，韩国介于中间程度。在这种权威政治体制之下，三国截取的护理政策的取向，日本在1980年年初期倡导的"日本型福利道路"，可以理解为不踏袭西欧国家的体制，重视家庭和社区在社会保障体制中的作用。韩国在20世纪90年代中期提出"生产型福利道路"，意在将消费型的福利支出转为产出型的社会福利。同时也有走出韩国自己发展道路之意。21世纪初期，中国提出"普惠型福利道路"的意图，也在于不走高福利、高财政的福利国家道路，寻找传承中国养老文化传统的福利道路。

从经济背景来看，三国在提出发展社会福利服务，改变国民生活的社会政策目标的时候，都面临着国内外的经济危机。试图通过开拓社会福利服务，扩大就业，将外需型经济模式向内需型经济模式转型。

从文化背景看，三国都重视家庭对养老的社会支撑，最大限度的保留老亲抚养文化的延续。

关于制度背景，日本是在医疗·年金保险制度进入成熟时期的2000年，引进了社会护理保险制度。韩国也是在基本社会保险制度进入完善时期时的2008年，推行了护理保险制度。目前，中国的社会保险制度还处于创建时期，创设护理保险制度的时机并不成熟，因而，护理保险是否作为一项公共社会保险制度纳入社会保障的机制，尚未有一个明确的答案。但是，从日韩两国的进程看，中国需要护理保险这样一个稳定社会生活和家庭生活的社

会保障机制。

表3　社会文化、政治、经济背景对长期护理政策的影响比较

背景区分	日本	韩国	中国
政治背景	政府权威（弱） （多党负责制） "日本型福利道路"	政府权威（中） （总统府负责制） "生产型福利道路"	政府权威（强） （一党负责制） "普惠型福利道路"
经济背景	20世纪80年代后期 经济转型，拉动内需 开拓社会福利服务领域，扩大就业	1990年后期 克服了IMF经济危机 开拓社会福利服务领域 扩大就业	2010年初期 经济急速发展转型稳步发展 经济转型，拉动内需 扩大就业
社会文化背景	全民皆保险制度成熟期 养儿防老，老亲扶养的儒家文化渗透	全民皆保险制度完善期成熟化 养儿防老，老亲扶养的儒家文化渗透	全民皆保险制度创建期 养儿防老，老亲扶养的儒家文化渗透
制度特征	护理保险给付制度保障 ＋ 市场调节	护理保险给付制度保障 ＋ 市场调节	政策调控 ＋ 市场调节

此外，通过三国的长期护理政策形成过程的比较，还可以看到三者之间存在着发展进程上的时间差的特征，如表4所示。日本从长期护理政策课题的形成期到"护理保险法"正式实施，经过了13年的酝酿、设定的过程。而韩国走完这一过程用了8年的时间，缩短政策形成的过程。这是因为，韩国在建构"老人长期疗养保险法"的时候，积极的借鉴了日本成功的经验以及失败的教训，享受到了后发展国家利益所带来的优势。所以，后发展国家利益这一优势，对中国以及东南亚诸国在解决少子老龄化问题中，会产生积极的影响。

表4　日本、韩国、中国长期护理政策形成过程比较

政策过程区分	日本	韩国	中国
政策课题形成期	1989.12—1994.12 政府：《推进高龄者保健福利十年战略计划》	1999.10—2003.2 学者：《老人保健福利中长发展计划报告》 大总统：《老人长期保险制度导入计划》	2009—2013 《养老事业十二五规划》高龄老人护理津贴试点 《老人权益保障法》修改
政策方案摸索期	1995.1—1996.4 1995年《高龄社会对策基本法》	2003.3—2004.12 设置"老人疗养保障规划团" 公布《老人疗养保障制度草案》	

续表

政策过程区分	日本	韩国	中国
政策方案决定期	1996.5—1996.11 政党政府合作,确定护理保险法案	2005.1—2006.2 《老人长期疗养保险法》法案 "老人长期疗养保险"试点	
国会审议决定期	1996.12—2000.3 1997年公布护理保险法 2000.4实施护理保险法	2006.3—2008.6 《老人长期疗养保险法》国会通过实施	

总之,中国在对应急速进展的老龄化、高龄化等政策课题时,有必要深入研究日本和韩国的经验,最大限度的发挥后发展国家利益的优势,寻找适合中国国情的社会化养老模式。

(本文根据在国内讲演的记录整理、修改。)

参考文献

[1] 金成垣. 后发福利国家论 [M]. 东京大学出版会,2008.

[2] 朴光俊. 东亚地区社会保障比较研究的意义和课题:有关养老保险的问题 [J]. 社会保障研究,2005,(02).

[3] 高春兰. 日本和韩国老年人长期护理保险制度的政策环境比较研究 [J]. 长春工业大学学报(社会科学版).2012,(05).

[4] 金贞任. 韩国的护理保险制度. 海外社会保障研究 [J]. 2009,167.

家庭养老社会化：我国家庭养老当代发展研究

向　征　王超群

【摘要】 对我国家庭养老未来发展，学界存在家庭养老将不断弱化以致被社会养老替代，与家庭养老应当继续传承与发展的认识分歧。这是因为在家庭养老发展中，对家庭的养老功能及其文化内涵，中西的家庭养老文化差异，家庭结构与家庭养老等一些重要关系的认识存在误区。本文从文化视角出发，基于中西家庭文化比较研究指出，我国家庭养老具有的超越工具性意义的人文价值，并不能被社会养老所替代；而家庭结构核心化，并不必然导致家庭养老功能的弱化；家庭养老社会化是我国家庭养老的发展方向。应当通过建立超越"西方中心主义"的文化自觉与政策投入，扶持家庭养老在我国当代的发展。

【关键词】 家庭养老　社会养老　家庭养老文化　家庭结构　文化自觉

Socialized Family Support：the Future Development of the Family Support in China

Xiang Zheng　Wang Chaoqun

(School of Labor and Human Resource, Renmin University of China;
The Institute of Public Administration, Renmin University of China)

Abstract The current research about family support for the elderly showed considerable controversy. The main reason is that the two sides are based on different theories and logic. This paper presents some current misunderstandings, emphasizes the interactive relation between industrialization and family structure is rather than one-way relation, which means one is determined by another. The kernelization of the family structure does not necessarily lead to function weakening of family support for the elderly. The culture of family support for the elderly rather than family structure determines the function of family support for the elderly. We should have abasiccultural consciousness and recognize that the importance of China's valuable traditional culture of family support for the elderly and its impact on China's industrialization.

Key words Family Support for the Elderly　Support for the Elderly　Culture of Family Supporting　Family Structure　Cultural Awareness

　　基于我国工业化、城市化发展的社会背景，学界对我国家庭养老未来发展的认识有较大分歧。部分研究的主要逻辑思路是，家庭在与工业化、城市化相伴的家庭结构核心化趋势下，养老功能遭到了极大的削弱，未来家庭养老必然被社会养老取代。在这种逻辑的指导

作者：向征，中国人民大学劳动人事学院博士研究生；王超群，中国人民大学公共管理学院博士研究生。本文受中国人民大学研究生科学研究基金项目"我国家庭养老当代发展——基于制度文化视角的研究"资助，项目编号："13XNH119"。

下，许多研究者发现城市化和工业化、① 外出务工、② 独生子女政策、③ 家庭子女数、④ 以及家庭规模变化⑤削弱了家庭养老功能，未来必将走向社会养老。与此有不同立场的研究则在实证和理论论述两个层面对此进行了反驳。部分实证研究发现，外出务工子女的孝顺观念没有因外出发生明显改变，⑥ 子女外出务工对"空巢"家庭养老的影响程度因人而异。⑦ 虽然独生子女的养老经济负担并不乐观，但独生子女因素并不是影响其承担养老经济负担的显著性因素，⑧ 许多研究过分夸大了独生子女家庭老年人供养负担的严重性。⑨ 一些基于大型经验调查数据上的研究发现，子女数对家庭养老的经济供养、生活照料和精神慰藉三种功能没有直接影响或影响甚微。⑩ 因此，简单地认为城市化、市场化、人口流动、家庭小型化等等导致家庭养老观念弱化，缺乏事实依据。⑪ 在理论论述层面，有学者从方法论的角度指出，很多实证研究只根据经验或主观判断去选择调查地点，代表性不足。⑫ 另有部分学者，则强调我国传统家庭文化对家庭养老的支撑作用，认为工业化的确导致了阶段性的家庭养老的矛盾，但不应放弃传承了几千年的家庭养老文化。家庭养老受到我国"孝"道伦理、法律和老年人的心理需求以及"未富先老"国情的制约等因素的支持，仍具有顽强的生命力。

出现上述认识分歧的主要原因在于双方依据的理论基础和逻辑推论不同。认为家庭养老必然衰弱而被社会养老替代论者，以西方工业化与家庭变迁的历史互动为经验依据，强调我国工业化、城市化背景下的家庭核心化导致家庭养老功能弱化，家庭养老必然走向社会化。但这种论述若不加深入分析，有陷入"西方中心主义"话语之嫌。而强调我国养老保障应基于我国独特家庭养老制度文化论者，又尚未对家庭养老中的一些重要问题予以清晰论述，如，如何从功能与文化内涵两个层面对家庭养老进行分析，我国当前呈现的家庭结构核心化趋势是否必然导致我国家庭养老功能的弱化，社会养老是否必然且应当取代家庭养老，家庭养老及其文化如何在当前历史条件下得以传承与发展等。正因如此，本文认为，当前的家庭养老研究，除了实证性经验研究有待更系统全面地展开之外，研究中的一些基本问题亟须进一步探讨与厘清。

一、文化内涵：超越对家庭养老的功能性认识

对家庭养老必然衰退的认识，停留在对家庭所具备的养老这一功能的理解层面。即仅仅将家庭养老作为一种养老手段进行对待。主要表现在两个方面，一是对家庭养老进行功能

---

① 孙鹃娟. 劳动力迁移过程中的农村留守老人照料问题研究 [J]. 人口学刊, 2006, (4).
② 张文娟, 李树茁. 劳动力外流对农村家庭养老的影响分析 [J]. 中国软科学, 2004, (8).
③ 周长洪, 刘颂等. 农村独生子女老年父母家庭结构与空巢特征——基于全国5区县调查 [J]. 人口与经济, 2011, (2).
④ 周德禄. 农村独生子女家庭养老保障的弱势地位与对策研究 [J]. 人口学刊, 2011, (5).
⑤ 周莹, 梁鸿. 中国农村传统家庭养老保障模式不可持续性研究, 经济体制改革, 2006, (5).
⑥ 杜鹏, 丁志宏等. 农村子女外出务工对留守老人的影响 [J]. 人口研究, 2004, (6).
⑦ 罗芳, 彭代彦. 子女外出务工对农村"空巢"家庭养老影响的实证分析 [J]. 中国农村经济, 2007, (6).
⑧ 石燕. 关于我国独生子女养老经济负担的调查研究——以镇江为例中国青年研究 [J]. 中国软科学, 2008, (10).
⑨ 原新. 独生子女家庭的养老支持——从人口学视角的分析 [J]. 人口研究, 2004, (5).
⑩ 夏传玲, 麻凤利. 子女数对家庭养老功能的影响 [J]. 人口研究, 1995, (1).
⑪ 韦克难, 许传新. 家庭养老观：削弱抑或强化——来自四川省的实证调查 [J]. 学习与实践, 2011, (11).
⑫ 徐俊, 风笑天. 我国第一代独生子女家庭的养老问题研究 [J]. 人口与经济, 2011, (5).

上、物化属性上的"弱化"或"强化"的"量化"分析,将养老功能在不同的社会主体下进行此消彼长的"强化"或者"弱化"的比较,由此养老功能在不同主体间"剥离"及"转化"通道,进而建立起家庭养老(功能)不断弱化并向社会养老(功能)"转化"或为社会养老所"替代"的逻辑基础,形成了家庭养老"转化替代论"。①②③④另一方面,在对家庭养老进行量化分析的基础上,强调家庭养老的时效性以及相应的阶段性意义,即将家庭养老按照对其功能的需要与可替代性进行不同历史阶段的划分,指出家庭养老处于不同历史阶段在养老保障中与社会养老的主次地位关系,形成将社会养老与家庭养老在不同发展阶段进行作用的主辅责任划分的"阶段主次论"。⑤⑥以上两种研究都将家庭养老功能性价值当成家庭养老的全部价值,将家庭养老的功能性内涵作为了家庭养老的全部内涵,也由此将家庭养老与社会养老二者的责任进行或者主次、或者替换与被替换的不相容的机械分割。

显然,家庭养老的价值与内涵远超出了它的功能性与手段性。家庭养老在长远的历史发展过程中积淀下深刻的文化内涵与人文心理印迹,使家庭养老具有深远的文化价值与人文价值。从文化意涵来讲,家庭养老具有超出物化的功能价值的不可替代性及人文心理传承上的不可磨灭性。"作为文化模式,家庭养老体现了中华民族的价值观和优秀传统。只要中华民族存在,家庭养老文化就会存在。"⑦"家庭养老作为制度和模式是不会消亡的。"⑧ 在这个认识基础上,家庭养老的发展也具有文化与制度意义上的动态性与发展性。家庭养老作为一项优质的文化资源不但不能任由其自生自灭的"弱化",而应当在新时代条件下使之巩固并发展。有学者在分析时代条件变化的前提下,对家庭养老文化的弱化进行诠释,指出应当注意培育符合新时代条件下的家庭养老文化内涵,⑨ 值得我们引起重视与思考。简单谈家庭养老的弱化乃至被替代,显然是对家庭养老的文化意涵缺乏认识与理解造成的。

基于对家庭养老文化内涵的把握,在家庭养老与社会养老关系上同样也应该有新的认识。社会养老机制是直到近现代社会发展水平达到一定程度条件下发展而来的养老机制,其功能性价值可以随着社会发展水平的不断提高而丰富完善,但是家庭养老中饱含的诸如亲情责任的承担、情感需求的满足等文化与人文心理的内涵与价值,显然不能被社会养老所"替代",也无从向社会养老所"转化"。

二、中国与西方早期工业化国家的家庭养老文化差异

为当前学界所常引述的家庭现代化理论,基于西方的社会历史经验,认为"孤立的核心

---

① 张敏杰. 中外家庭养老方式比较和中国养老方式的完善 [J]. 社会学研究,1994,(4).
② 刘庚长. 我国农村家庭养老存在的老东石出与转变的条件 [J]. 人口研究,1999,(3).
③ 周莹,梁鸿. 中国农村传统家庭养老保障模式不可持续性研究 [J]. 经济体制改革,2006,(5).
④ 毕可影,曾瑞明,梁瑞敏. 中国农村传统家庭养老保障模式研究 [J]. 改革与战略,2011,(2).
⑤ 刘晓梅. 我国社会养老服务面临的形势及路径选择 [J]. 人口研究,2012,(5).
⑥ 林源. 家庭养老是现阶段农村养老保障制度的主体 [J]. 改革与战略,2010,(12).
⑦ 姚远. 中国家庭养老研究述评 [J]. 人口与经济,2001,(1).
⑧ 穆光宗. 家庭养老制度的传统与变革 [J]. 北京:华龄出版社,2002:310.
⑨ 姚远. 对中国家庭养老弱化的文化诠释 [J]. 人口研究,1998,(5).

家庭"最适合现代工业社会功能,因而必然成为典型的家庭形式。① 而古德的"角色交易"理论,认为工业化向许多人提供了一种更好的交易,人们不与核心家庭外的亲属保持密切而频繁的接触得益更大,因而趋向于破坏扩大家庭和较大的亲属群体,造成家庭核心化,而核心家庭结构及其制度文化"适合"于工业化城市化进程。② 这也构成了部分关于我国家庭养老的研究,从工业化背景下的家庭结构核心化到家庭养老弱化逻辑线索的重要理论依据。

然而,应当清醒地看到,在西方工业化与家庭结构变迁的互动路径之外,包括中国在内的东方国家基于自身的家庭制度文化,其家庭变迁与工业化的互动有着与西方截然不同的发展结果。许多东亚国家如日本、韩国、新加坡保留了传统的大家庭或主干家庭结构,在家庭文化上是以大家庭或者主干家庭的方式进入到工业化进程的。日本,到完成工业化城市化的1997年止,65岁以上老年人家庭中"三世同堂家庭"占到了30.2%。③ 而我国当代的家庭变迁中,核心家庭结构、小规模家庭呈现增长的趋势,但主干家庭仍是最稳定的家庭结构,保持次高的比例。④ 在21世纪初,我国的家庭结构中,甚至出现主要因为人口寿命增长而发生的主干家庭增多的现象,全国城乡老年人口与子女一起生活的约占80%以上。⑤ 而韩国和台湾地区在当前社会经济发展条件下,在抵抗收入不公与贫困中仍然保持了基于家庭的私人转移支付高于公共部门的现状。⑥ 这些现象,都反映了东亚等国家和地区在区别于西方的家庭文化制度下,呈现的不同于西方的家庭和工业化、城市化互动关系。

对以上东亚国家和地区与西方早期工业化国家在家庭变迁与工业化、城市化互动关系上的差异,需要放到家庭文化差异比较中来分析。包括我国在内的儒家文明下的东亚国家有着悠久的家庭养老制度和文化传统,家庭的社会功能一度不仅具有文化和亲情意义,还具有国家与社会治理的价值,这一点与西方的家庭文化有着根本的区别。家国同构的社会结构、通过家庭与宗族实现社会控制的政治统治、"修身齐家治国平天下"的社会价值理念等等,正是儒家文明下传统家庭制度超越文化内涵的社会制度价值的体现。在儒家文明的深刻影响下,受到严格规范的家庭社会功能与整个社会政治经济制度以及社会价值体系紧密联系、相互依存,且深刻植根于整个社会文明体系。这种传统家庭文化的深刻影响与传承也是包括中、日、韩在内许多东亚国家和地区的家庭养老及其他家庭社会功能,在经历了来自西方的近现代工业文明的强烈冲击,仍然能较好保留并继续发挥社会作用的根本原因。家庭养老制度文化积淀下的社会文化心理效应在当代仍在作用且仍在持久,仍然深刻的作用于国人的心理与情感。而从现有的研究来看,西方的家庭代际养老关系虽然作为非正式关系网络属于重要非正式资源,但代际赡养的关系却并没有如此的紧密,这是西方历来以核心家庭结构传统为主的基本文化背景。基于此,我国包括家庭养老在内的家庭文化在工业化、城市化的背景

---

① Parsons, T. The Kinship System of the Contemporary United States., *American Anthropolo-gist*, New Series 45.1.(1943).
② 古德,魏章玲译. 家庭[M]. 北京:社会科学文献出版社,1986:244-253.
③ 王伟. 日本家庭变迁与老年人问题[J]. 日本学刊,2001,(1).
④ 王跃生. 当代中国家庭结构变动分析[J]. 中国社会科学,2006,(1).
⑤ 田雪原主编. 中国老年人口(社会)[M]. 北京:社会科学文献出版社,2007:93.
⑥ Jin Wook Kim, Young Jun Choi. Does family still matter? Public and Private Transfers in Emerging Welfare State Systems In a Comparative Perspective. *International Journal of Social Welfare*,2011:20.

下完全可能经历与西方不一样的历史演变。中国有着自己深厚的传统，中国家庭有着自己独特的价值观和生活方式，即使中国社会发展循着西方工业化的发展道路，中国的家庭变迁依然可以展现出自己独特的变迁路径和现代家庭模式。①

对我国自身家庭文化的认识与理解，是我们准确把握我国工业化进程下包括家庭养老在内的家庭文化发展演变，避免陷入"西方中心主义"迷思的基本前提。有学者对"西方中心主义"的思考模式进行了冷静的反思，提出比较研究中的"制度分析方法"②指出，长期以来西方现代化模式自觉或不自觉地使西方中心论的思维方式成为人们的一种思维定式。在此思维惯性的作用下，人们通常以西方现代化的标准去评价和估量非西方国家的发展模式，不对自身处于隐性状态的文化发展、观念习俗、意识与集体无意识等给予深切地关注。这对我国当前建设和发展自身养老保障体系的启示在于，应对我国深厚传统文化以及由此形成的特有社会文化资源和人文心理特征进行充分挖掘和有效利用，而非简单借鉴西方经验，照搬西方模式走西方的老路。

三、我国家庭结构变迁下的家庭养老文化传承与发展

我国当代的家庭变迁中，核心家庭结构、小规模家庭呈现增长的趋势。③而这也成为家庭养老功能弱化的经验证据之一。然而在核心家庭及小规模家庭呈现不断上升趋势的现实背景下，同样应该冷静审慎的思考家庭结构与家庭养老制度文化之间的内在互动关系。家庭结构的变迁并不意味着家庭养老制度文化的削弱。这是因为，家庭形态的变化并不决定家庭功能与制度的变化。比起家庭形态，家庭制度与文化是家庭发展变迁中更具内在性与稳定性的内涵，也具有更强的生命力与发展性。发展的家庭现代化理论在对经典家庭现代化理论的修正中，对家庭变迁研究的分析范畴进行了从家庭结构到家庭关系与制度的转变，指出家庭结构不能准确反映家庭的变迁，家庭关系、家庭制度的转变才是判定家庭变迁的主要内容。④如果以此反观我国的家庭变迁，在家庭结构形态发生改变的当前，尤其应该注重把握超越于家庭结构而存在的，表现为家庭变迁中更为稳定的内核性的家庭制度文化。

部分研究所展现的中国经验证据支持了这一点。中国社会科学院对5个城市的调查发现，中国城市家庭文化特征表现为"核心家庭网络化"，即中国城市的核心家庭仍然与亲属网络保持着密切的联系，子女与父母依然在很大程度上维持着传统的"团结"。⑤在农村，如果说人口流动、生育政策等成为影响家庭形态变化的重要因素，诸多的研究也表明，它们并未给农村家庭养老的观念带来根本性的影响，传承于传统家庭关系与制度文化中的农村家庭养老文化心理并未因家庭结构的变化而发生根本性动摇，其根基仍然牢固。⑥上文已经指出，在家庭文化制度这一影响家庭变迁的内核因素的稳定作用下，历经两百多年的发展演

---

① 马春华，石金群等．中国城市家庭变迁的趋势和最新发现［J］．社会学研究，2011，（1）．
② 林义．制度分析及其方法论意义［J］．经济学家，2001，（4）．
③ 王跃生．当代中国家庭结构变动分析［J］．中国社会科学，2006，（1）．
④ 唐灿．家庭现代化理论及其发展的回顾与评述［J］．社会学研究，2010，（3）．
⑤ 唐灿，陈午晴．中国城市家庭的亲属关系——基于五城市家庭结构与家庭关系调查［J］．江苏社会科学，2012，（2）．
⑥ 钟永圣，李增森．中国传统家庭养老的演进：文化伦理观念的转变结果［J］．人口学刊，2006，（2）．

变，我国的家庭结构模式一直保持相对稳定状态，尤其几代同堂的主干家庭比例一直保持基本稳定。①

中国家庭文化，尤其是其中的家庭养老制度文化，并未因家庭结构的发展演变而发生根本性转变，这从某种程度上印证和修正了的家庭现代化理论关于家庭关系、家庭制度的转变才是判定家庭变迁的主要内容的论述。家庭关系及其衍生出的家庭制度、家庭功能机制应当是我们把握家庭变迁的根本要素，通过对这些要素的审慎与积极的把握，才是在当前家庭变迁条件下分析与把握家庭养老制度文化发展演变的出发点。

四、家庭养老社会化——家庭养老的"现代化"发展

家庭养老的制度文化来自于我们的传统，但"传统不同于传统主义"，是"可以重新理解和调整的"。② 家庭养老在其基本文化意涵得以传承并发展的前提下，实现方式可以多样化，以向符合当代社会发展需要的"现代化"方向发展。可以从文化意涵相对稳定的家庭养老"文化模式"，与相对变动的养老"运作方式"两个层面③去分析。

首先，家庭养老文化模式层面，家庭养老文化意涵的"现代化"。家庭养老的文化模式具有稳定性特征，但在新的时代发展条件下，其同样有可更新性与发展性。费孝通在谈到中国的反馈型的家庭养老模式时认为："'养儿防老'是均衡社会成员世代间取予的中国传统模式。这种模式有其历史上的经济基础，经济基础的改变，这种模式当然是也要改变的。"④ 而这种"改变"不是弱化甚至消亡，而是更新与发展。家庭养老文化意涵中"孝老爱亲"文化体现出的基于家庭的朴素与温暖的情感与责任，以及由此衍生的"老吾老以及人之老"的"尊老""敬老"的和谐社会礼仪风尚，在当代社会经济发展中具有深刻影响力与发展的生命力，应当继续保留并发扬发展成为我国现代家庭养老文化模式中符合时代条件的新文化内涵。

其次，养老的运作模式上，有必要区分出"家庭养老""社会养老"与"社会化养老"的概念。"家庭养老"与"社会养老"是对应的一组概念，两者区别的关键在于供养主体的区别。家庭养老是"家庭"即指老人子女及其家庭网络亲属作为责任主体提供经济、照料、精神慰藉等养老资源的养老形式；"社会养老"则是指"社会"作为养老主体，即政府主导，社会机构、企业等作为责任主体提供相应养老资源的养老机制，简言之，即"政府、集体（社会）、企业的养老行为"⑤。两者的根本区别是养老的责任主体，即养老责任承担者的区别，主要表现为养老资源的"购买者"是谁。但"社会化养老"则是超出两者的。"社会化养老"只是规定了养老功能机制，而没有规定养老的责任主体。社会化的养老，既可以是子女或亲属为老人购买社会化养老资源（如养老服务机构）而提供的养老保障，也可以是政府及相关社会主体购买社会资源进行的养老保障。家庭养老在责任主体没有发生改变的情况下，其功能向家庭外转移，通过社会化养老的方式实现家庭的养老责任，则为"家庭养老的

---

① 王跃生. 当代中国家庭结构变动分析 [J]. 中国社会科学, 2006, (1).
② 赫特尔, 马克. 变动中的家庭——跨文化的透视 [M]. 宋践, 李茹译. 杭州：浙江人民出版社, 1988：47.
③ 姚远. 中国家庭养老研究 [M]. 北京：中国人口出版社, 2001：50—57.
④ 费孝通：家庭结构变动中的老年赡养问题 [J]. 北京大学学报（社科版）, 1983, (3).
⑤ 邬沧萍：在全国家庭养老与社会化养老服务会议上的讲话, 中国老年学杂志, 1998, (4).

社会化"。

家庭养老社会化的特点是区分养老中亲情、责任的文化意涵与手段、方式的功能意涵。在保留家庭养老中责任、亲情等文化内涵的前提下将部分功能向社会转移,对于在现实的社会发展条件下减轻家庭责任主体的养老负担,为家庭主体切实履行养老责任提供现实支持与保障,反之又促进家庭责任主体更好承担其养老责任,对维系家庭养老中的代际赡养责任、亲情互动起到正面的推动作用,形成良性循环。由此,家庭养老部分功能的社会化转移恰恰不是弱化家庭养老,而是有助于促进家庭养老在当代社会发展条件下的和谐发展。家庭养老的社会化,是传统家庭养老向现代化变革的重要部分,家庭和社会协力开创社会化养老的新时代,应成为家庭养老在未来发展的新方向。[①]

我国当前提出的大力发展"居家养老"以及由此延伸而出的社区养老,是基于我们家庭文化传统与社会发展现实,选择的一种社会化养老方式。"居家养老"是家庭与社会共同开创的一种社会化养老模式,是家庭养老与社会养老的一个典型结合,是家庭养老内涵在社会经济发展进步条件下的新发展,它依托家庭的物理空间,供养主体则可以是多元的,包括家庭与社会。在我国,居家养老具有极大的发展空间和生命力,家庭、政府与社会应当共同承担起相应的责任。

五、家庭养老传承与发展中的政府责任

(一)培养对家庭养老文化认同的文化自觉

家庭养老的当代发展,除了需要应对社会变迁等客观现实的挑战,全社会对待家庭养老的文化心态,即能否基于自身的文化认同而非外来"经验",正视与思考家庭养老的当代传承与发展,同样是需要面对的关键问题。如姚远指出"家庭养老功能弱化""家庭养老终将为社会化养老所替代"等缺乏深入研究验证的结论削减了人们研究家庭养老的热情,表现出一种漠视家庭养老作用和任由家庭养老自生自灭的心态。[②] 然而,家庭养老的文化制度在"功能弱化"的表象下仍然在顽强的自我调整并深刻的塑造着我们的社会发展与人文心理,而对我国工业化、城市化与家庭养老制度文化历史互动逻辑的深入研究,具有深刻的现实意义与学术价值,不能等闲视之。我们应努力重新塑造我们对于包括家庭文化在内的我国传统文化的"文化自觉",不轻易让家庭养老这一文化传统在我们手中因为某些历史阶段性的挑战而弱化甚至消亡,而应从更长远的历史视角、以更积极的态度,去面对家庭养老在当前的社会经济发展条件下的传承与发展。

(二)明确政策定位下的家庭养老发展

从现实来看,我国当前的家庭养老确实处在一方面承担着重要的养老社会功能,另一方面却得不到来自包括政府在内的全社会支持的尴尬处境中。"中国社会保障发展战略"中明确指出我国养老保障体系应当由家庭保障、基本养老保障、职业性养老保障和商业性养老保

---

① 穆光宗. 家庭养老制度的传统与变革 [J]. 北京:华龄出版社,2002:414.
② 姚远. 中国家庭养老研究 [M]. 北京:中国人口出版社,2001:50—57.

障四个层次组成。而家庭养老"不仅能够发挥相应的养老保障作用，而且这种作用因为具有亲缘关系、情感因素在内，更具人性色彩，从而是值得倡导并通过相应的家庭政策加以扶持的。"[①] 家庭保障不是游离于"正式的"政策制度体系之外的"非正式"制度，应通过正式制度的方式予以支持。而目前，国家在基本社会养老保障制度的建立与完善上有较大投入，而对家庭保障这一不可替代的基础性保障机制仍缺乏系统的政策与制度扶持。

2011年中共中央政治局第二十八次集体学习提出建立健全家庭发展政策，切实促进家庭和谐幸福，加大老年人家庭、留守人口家庭等特殊困难家庭的扶助力度。《中国老龄事业发展"十二五"规划》中专门提出老年人家庭建设问题，其中提到了完善"家庭养老支持政策"，包括完善老年人口户籍迁移管理政策，为老年人随赡养人迁徙提供条件；健全家庭养老保障和照料服务扶持政策，完善农村计划生育家庭奖励扶助制度和计划生育家庭特别扶助制度，落实城镇独生子女父母年老奖励政策，建立奖励扶助金动态调整机制等。"家庭养老支持政策"的提出进一步明确了家庭养老在养老保障体系中的地位，以及国家对家庭养老的扶持责任，有利于家庭养老的巩固与发展。这将极大缓解我国家庭养老面临的现实压力并进一步促进家庭养老的当代发展，对传承优质传统文化、丰富我国当代社会文化资源具有重要意义。而"家庭养老支持政策"的提出具有较强的政策意义及研究价值，在我国政策界与学界尚属于较新的概念。对此，对其内涵、所包括的范围、在社会保障体系中的定位的研究都有待进一步深入。

---

① 郑功成. 中国社会保障发展战略（养老保障卷）[M]. 北京：人民出版社，2008：13.

中国与世界经合组织 OECD 成员国医疗保障开支比较研究
——基于总量开支、公共开支、政府开支的贡献分析

[香港] 徐光毅　邱小丹

【摘要】 中国已成为世界第二大经济体，社会福利发展与改善方面却并未达到与经济发展相似的高速度，在医疗保障领域亦是如此。本文研究以世界经济合作与发展组织（OECD）参考标准评估中国医疗保障开支在总量、公共以及政府三个层次的开支水平，并与典型的 OECD 国家进行比较研究，包括德国、美国、英国、日本、韩国和墨西哥等。结果表明，中国医疗保障开支所有评测指标均低于 OECD 平均水平，但部分指标评测结果优于观测域内的其他 OECD 国家，值得肯定。

【关键词】 医疗保障开支　贡献分析　世界经济合作与发展组织　比较研究

Comparative Research on Health Expenditure Between China & OECD Countries
——Contribution Evaluation of Total, Public & Government Expenditure

Xu Guangyi　Qiu Xiaodan

(Hong Kong Institute of Health Economics; University of Wales, UK; Hong Kong Institute of Health Economics; Hong Kong Polytechnic University)

Abstract Chinese economy is growing in high speed and already become the second largest economic district in the world. However, social welfare in China do not improvement in the same high-speed pace than economic development, health care is with no exception. In this paper, the research team will evaluate China health care expenditure in total, public and government expenditure level base on OECD average standard, commence comparative research with China and typical OECD countries including Germany, United States, United Kingdom, Japan, Korea and Mexico. The result shows most of the China health care expenditure status maintain in lower-average class than OECD standard. However, even in low performance section, Chinese government expenditure performance is higher compare to most of the OECD countries in observation, which is a good result that needs to be encouraged and praised.

作者：徐光毅，经济学学士，工商管理硕士；香港卫生经济学会秘书长、国际健康经济协会（iHEA，美国）会员；研究方向：健康经济与管理、医疗保障等。邱小丹，医学学士，工商管理硕士，社会医学与卫生事业管理博士；香港卫生经济学会会长、香港理工大学公共政策研究所荣誉博士；研究方向：健康经济与管理、医疗保障、医药市场、人口劳工等。

Key words Health Expenditure　Contribution Evaluation　OECD　Comparative Research

一、引言

改革开放 30 年以来，中国经济保持高速增长，现已成为世界第二大经济体。然而，中国的社会福利发展与改善方面并未达到与经济发展相似的高速度，在医疗保障领域亦是如此。本文尝试运用世界经济合作与发展组织（OECD）国际标准，评估中国的医疗保障开支状况，该标准已被广泛应用在超过 34 个国家和地区中，具有较高可信度与适应性，有利于客观地评估衡量中国在全球医疗保障开支发展水平的高低。

本项研究的特色与创新之处：首次对 OECD 国家医疗保障五维度指标进行随年份数据调整的未加权算术平均分值演算与分析；首次应用三重叠乘法对无统计数据的 OECD 国家政府医疗保障开支与国内生产总值（GDP）进行演算并分析；首次应用基于排序分值和以 OECD 为基准计算五边形面积的两种类型的五维度雷达图方法，解析各国指标优劣、模式特征、综合实力、平均达标率，以及医疗保障发展类型；首次对中国及 OECD 国家医疗保障五维度指标发展状况进行现状解析、现象归因、横向对比和实证探索。

二、数据来源与解析方法

本文所用的原始数据均源于世界经济合作与发展组织（OECD）、中国国家卫生部、中国国家统计局等相关机构公布的统计报告或年鉴。如未特别标示，相关数据、图表的统计、整合、演算数据均源于前述的原始文档。

百分比横向比较是本文主要运用的研究方法，通过对总量、公共、政府等医疗保障开支互相比较，并探究其与国内生产总值（GDP），政府总开支等因素所形成的比例关系，研究数据将作为相应医疗保障开支贡献度的主要测评指标。

本研究中考察的 OECD 国家主要包括德国、美国、英国、日本、韩国和墨西哥。特别需要说明的是，每章节中世界经济合作与发展组织平均分值为演算结果数据；由于不同年份 OECD 国家与地区的数量会因缺项 NA 数据而改变，因此，平均分值的计算采用当期所有显示数据的 OECD 国家与地区数值的未加权算术平均数，这种设计将反映当期所有 OECD 国家与地区在该指标上的平均水平高低。

特别需要指出的是，在政府医疗保障开支占国内生产总值（GDP）的比重计算中本文采用三重叠乘的方法，因为现有数据无法直接计算政府医疗保障开支与国内生产总值（GDP）的比例关系；为了实现一脉相承的比例联系，应用了三个比例相乘的方式计算：政府医疗开支占公共医疗开支比例，公共医疗开支占医疗保障总开支比例和医疗保障总开支比例占国内生产总值（GDP）比例。

最后，将所有研究对象的分值进行整理排序，按照先后顺序由高向低评分 8—1 分，并且运用源于财务分析的五维度雷达图表对结果进行诠释。通过运用雷达图分析，可以更加清晰的解析各个国家在不同维度指标上的优劣程度，利于分析国家医疗保障发展模式与特征；同时，雷达图曲线连成的阴影覆盖面积代表该国家排序分值的综合结果，即本研究中国家医疗保障发展的综合实力；根据最高分值和与 OECD 平均分值的关系，以及代表指标分值均衡程度的方差分析，还能够确定该国家相对于 OECD 水平的综合指标达标率以及划分不同发展类型，如综合发展型、发展潜力型、积极扩张型和稳中求升型。在基于排序分值计算雷达图的基础上，本文还利用三角函数公式计算不规则五边形的面积，以OECD作为基准值1，得出不同国家相对于OECD实际面积标准的得分，更为直观地反映各国与OECD相比的优劣。

三、医疗保障总开支占国内生产总值（GDP）比重比较

医疗保障总开支占国内生产总值（GDP）比重能够诠释医疗保障投资在整个经济体系中的比重，是医疗保障研究领域最常见的跨区域横向比较指标。

图1数据分析结果显示，中国在1990—2009年共计20年间平均得分4.37%，该指标得分在研究考察的OECD国家与地区水平中位列最低级别，低于研究考察OECD国家与地区中处于底线位置的韩国，而同一时期，OECD国家与地区平均得分7.97%。在研究考察的OECD国家与地区中，美国位列第一，平均得分14.51%；德国位列第二，平均得分10.20%；英国位列第三，平均得分7.39%；日本位列第四，平均得分6.99%；墨西哥位列第五，平均得分5.35%；韩国位列第六，虽然平均得分4.81%，低于墨西哥，但从2006年开始每年超越墨西哥，具有较大发展提升空间。

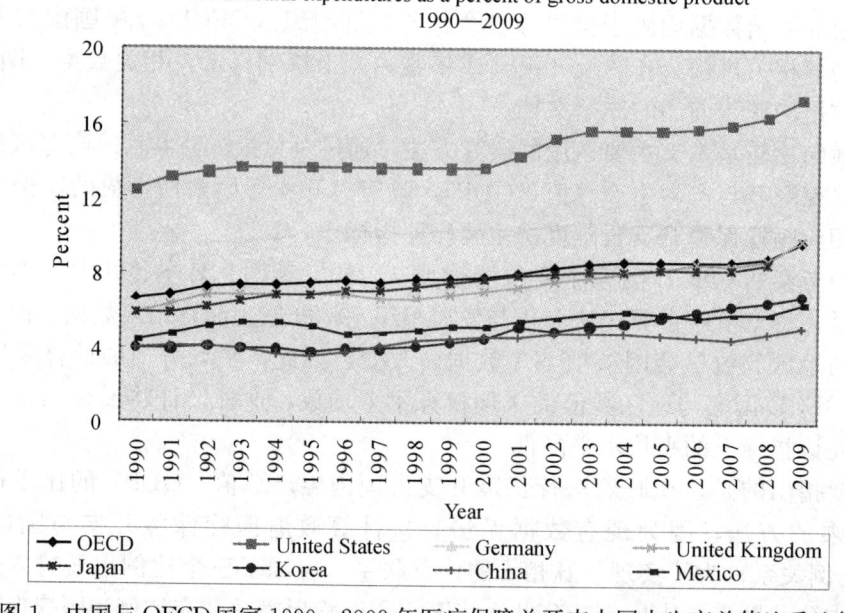

图1 中国与OECD国家1990—2009年医疗保障总开支占国内生产总值比重比较

根据图1研究分析结果表明，一方面，中国的医疗保障开支水平在全球范围内仍处于初级发展阶段，目前很难与较发达的国家与地区，如美国、英国、德国等匹敌，并且这种差距将会在相当长的时间内维持；另一方面，20世纪的中国拥有较年轻的人口结构，人们的健康意识不足等，明显有别于发达国家和地区，这种状况将在一定程度上影响医疗保障需求的提升，也影响了政府对医疗保障领域的政策制定和发展规划，这可作为中国与OECD差距较大的一个合理解释。

四、公共医疗保障开支占医疗保障总开支比重比较

公共医疗保障开支占医疗保障总开支比重能够代表公共部门（政府机构与社会各界）的医疗保障投资在整个医疗保障供求体系中的地位，是界定公共参与和贡献大小的一个重要医疗保障发展指标。

图2数据分析结果显示，中国在1990—2009年共计20年间平均得分51.49%，该指标得分在研究考察的OECD国家与地区水平中位列第四，超过韩国的47.18%、墨西哥的47.02%和美国的43.19%；但仍低于同期OECD国家与地区平均水平的71.62%。在OECD国家与地区中，英国位列第一，平均得分81.99%；日本位列第二，平均得分80.29%；德国位列第三，平均得分78.99%；以上三个国家在该指标评测分均高于OECD平均得分。

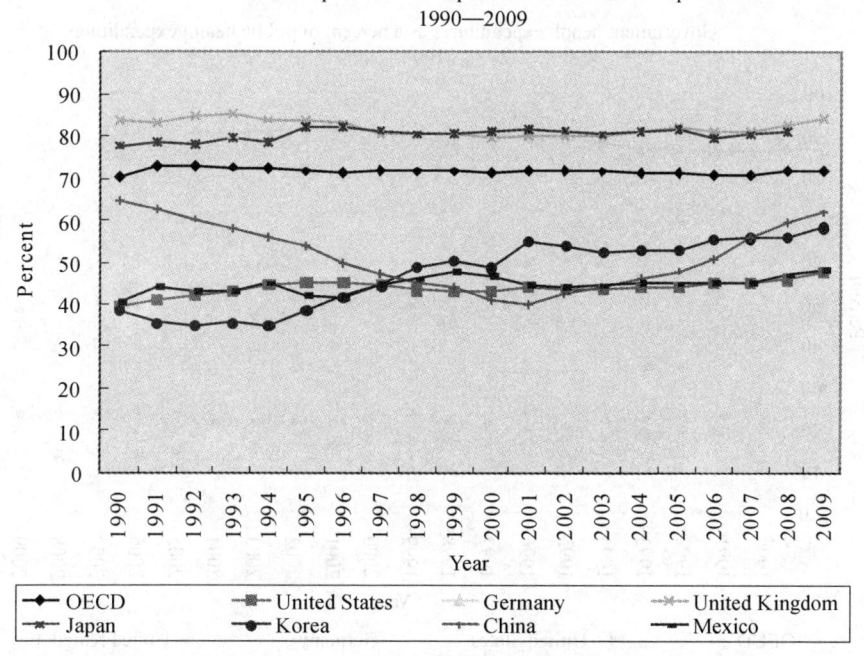

图2 中国与OECD国家1990—2009年公共医疗保障开支占医疗保障总开支比重比较

根据图2研究分析结果表明，中国公共部门在医疗保障开支领域的参与贡献度处于研究考察的OECD国家和地区的中等偏下水平。值得注意的是，自2001年以来，中国在该指标的得分持续上升，先后超越美国、墨西哥和韩国，并试图追赶OECD平均得分。

然而，每一个国家和地区均是独一无二的，医疗保障体系的构成差异将严重影响其公共医疗保障开支占医疗保障总开支比重。以美国为例，美国在前一指标中位列第一，而在本节中的测评得分最低，源于其私营部门占据医疗保障体系主体地位，进而削弱了公共部门的参与和贡献；英国具有政府主导型社会福利体系的传统，这使他们的公共医疗体系完全依赖于政府支持；而对于实施社会保障制度的中国和德国而言，公共部门为医疗保障融资的社会保障基金由个人、政府、企业、非政府组织、其他社会团体等共同承担。因此，单纯以公共医

疗保障开支占医疗保障总开支比重衡量医疗保障发展水平的评测标准可能有失公平。

五、政府医疗保障开支占公共医疗保障开支比重比较

政府医疗保障开支占公共医疗保障开支比重用于诠释政府投入在整个公共部门的医疗保障投资中的地位，是一个划分政府保障型与公共福利型医疗保障体系的重要指标。

图3数据分析结果显示，中国在1990—2009年共计20年间平均得分37.05%，可以被划归为初级政府保障型，该指标得分在研究考察的OECD国家与地区水平中位列第二，虽然，仍低于同期OECD国家与地区平均水平的55.92%，但中国在这一评测指标的得分处在上升区间。在其他研究考察的OECD国家与地区中，英国以纯政府保障型代表位列第一，平均得分99.99%；墨西哥位列第三，平均得分32.35%；韩国位列第四，平均得分22.10%；美国位列第五，平均得分16.25%；日本位列第六，平均得分14.96%；德国位列第七，平均得分13.96%。

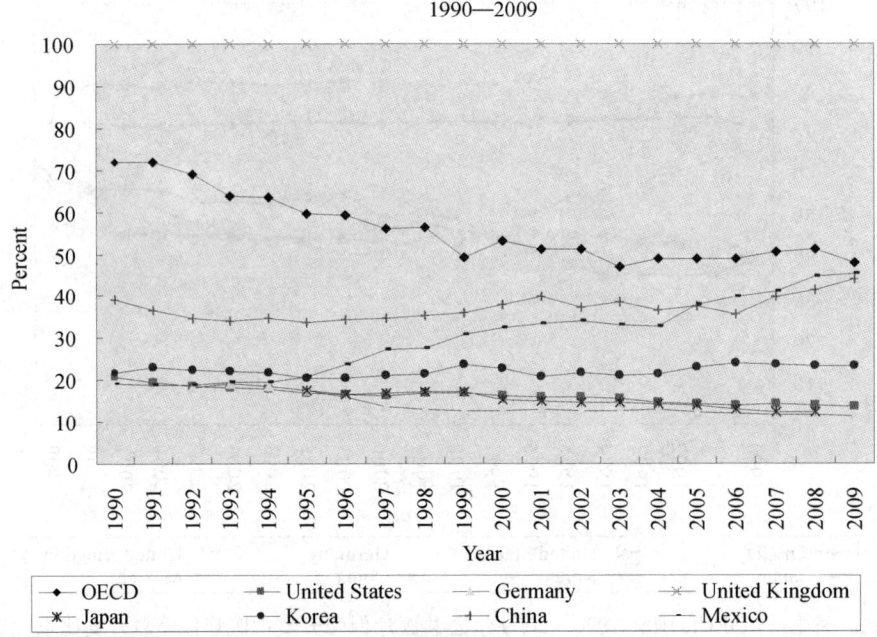

图3 中国与OECD国家1990—2009年政府医疗保障开支占公共医疗保障开支比重比较

值得注意的是，OECD国家与地区平均得分从1990年的70%以上下降到2009年的50%以下，并且呈持续下降趋势。这种趋势源于1990年至2009年间，更多的国家开始采用与美国、日本、德国等相似的全民医疗保障运营模式，即保持较低政府投入水平并持续减少追加政府投资，这种选择表明OECD较发达国家与地区的政府在医疗保障领域的参与和贡献度持续减弱，并且这一趋势还在扩大。

六、政府医疗保障开支占政府总开支比重比较

政府医疗保障开支占政府总开支比重将揭示医疗保障领域在一般政府开支中的地位，是

一个评价政府医疗保障参与度的重要指标。

图 4 数据分析结果显示，中国在 1990—2009 年共计 20 年间平均得分 5.196%，该指标得分在研究考察的 OECD 国家与地区水平中位列第二，虽然，仍低于同期 OECD 国家与地区平均水平的 7.21%，但中国在这一评测指标的得分也在不断晋级。在其他研究考察的 OECD 国家与地区中，英国再次位列第一，平均得分 13.71%；墨西哥位列第三，平均得分 5.13%；美国位列第四，平均得分 2.79%；日本位列第五，平均得分 2.61%；德国位列第六，平均得分 2.39%；韩国位列第七，平均得分 1.99%。

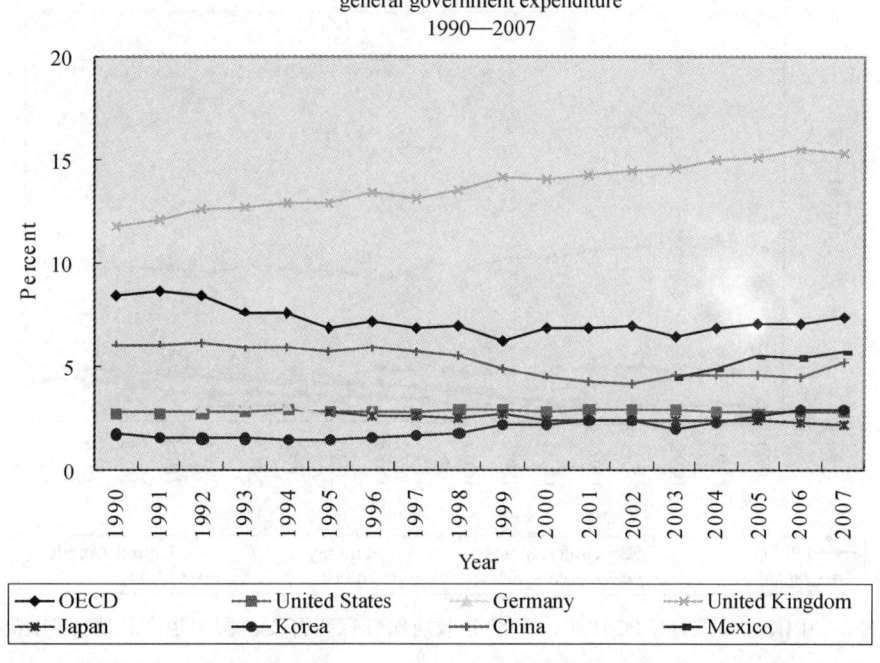

图 4　中国与 OECD 国家 1990—2007 年政府医疗保障开支占政府总开支比重比较

根据图 4 研究分析结果表明，中国在政府医疗保障开支占政府总开支比重这一评测指标上能够优于大部分研究考察的 OECD 国家，也许与 OECD 国家社会保险基金由非政府部门融资构成主体相关。例如，根据 2010 年中国城镇居民基本医疗保险评估报告显示，截至 2010 年年底，在城镇居住的人口中，51% 参加职工医疗保险，32% 参加居民医疗保险，8% 参加新农合或其他保险；多数地区居民医疗保险政策范围内住院费用支付比例达到 60%，社区就医的支付比例已经达到 75%，由此可见，医疗保险迅速扩大覆盖面是中国医疗保障开支占政府总开支比重加大的主要原因之一。因此，在一定程度上反映了 OECD 国家政府医疗保障开支占医疗总开支比例呈现出逐步降低的趋势。

七、政府医疗保障开支占国内生产总值（GDP）比重比较

政府医疗保障开支占国内生产总值（GDP）比重能够解析政府的医疗保障投资在整个经济系统中的地位，将用于评估政府医疗保障开支是否随经济发展改善与提升。

据图5数据分析结果显示,中国在1990—2009年共计20年间平均得分0.836%,该指标得分在研究考察的OECD国家与地区水平中位列第六,且低于同期OECD国家与地区平均水平的3.155%。在其他研究考察的OECD国家与地区中,英国再次位列第一,平均得分6.057%;墨西哥位列第二,平均得分3.105%;德国位列第三,平均得分1.131%;美国位列第四,平均得分1.025%;日本位列第五,平均得分0.934%;韩国位列第七,平均得分0.521%。

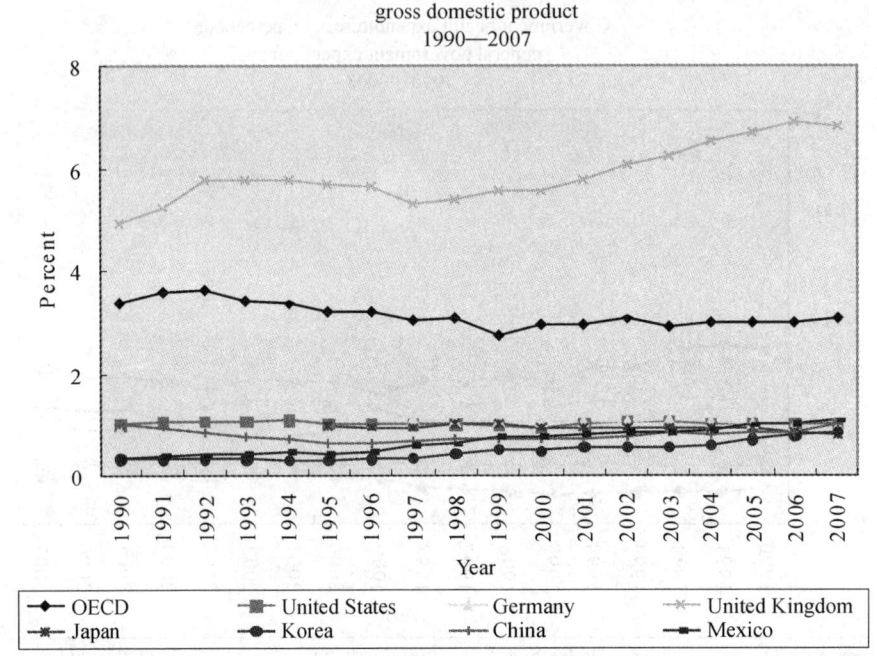

图5 中国与OECD国家1990—2007年政府医疗保障开支占国内生产总值比重比较

根据图5研究分析结果表明,中国在政府医疗保障开支占国内生产总值(GDP)比重这一评测指标上得分较低,表明政府医疗投入滞后于高速经济发展,考虑未来中国加速进入老龄化社会等问题,增加政府医疗保障开支是亟待解决问题之一。那么,为什么中国政府的投入比例占公共开支和政府总开支较高,而实际占GDP比例却较低呢?造成这一现象的原因是多方面的,首先,中国的医疗保障投入总体水平占GDP比重已经很低,因此,政府投入的比例很难突破这一瓶颈;其次,中国医疗保障体系也属于全民医疗保险型,政府在医疗保障领域的地位不同于作为融资主体的社会基金;再次,中国经济水平提升较快,而医疗保障事业发展滞后。

八、中国与OECD国家地区综合比较

通过整合本研究全部数据并对中国与OECD国家地区综合比较,中国医疗保障开支五维度指标得分均处于OECD平均分值水平以下。但是,中国在综合实力得分和OECD平均水平达标率上超越美国、日本和韩国,位列第四。

如图 6 所示，以排序分值为基础的五维度雷达图显示，OECD 平均水平属于综合发展型，在与所有研究范围内的国家间排名中，五维度指标平均得分为 6.4，综合实力得分 97.48，主要指标总开支占 GDP 排名第三，其他指标中三个排名第二，一个排名第四；总体水平较均衡，各指标排序得分差异最低，其方差计算值仅为 0.8。

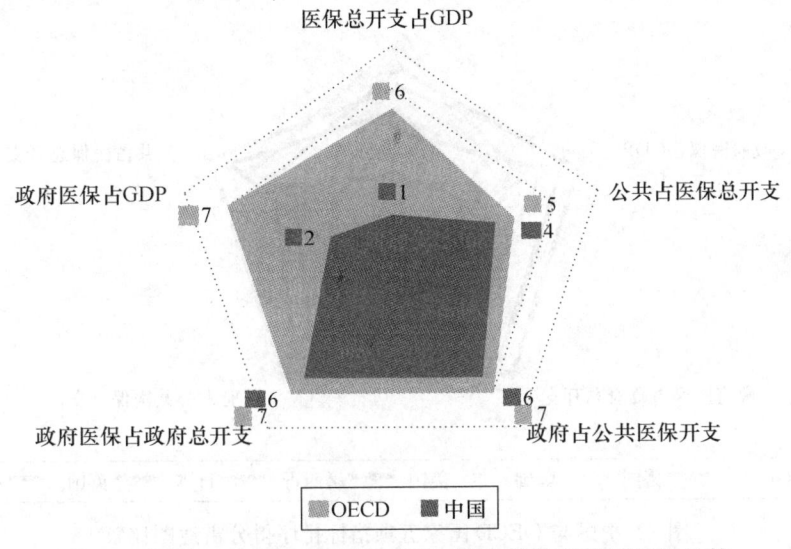

图 6　中国与 OECD 国家平均值五项指标排序得分雷达图比较

与 OECD 平均水平相比，中国属于发展潜力型，在与所有研究范围内的国家间排名中，五维度指标平均得分 3.8，综合实力得分 37.09，OECD 平均水平达标率 38.05%；主要指标总开支占 GDP 排名第八，其他指标中二个排名第三，一个排名第五，一个排名第七，主要指标排名靠后，其他指标水平较低但具有发展空间，各指标排序得分差异较大，方差计算值为 5.2。

值得肯定的是，中国在政府医疗保障占公共医疗保障开支、政府医疗保障占政府总开支和公共医疗保障占医疗保障开支三个指标排名比较靠前，仅与 OECD 平均分标准相差一位，这值得鼓励和赞扬。中国需要特别注意医疗保障总开支占 GDP 与政府医疗保障占 GDP 两个评测指标，在这两个指标上中国位列倒数排位，主要方向为提升医疗保障开支占 GDP 比例，表明医疗保障投资在经济总量中比重偏低，政府参与贡献度还存在进一步拓展的空间。

为了便于为中国设定努力目标与方向，本文将所有研究范围内的国家排名整合为图 7，并选取两个具有代表性与参考意义的 OECD 国家分析。英国属于稳中求升型，五维度指标平均得分 7.4 分，综合实力得分 129.34，OECD 平均水平达标率 132.68%，成为本研究中计算的最高综合水平；其在主要指标总开支占 GDP 排名第一且五个指标中有四个排位第一，仅有公共医疗开支占医疗开支总量这一个标准排名第四；总体水平亦较均衡，各指标排序得分差异较小，方差计算值为 1.8；表明英国医疗保障体系发展成熟，是高度发达福利国家的代表，其综合水平居于世界前列。德国属于积极扩张型，以五维度指标平均得分 4.2 分、综合实力得分 45.17、OECD 平均水平达标率 46.34% 的成绩位居第二；其主要指标总开支占 GDP 排名第二，五个指标有两个指标排名靠前，分别位于第三和第四，剩下两个指标则排名靠后,分别位于第七和第八;各指标排序得分差异明显,方差计算值为最高的6.7;表明德国医疗保障体系的核心融资水平较高,但在资金运用比例分配上发展不够均衡,还需合理匹配增强。

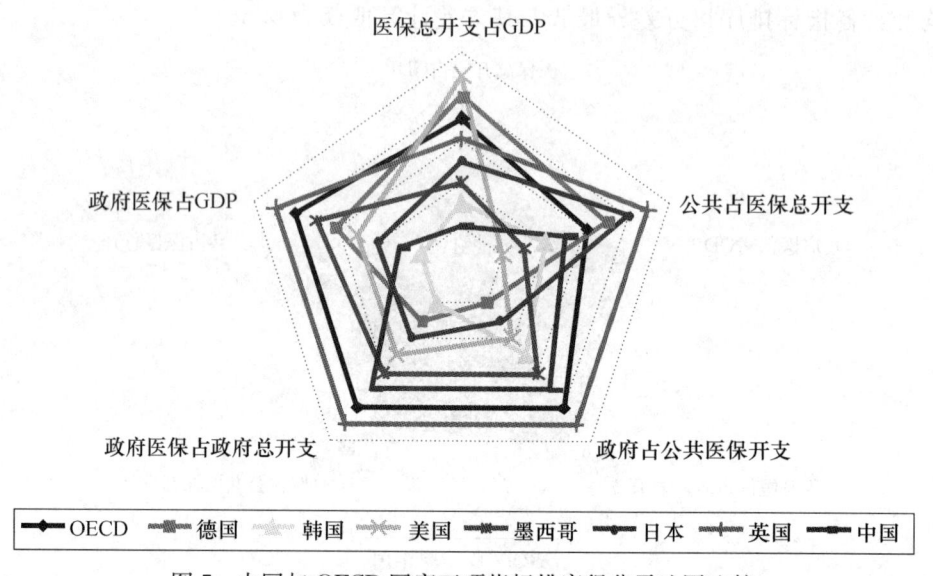

图7 中国与OECD国家五项指标排序得分雷达图比较

基于排序分布的五维度雷达具有一定的参考价值,但对于测量各国与OECD相比的真实水平与差距仍存在一定的局限性。因此,本文借助基于排序分布的五维度雷达经验,利用三角函数公式计算不规则五边形的面积,将OECD水平设定为基准值1,得出不同国家相对于OECD实际面积标准的得分,可以更为直观地反映各国与OECD平均水平相比的优劣。

如图8所示,基于面积总分的五维度雷达结果表明,英国仍然排名第一,与OECD平均基准水平比值高达2.388∶1。除医疗保障开支占GDP比例略低于OECD平均水平8%以外,其他四个关键指标均远高于OECD基准值,其中:公共医疗开支占医疗开支总量高于OECD水平15%;政府医疗开支占公共医疗开支高于OECD水平80%;政府医疗开支占政府开支总量与政府医疗开支占GDP均高于OECD水平90%。英国医疗保障开支占GDP比例略低于OECD水平表明,英国可能通过控制费用的方式逐步减少医疗保障投入总量的增长幅度;但是,另外四个指标远高于OECD同期水平则表明,英国政府在医疗保障领域仍保持较高的介入与控制,特别是政府医疗开支占GDP接近OECD同期水平2倍,进一步佐证了政府在降低医疗投入总量同时依然保持政府部门极高的医疗保障投入比率。

如图9所示,墨西哥与OECD平均基准水平比值为0.518∶1,超越德国上升至第二位。墨西哥的面积分布兼具均衡性与独特性:医疗保障开支占GDP比例低于OECD平均水平33%;公共医疗开支占医疗开支总量低于OECD水平35%;政府医疗开支占公共医疗开支低于OECD水平43%;政府医疗开支占政府开支总量低于OECD水平29%;唯独政府医疗开支占GDP一项关键指标均远高于另外四个指标,达到OECD基准值的98%。墨西哥没有一项关键指标超越OECD基准值水平,其总体水平却能超越多数发达国家,究其原因,墨

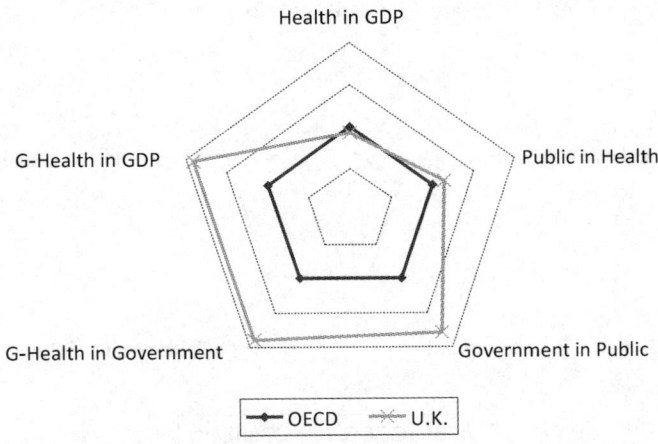

图 8 英国与 OECD 国家五项指标面积总分雷达图比较

西哥政府医疗保障投资的显著提升，使政府医疗开支占 GDP 接近 OECD 同期水平；同时，墨西哥在其他关键指标上保持与 OECD 水平相若的均衡发展，使其整体医疗保障发展水平更佳。

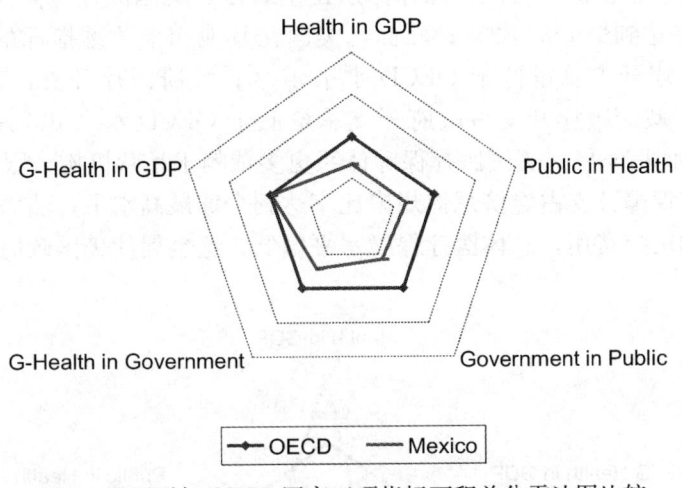

图 9 墨西哥与 OECD 国家五项指标面积总分雷达图比较

如图 10 所示，德国位居第三，与 OECD 平均基准水平比值为 0.470∶1，其面积分布具有全民医疗保险模式的典型特征。社会总体医疗投入水平处于中上游水平，医疗保障开支占 GDP 比例高于 OECD 平均水平 28%；公共医疗开支占医疗开支总量高于 OECD 水平 10%；然而，政府直接医疗保障投入有限，医疗保险共济基金的主要来源是企业和个人：政府医疗开支占公共医疗开支低于 OECD 水平 75%；政府医疗开支占政府开支总量低于 OECD 水平 67%；政府医疗开支占 GDP 低于 OECD 水平 65%。尽管德国政府在医疗卫生领域的管理与配置水平更高，但是直接投入量相比墨西哥较低，造成德国医疗保障发展方式与 OECD 相比缺乏政府投入领域的均衡性，因此，即使有两项关键指标超越 OECD 基准值水平，德国最终得分仍然低于墨西哥同期较为均衡的综合发展水平。

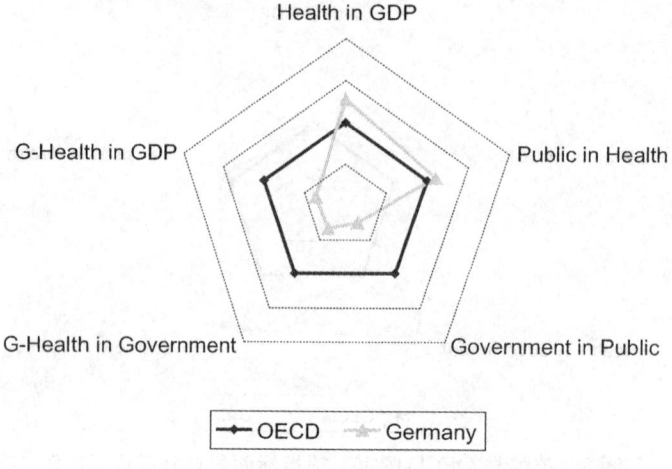

图 10 德国与 OECD 国家五项指标面积总分雷达图比较

如图 11 所示,美国面积分布呈现"一枝独秀"的特征,与 OECD 平均基准水平比值为 0.425∶1,排名第四。美国医疗保障开支占经济总体规模比例全球最高,但医疗保障体系更多依赖于私营部门,公营部门占医疗保障体系比重有限。美国医疗保障开支占 GDP 比例高于 OECD 平均水平达到惊人的 82%;然而,美国在其他四个关键指标的表现均较为弱势:公共医疗开支占医疗开支总量低于 OECD 水平 40%;政府医疗开支占公共医疗开支低于 OECD 水平 70%;政府医疗开支占政府开支总量低于 OECD 水平 62%;政府医疗开支占 GDP 低于 OECD 水平 68%。美国医疗保障体系更多依赖于私营机构,限制了公营机构的发展,使得美国医疗保障开支占经济总体规模比率达到全球最高水平;然而,大部分普通民众却无力负担高昂的医疗费用,总体医疗保障水平偏低,这也促使美国政府极力推进医疗体制改革以改善现状。

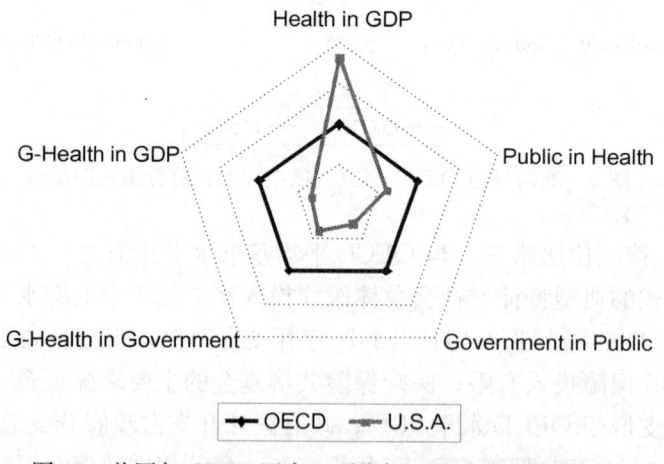

图 11 美国与 OECD 国家五项指标面积总分雷达图比较

如图 12 所示,日本位居第五,与 OECD 平均基准水平比值为 0.349∶1,其面积分布具有与德国类似的全民医疗保险模式特征。日本在一定程度上继承了德国全民医疗保障模式的基础构造，但在医疗保障开支占经济总体规模与公共开支占医疗开支总量两个指标上各有侧重。日本医疗保障开支占 GDP 比例低于 OECD 平均水平 20%；公共医疗开支占医疗开支总量高于 OECD 水平 12%；政府直接医疗保障投入同样欠缺，与德国同期具有相似的比例数值：政府医疗开支占公共医疗开支低于 OECD 水平 74%；政府医疗开支占政府开支总量低于 OECD 水平 64%；政府医疗开支占 GDP 低于 OECD 水平 70%。日本政府同样着力于医疗卫生领域的管理与运营，直接投入量也相对较低，造成日本医疗保障发展方式亦缺乏政府投入领域的均衡性；同时，仅有一项关键指标超越 OECD 基准值水平，使得日本最终得分低于德国。

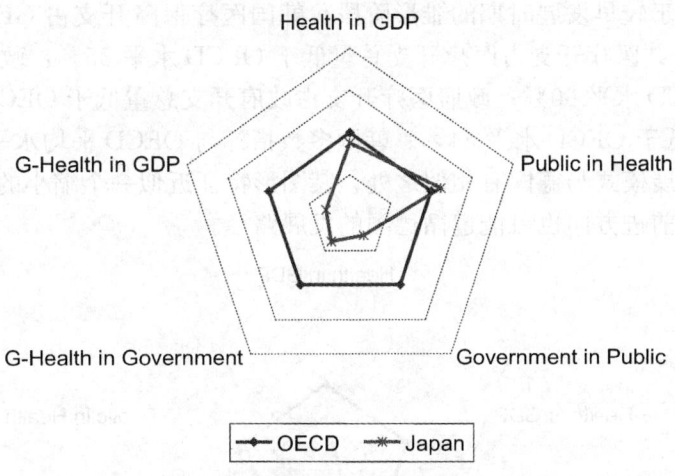

图 12　日本与 OECD 国家五项指标面积总分雷达图比较

如图 13 所示，中国与 OECD 平均基准水平比值为 0.337∶1，排名第六。中国的面积分布亦具有独特性，表现为公共部门比率指标得分普遍较高，且 GDP 单一指标压缩相关指标得分的二元链式特性：公共医疗开支占医疗开支总量仅低于 OECD 水平 29%，优于美国、

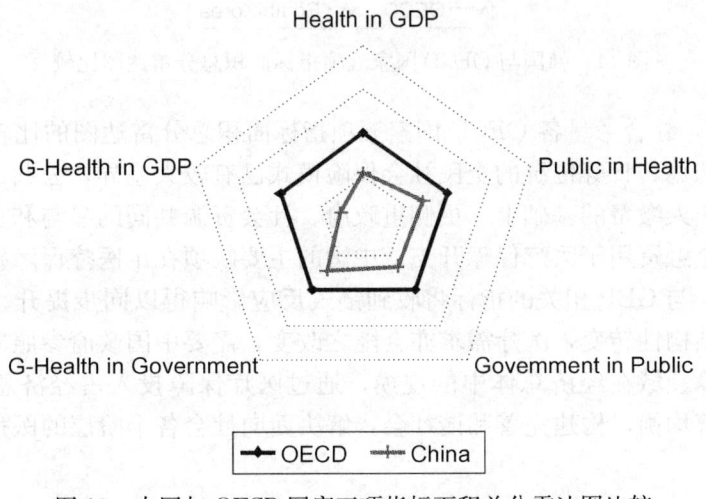

图 13　中国与 OECD 国家五项指标面积总分雷达图比较

韩国、墨西哥；政府医疗开支占公共医疗开支低于 OECD 水平 34%，优于美国、德国、日本、韩国、墨西哥；政府医疗开支占政府开支总量低于 OECD 水平 28%，优于美国、德国、日本、韩国；然而，中国在与 GDP 相关的指标分析中普遍得分偏低，医疗保障开支占 GDP 比例低于 OECD 平均水平 46%，政府医疗开支占 GDP 低于 OECD 平均水平 74%。究其原因，中国公共部门和政府部门的医疗保障投入水平均已较高，然而医疗开支总量占 GDP 的比例偏低，使得与 GDP 相关的指标得分均难以接近 OECD 平均水平，因而拖累整体医疗保障发展得分。

如图 14 所示，韩国位居第七，与 OECD 平均基准水平比值为 0.183∶1，其面积分布与日本相似，但仍处于较早发展时期的雏形阶段。韩国医疗保障开支占 GDP 比例低于 OECD 平均水平 40%；公共医疗开支占医疗开支总量低于 OECD 水平 35%；政府医疗开支占公共医疗开支低于 OECD 水平 60%；政府医疗开支占政府开支总量低于 OECD 水平 70%；政府医疗开支占 GDP 低于 OECD 水平 84%。韩国多数指标与 OECD 平均水平相距甚远，然而，韩国的医疗保障发展模式与德国有相似之处，其图形特征近似一个缩小的德国五维度雷达图形，预计其未来的前进方向也可能遵循德国的发展路径。

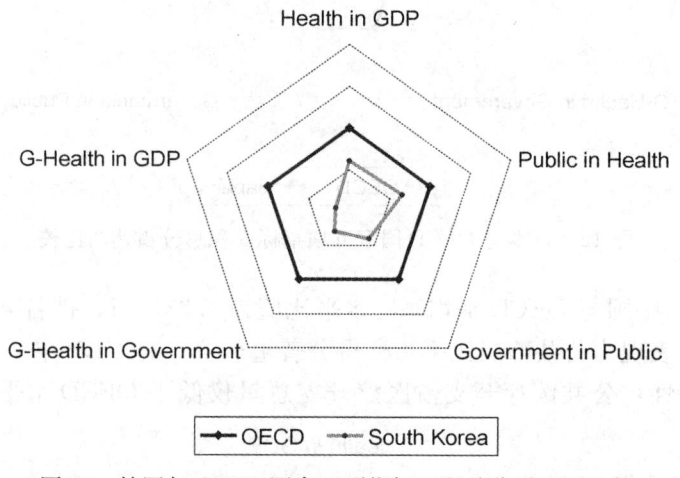

图 14 韩国与 OECD 国家五项指标面积总分雷达图比较

如图 15 所示，综合考量各 OECD 国家五项指标面积总分雷达图的比较结果，中国现行的医疗保障体制与德、日等传统的全民社会保险模式已有较大差异，公共部门与政府部门介入程度更高，在个人缴费的基础上，更侧重政府、社会资源共同的参与和贡献，通过三方协力为社会保险基金融资用于医疗保障开支。中国的主要缺项在于医疗保障投入总量较低，一旦突破这一难点，与 GDP 相关的指标将收到链式反应影响得以同步提升。当前，中国人口结构正加速发生结构性转变，医疗需求亦会随之改变，需要中国政府参照墨西哥的发展模式逐步加强医疗保障领域在经济总体中的规模，通过医疗保障投入占经济总量比率的切实提高，实现城乡统筹均衡，构建完善和谐社会，解决面向社会各个阶层的医疗保障及其他社会福利问题。

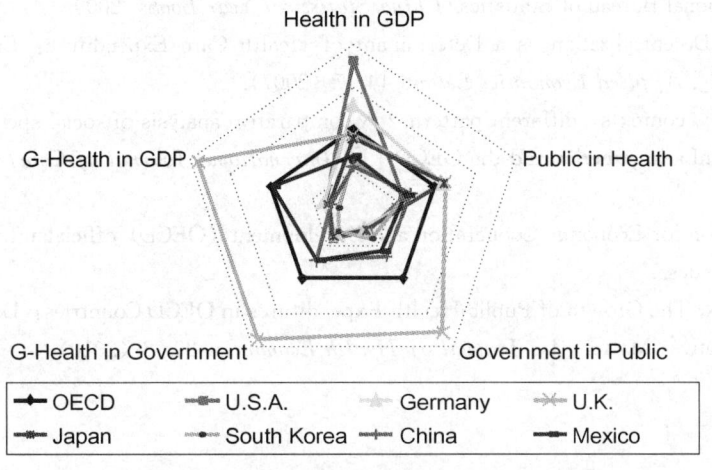

图15 中国与各OECD国家五项指标面积总分雷达图比较

九、结语

本文尝试采用数理分析、实证研究的方式对中国及OECD国家的医疗保障发展状况进行评估，运用五个维度指标从开支总量、公共支援、政府贡献、经济地位等多个层面入手，衡量中国医疗保障事业发展领域在全球范围内的水平，以及与较发达的OECD国家之间的差距。研究结果具有一定科学基础及参考价值，反映了中国医疗保障事业发展的实际情况，体现了医疗保障体制改革为中国医疗保障事业水平提升做出的贡献。据人力资源和相关主管部门2001和2011年统计公报显示，我国城镇基本医疗保险登记参保人数由2001年的7 630万人，增至2011年的47 343万人，累计增长6.2倍；城镇基本医疗保险基金总支出也由2001年的244亿元，增至2011年的4 431亿元，累计增长18.1倍。符合中国国情的医疗保障制度的实施与改革完善，已为中国未来医疗保障事业健康并持续发展奠定了基础。

然而，此项研究亦存在一定的局限性。第一，由于本文篇幅所限，不可能将OECD所有成员国的情况逐一展现，仅能挑选几个有代表性的国家进行比较。第二，研究中遇到关键实证数据缺失的困难，本文的数据分类较为笼统，难以对政府和社会开支的具体融资来源构成进行溯源与细化，更加难以追踪这些资金的流向与利用途径。第三，本文采用平均权重维度评分标准，对于各项指标的重要程度一视同仁；而在实际情况中，各个指标对于不同类别国家、不同政府构架、不同人群组成、不同医疗体制等差异化、个性化对象特征需要进行调整与匹配。第四，五维度指标平均分的意义在于诠释一种较理想化的比例配套方案；而事实上，各指标分值并不是越高越好，对于某些指标的适宜合理比例范围，还需要依据研究对象的实际状况进行历史轨迹、政策导向、发展趋势等方面的深入探究。

参考文献

[1] Astolfi R, etc. Informing Policy Makers about Future Health Spending: A Comparative Analysis of Forecasting Methods in OECD Countries [J]. Health Policy 107. 1 (2012).

[2] China Government Online. http://www.gov.cn/.

[3] China National Ministry of Health. China Health Care Statistical Year Book, 2009.

[4] China National Bureau of Statistics. *China Statistical Year Book*, 2009.

[5] Mosca I. Decentralization as a Determinant of Health Care Expenditure: Empirical Analysis for OECD Countries [J]. *Applied Economics Letters* 14. 7 (2007).

[6] Noy S. New contexts, different patterns? A comparative analysis of social spending and government health expenditure inLatin America and the OECD [J]. *International Journal of Comparative Sociology* 52. 3 (2011).

[7] Organization for Economic Cooperation and Development (OECD) officialstatistics website. http://www.oecd.org/statistics/.

[8] Potrafke N. The Growth of Public Health Expenditures in OECD Countries: Do Government Ideology and Electoral Motives Matter [J]. *Journal of Health Economics* 29. 6 (2010).

社会医疗保障制度对医疗机构付费方式的设置规律
——基于31国经验的总结

赵 斌 孙 斐

【摘要】付费方式是医疗保障制度的核心环节。当前,将应用于不同服务、不同提供者的付费方式打包描述和研究的方式导致了研究结论的混乱。本文以适用于医疗机构的付费方式为研究对象,以31个国家为研究样本进行归纳研究。本文首先依改革开始时医疗保障制度的不同将样本国家分为三组,归纳不同医保制度下付费方式演进的一般规律。随后,描述和归纳样本国家应用于医疗机构的付费方式及其组合现状和设置规律。最后,考虑我国应用于医疗机构付费方式现状,提出对我国的建议。

研究发现绝大多数样本国家采取付费方式组合;样本国家虽存在五种不同付费方式组合,但总体呈现出走向以疾病诊断相关分组为基础付费方式组合的趋势;社会医疗保险和国家卫生服务付费方式发展路径存在差异,但引入医疗服务购买机制后逐步趋同;提供者和购买者是否分开和医疗机构自主权都决定了付费方式的具体使用。

本文建议我国基本医疗保险付费方式需进一步走向精细化和组合化。一是依医疗服务特点分别确定付费方式并逐步精细化;二是依据卫生政策需要灵活使用各种付费方式;三是逐步从单一付费方式走向付费方式组合;四是付费方式组合逐步转为按病种付费为主。

【关键词】支付方式 医疗机构 国际经验

Applied Regularity on Payment Methods for Health Organization
——Based on the Experiences of 31 Countries

Zhao Bin Sun Fei

(Department of Health Insurance, National Institntion of Social Security,
Ministry of Human Resource and Social Security;
College of Economics and Management, Southwest University)

Abstract Payment Methods are critical parts of health care system. Not distinguished types of health services and providers always make confuse. Hence, 31 countries are used as samples to discuss applied regularity on payment methods. Sample countries are divided into three groups according to its health care modes before reform. Then, general regularity of payment methods evolution is summarized in each group. Subsequently, current situation and portfolio of payment methods are summarized; meanwhile applied regularity of payment methods is concluded. Finally, recommendations are given under Chinese realities.

作者:赵斌,博士,人力资源和社会保障部社会保障研究所助理研究员;孙斐,西南大学经济管理学院硕士研究生。

Conclusions are as follows. First, payment methods portfolios are normalcy. Second, Diagnosis Related Groups based payment methods portfolio is tendency. Third, the applied regularity of payment methods is gradually converging with the introduction of purchasing mechanism in health care system. The specific use of payment methods are determined by the relationship between providers and purchasers.

Therefore, this article suggests that the payment methods in basic medical insurance need be further refinement and portfolio. First, chosen payment methods according to the characteristics of health services; Second, payment methods must flexible used according to health policies; Third, developed from single payment toward payment portfolio; Fourth, payment portfolio must turned into DRGs based gradually.

Key words Payment Methods   Health Organization   International Experiences

一、引言

付费方式（Payment Method）又称为结算方式、支付方法、结算方法等，是现代医疗保障制度的核心设计，是医疗服务购买者（支付者）与医疗服务提供者之间的重要经济纽带，更是政府和支付者以经济激励方式调控医疗服务提供者行为，间接影响医疗服务质量、数量、成本、反应性等指标的核心工具[1][2]，是推动公立医院和初级卫生保健等方面改革的重要工具[3]。

国内关于付费方式的研究主要为以单案例方式介绍和总结各地付费方式改革和运行实践、单个国家付费方式现状、经济学理论上不同付费方式的影响和优缺点等方面。系统介绍国际经验的研究缺乏，更缺乏对付费方式改革沿革的相关研究。必须强调，国内研究付费方式国际经验时，不区分付费方式的适用的主体和服务类型，将应用于医生和医疗机构、不同服务内容的支付方式混合打包研究，容易导致研究结论的偏差。同时，国别研究发现支付方式改革呈现明显的按不同模式聚集的现象，但当前缺乏相关研究。①

为此，本文以面向医疗机构的付费方式为研究对象，归纳不同社会医疗保障制度下这类付费方式的发展和改革规律，并联系中国现实，对我国改革提出相应建议。同时，在归纳每一类型支付方式时，关注其变型模式及原因。

二、分析框架和样本国家

（一）分析框架

1. 涉及的社会医疗保障制度类型

社会医疗保障制度与自愿医疗保险相对，强调立法干预，是政府干预色彩浓厚的医疗保障制度。国外文献通常将其称为强制医疗保险或公共医疗保险。1883年德国《疾病社会保险法》建立的社会医疗保险被视为首个现代社会医疗保障制度[4]。随后，1922年和1948年新的苏联模式和英国模式相继出现[5]。尽管，理论界对医疗保障制度模式的分类多样②，但

---

① 支付方式呈现聚集的情况，必然与不同的医疗保障模式的内在设计特点相关，也意味着医疗保障支付方式的发展和改革规律或许能够在不同医疗保障方式下呈现出一定的规律性。
② 依制度产生的主要贡献者及设计理念可分为俾斯麦、贝弗里奇和谢马什科模式（Mossialos et. al, 2002），即通常的德国、英国和苏联模式；依据政府干预与否，可分为私立和公立两类；依据参加计划自愿与否，可分为自愿和强制（Mossialos, Thomson, 2002）。我国学术界通常将医疗保障分为社会医疗保险、商业健康保险（市场医疗保险）、国家卫生服务（国家健康保障）、国家医疗保险和医疗储蓄保险几类（仇雨临，2008；卢祖洵，2003）。

从实践和本文样本国家角度出发,本文仅涉及三种社会医疗保障制度,分别是国家卫生服务、社会医疗保险和国家医疗保险[①],即英国模式、德国模式和苏联模式。[②]

2. 以20世纪80年代为时点进行样本国家归类

20世纪90年代以来,在各种改革思潮影响下,社会医疗保障制度进入改革高潮,付费制度更是改革重点[6];且20世纪90年代改革使不同类型制度逐步趋同。因此,样本国家以制度较稳定的20世纪80年代为试点进行医疗保障模式归组分类。

3. 以医疗机构付费方式为研究对象

国际文献在分析付费方式时,按照适用对象分为适用于初级医疗保健医生、门诊专科医生、医疗机构和医疗机构所属医生四类[7],以明确不同服务者所适用的支付方式,防止研究结论的混乱。在我国医保以医疗机构为支付主体的情况下,本文研究适用于医疗机构的付费方式。

4. 分析和行文逻辑

研究按照改革起点不同将样本国家分为三个不同的社会医疗保障制度模式,分别归纳不同社会医疗保障制度下医疗机构付费方式演进的一般规律。随后,归纳样本国家应用于医疗机构的付费方式和付费方式组合的现状,进而总结医疗机构适用的付费方式设置规律。最后,在我国应用于医疗机构付费方式的现实情况下,提出完善建议。

(二)样本国家选定原则

样本国家选择强调典型性、资料可及性和描述口径的一致性。同时,我国已基本实行全民医保,样本国家也需实现全民医保。在此标准下,样本国家如下。

表1 20世纪80年代各国的社会医疗保障制度模式和样本国家列表

20世纪80年代的医疗保障制度类型	样本国家
社会医疗保险	奥地利、法国、卢森堡、比利时、德国、以色列、荷兰、韩国
国家卫生服务	意大利、西班牙、英国、葡萄牙、塞浦路斯、丹麦、芬兰(国家卫生服务部分)、希腊(国家卫生服务部分)、马耳他、瑞典
国家医疗保险	捷克、斯洛伐克、匈牙利、吉尔吉斯斯坦、拉脱维亚、哈萨克斯坦、保加利亚、爱沙尼亚、摩尔多瓦、罗马尼亚、波兰、克罗地亚、斯洛文尼亚

① 尽管,国家医疗保险和国家卫生服务在英文文献中表述一致,都为"National Health Service",但是医疗费用支付方式却是呈现不同的发展特点。为此,本文借用国内学者的分类标准,将基于社会主义经济的国家卫生服务制度称为国家医疗保险制度。

② 不同社会医疗保障制度下筹资和医疗服务提供机制各不相同。社会医疗保险中医疗服务支付者和提供者分离,两者之间是一种契约和协商谈判购买的关系;国家卫生服务和国家医疗保险制度国家则通常将提供者和支付者整合在一个行政体系内,是一种行政命令方式的资源分配结构,只是国家卫生服务制度所依赖的经济基础为资本主义经济,国家医疗保险制度所依赖的经济基础是社会主义经济。需要特别强调一个问题,国家医疗保险模式多被用来描述转型国家的医疗保障模式,是一种代称,强调的是制度所依赖的经济基础为社会主义,行政命令控制,中央计划等特点。从具体设计上,又可分为前苏联模式和前南斯拉夫模式,其中前南斯拉夫模式具有较强的社会医疗保险制度特点。但在研究医疗费用支付方式时,两者基本一致,可以视为同一类医疗保障模式。

(三) 样本国家实践中适用于医疗机构的支付方式

实践中,样本国家适用于医疗机构的支付方式主要包括以下几种:疾病诊断相关分组、按服务项目付费、总额预算制、单病种支付、按床日付费、按治疗病例付费和按绩效付费。

为方便研究,本研究在整理各国费用支付方式时将所涉及的支付方式按照如下规则进行缩写。按服务项目付费由 FFS 表示;按治疗病例用 PTC 表示;按绩效付费用 P4P 表示;按病种付费用 P－C 表示;总额预算制用 GB 表示;按住院床日支付用 PD 表示;疾病诊断相关分组用 DRGs 表示。

三、不同社会医疗保障制度下医疗机构付费方式的演进

(一) 社会医疗保险制度下付费方式演进规律 (如图 1)

社会医疗保险建立之初,即为医、保、患三方分立结构。医疗机构和保险机构间是契约关系,保险机构代表参保者以合同(协议)方式向医疗机构购买参保者所需医疗服务[8]。

付费方式改革前,按服务项目付费是社会医疗保险最主要的付费方式。通常为点数法,即对每一服务项目赋予相应点数。医疗机构代表和保险机构代表定期对单位点数所代表的价值进行谈判,或依据事先约定的方式确定单位点数价值。保险机构按照相应医疗机构所提供服务的点数额和单位点数价值进行付费。但按服务项目付费对医疗机构产生诱导需求的激励,医疗服务过量提供,费用快速上涨。

源于此,社会医疗保险制度开始付费方式改革,引入总额预算和按床日付费。如法国在 2004 年之前对法国 80% 左右的公立医院和私立非营利医院采取总额预算;私营营利医院采取按床日付费[9]。德国则从 20 世纪 70 年代中期开始对医院部门采取总额预算,1993—2003 年间转为按床日付费[10]。比利时对医院提供的住宿、急诊和护理服务采用总额预算[11]。以色列,按服务项目付费主要用于医院门诊服务;按床日付费主要用于医院住院服务,但 1995 年起医院全部收入受到总额控制[12]。

20 世纪 90 年代起,信息技术、疾病分组技术等快速发展,总额预算和按床日付费的固有缺陷难以克服,社会医疗保险制度掀起应用疾病诊断相关分组的高潮。1997 年奥地利引入疾病诊断相关分组,2004 年法国正式开始疾病诊断相关分组改革,同年德国也正式使用疾病诊断相关分组,荷兰则为次年[13][14][15][16]。部分未正式引入疾病诊断相关分组的国家也进行试点,如韩国正在进行自愿参加的试点计划,2008 年大概有 2 000 家医疗机构参与[17]。

新引入的疾病诊断相关分组呈现两个特点。一是与总额预算相结合,如奥地利、德国等的疾病诊断相关分组受总额预算限制;二是细分医疗服务类型,主要付费方式为疾病诊断相关分组,其他服务依据特点决定付费方式,如表 2。

表 2   当前社会医疗保险制度国家应用的医疗机构付费方式组合

国家	支付方式组合
奥地利	DRGs＋FFS

续表

国家	支付方式组合
法国	DRGs+GB
卢森堡	GB+P-C+P4P
比利时	GB+FFS
德国	DRGs+PD
以色列	FFS+PD+DRGs
荷兰	DRGs
韩国	FFS+DRGs

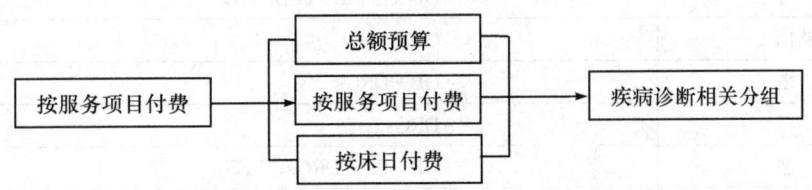

图1 社会医疗保险制度付费方式的演进规律

（二）国家卫生服务制度下付费方式演进规律（如图2）

传统国家卫生服务制度在一个行政系统内整合支付者和服务者，付费部门仅扮演预算制定和拨付者角色。整个系统科层化，行政命令调整资源配置。被保障人群对医疗提供者选择权受限，又被称为命令控制式（Command and Control）医疗保障体系。政府几乎拥有所有医疗机构，以预算方式分配资金。预算方式可为总额预算制，也可以是条目预算制。

自20世纪70年代起这种设计开始陷入困境。一方面，政府过多涉足医疗保障事务，陷入事务和财务双重危机；另一方面，行政化系统存在服务供给效率低、质量差、对患者需求反应速度慢等诸多问题[18]。为此，自20世纪90年代开始，部分国家和地区开始了以实现购买者和提供者分离（Purchaser-Provider Split）为特征的改革，期望通过引入市场（准市场）机制提高效率，如意大利、葡萄牙、英国、西班牙和瑞典的部分地区。购买者和提供者分离意味着两者之间关系从行政隶属转为协议购买，国家卫生服务制度的付费方式也日益精细化，不同提供者应用不同付费方式。同时，为给予医疗机构更多财务自主权，条目预算基本都转为总额预算[19]。

但总额预算虽给予医疗机构一定自主权，却未能解决医疗服务供给效率不足问题，服务等待时间仍较长。为此，国家卫生服务对医疗机构的付费方式开始从预算方式逐步转为以医疗行为为基础的方式，引入疾病诊断相关分组方式。如2003—2004年英国版的疾病诊断相关分组——健康护理资源分组（Healthcare resource group, HRG）开始成为主要付费方式①[20]；葡萄牙自1997年起将总额预算核心转为疾病诊断相关分组，相应医疗机构总额预

---

① 只有精神健康服务，急救服务，社区健康服务，救护车服务等未纳入疾病诊断相关分组的服务内容仍通过总额预算方式支付。

算依据疾病诊断相关分组方式予以确定[21]。芬兰在 1995 年，丹麦在 2000 年，挪威在 2002 年纷纷引入疾病诊断相关分组[22]。

需注意，国家卫生服务引入的疾病诊断相关分组主要有两种形式：一是作为计算总额预算的方式；另一种是代替部分总额预算的付费方式。

表3　　　　　当前，国家卫生服务制度国家应用的医疗机构付费方式组合

国家	医疗机构付费方式组合
意大利	DRGs+FFS
西班牙	GB
英　国	GB+DRGs
葡萄牙	GB（由 DRGs 确定 GB）
塞浦路斯	GB
丹　麦	GB+DRGs
芬　兰	DRGs
希　腊	GB, PD, DRGs; FFS
马耳他	GB+P-C
瑞　典	GB

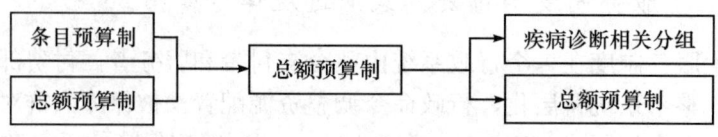

图 2　国家卫生服务制度付费方式的演进规律

（三）国家医疗保险制度下付费方式的演进规律

国家医疗保险制度中，卫生部门拥有和运行所有医疗机构，医务人员是公共部门雇员[23]。医疗机构发展和运行高度中央计划，机构预算主要由医务人员、资本设备和用品（诊断设备、救护车）、当前输入（食品和燃料）、服务（建设、维持）、成本等数量信号决定。中央计划资金以条目预算形式拨付医疗机构，每一条目资金规定具体用途，管理和使用僵化。

20 世纪 90 年代转型国家医疗保障制度改革是付费方式改革的根本原因。新建立的社会医疗保险及购买者和提供者共同分离结构使旧有条目预算不再适用，需要新的付费方式。最初，这些国家在引入社会医疗保险的同时，也引入了按服务项目付费（通常为点数法），但新引入的按服务项目付费在提高医疗机构服务效率的同时，也导致了医疗费用过快增长。且转型国家经济普遍出现下滑和混乱，医疗保障制度财务汲取能力下降，资源有限，需进一步提高资源使用效率。解决住院服务供给能力过量，缓解之前数十年不当激励导致的惰性和医

疗服务供给能力过量等问题也是付费方式改革的重要诱因①[24]。为此，部分国家引入了按病种付费或总额预算，希望通过经济激励提高医疗服务供给效率，降低专科医院服务能力。

部分国家引入总额预算的目的是给予医院更大财务管理自主权，如捷克、保加利亚、罗马尼亚等国。与条目预算方式不同，总额预算对一定时期内医院一定数量服务给予一定数量资金，并不过多干预相应资金具体用处。医院有更大自主权处置预算内资金，总额预算大多依据历史支出或需求预测方式制定[25]。

大多数国家都在走向按病种付费，期望以此将医院重新转变为向患者提供服务的机构而非保持或增加基础设施（建筑）的机构；激励通过重新规划和关闭医院方式重组医疗系统；鼓励医院以更低投入提供更高质量服务；在医疗市场引入竞争机制和患者选择权；提高医疗系统对患者需求的反应速度；允许购买者向私立医院购买服务[26]②。从现有文献看，按病种付费是未来医院付费方式发展的趋势，分为疾病诊断相关分组和单病种付费两种。

表4　　　　　　　　　当前，转型国家应用的医疗机构付费方式组合

国家	医疗机构付费方式组合
捷克	GB+DRGs+P−C
斯洛伐克	P−C+PD
匈牙利	DRGs
吉尔吉斯斯坦	DRGs
拉脱维亚	P−C+PD+FFS
哈萨克斯坦	DRGs
保加利亚	P−C+GB
爱沙尼亚	DRGs+FFS
摩尔多瓦	PTC+DRGs+PD
罗马尼亚	GB+DRGs+P−C+FFS
波兰	DRGs+FFS
克罗地亚	DRGs+FFS（点数）+PD
斯洛文尼亚	DRGs+PD+PTC+GB

---

① 与实行国家卫生服务制度的非转型国家医疗服务供给能力不足的情况不同，转型国家医疗服务供给能力往往呈现供给能力过量的状态。1989年独联体十二国的千人病床数的平均水平为12.9张，高于2004年之前加入欧盟成员国的8.16张的水平（HFA−DB，2013）。当然，这一供给能力过量是数字上的过量，原因是条目预算制和工资制下医疗服务人员积极性不足导致的供给效率不足，而不得不保持一个高人员和病床投入的状态以保证医疗服务供给量。

② 例如，哈萨克斯坦和吉尔吉斯斯坦引入按病种付费的主要目的是提高医院服务部门效率和减少过度医疗服务供给能力；摩尔多瓦、匈牙利从条目预算转为按病种付费的重要原因是解决条目预算方式导致的医院之间资源分配的巨大差异。

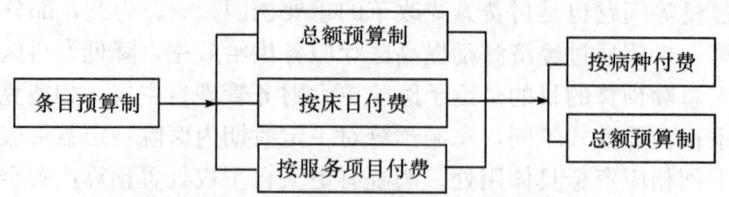

图3 国家医疗保险制度付费方式的演进规律

四、样本国家应用于医疗机构的付费方式及其规律

(一)疾病诊断相关分组

严格而言,疾病诊断相关分组并非简单是一种付费方式。国际上,疾病诊断相关分组还被用作预算分配方式、医疗服务绩效衡量工具或医疗服务规范化的标准等。当然,部分国家将其应用于付费方式。具体如下表。

表5 部分国家疾病诊断相关分组的引入年份、原始目的和当前用途

国家	引入年份	原始目的	当前用途
奥地利	1997	预算分配	预算分配、计划
英格兰	1992	病人分类	支付方式
爱沙尼亚	2003	支付方式	支付方式
芬兰	1995	描述医院行为、建立标尺	规划、管理、标尺、医院预算
法国	1991	描述医院行为	支付方式
德国	2003	支付方式	支付方式
爱尔兰	1992	预算分配	预算分配
荷兰	2005	支付方式	支付方式
波兰	2008	支付方式	支付方式
葡萄牙	1989	衡量医院产出	预算分配
西班牙(加泰罗尼亚)	1996	支付方式	支付方式、标尺
瑞典	1995	支付方式	标尺、绩效衡量工具

注:这里的引入年份指的是试点年份,而非广泛应用的年份。
资料来源:Reinhard Busse, Alexander Geissler, Wilm Quentin, Miriam Wiley. Diagnosis—Related Groups in Europe: Moving towards transparency, efficiency and quality in hospitals [M]. Berkshire: Open University Press: 10.

样本国家实践中,疾病诊断相关分组发挥了两种作用。一是作为确定总额预算的信息基础,以便更科学地掌握患者需求和医院成本等信息,合理制定下一年度预算总额。实践中,奥地利、芬兰和葡萄牙等国将疾病诊断分组作为总额预算制定的基础工具。另一种是将疾病诊断相关分组作为一种付费方式,对特定纳入分组的疾病进行付费,通常是各国诊断和治疗比较规范的疾病。

疾病诊断相关分组在样本国家的应用范围分为两类。一是将疾病诊断相关分组作为主要付费方式的国家。这些国家循证医学、临床路径等学科发展较早且较完善,疾病诊断相关分组是最主要付费方式,几乎涵盖所有疾病,如法国、德国、捷克、荷兰、波兰、匈牙利、哈

萨克斯坦、丹麦等国。二是将疾病诊断相关分组作为补充付费方式，或正处于该付费方式试点阶段的国家。这些国家多引进其他国家疾病诊断相关分组版本，或依其他国家版本建立本国版本，所涵盖疾病分组较少，处于完善和改动中。如以色列、克罗地亚等国的疾病诊断相关分组是补充付费方式；韩国、罗马尼亚和摩尔多瓦的疾病诊断相关分组正在试点和扩大试点。

表6　　　　　　　　　　　样本国家疾病诊断相关分组的用途及情况

国家	DRGs的用途	分组数
多元、非竞争购买者社会医疗保险市场		
奥地利	确定总额预算	883个（2005年）
法国	支付方式	2 200个（2011年）
多元、竞争购买者社会医疗保险市场		
捷克	支付方式	1 047个（2009年）
德国	支付方式	878个（2005年）
以色列	支付方式	150个（2009年）
荷兰	支付方式	—
单一支付者、地方购买者社会医疗保险		
克罗地亚	支付方式	118个（2005年）
爱沙尼亚	支付方式	—
摩尔多瓦	支付方式	—
韩国	支付方式	—
罗马尼亚	支付方式	—
波兰	支付方式	—
单一支付者、国家购买者社会医疗保险		
匈牙利	支付方式	—
吉尔吉斯斯坦	支付方式	—
斯洛文尼亚	支付方式	653个（2005年）
国家卫生服务（购买者和提供者分离）		
意大利	支付方式	—
英国	支付方式	—
葡萄牙	预算确定方法	—
哈萨克斯坦	支付方式	—
国家卫生服务（购买者和提供者未分离）		
丹麦	支付方式	699个（2011年）
希腊	支付方式	—
芬兰	预算确定方法	—

资料来源：Reinhard Busse, Alexander Geissler, Wilm Quentin, Miriam Wiley. Diagnosis — Related Groups in Europe: Moving towards transparency, efficiency and quality in hospitals [M]. Berkshire: Open University Press: 10 及相应国家文献。

（二）按服务项目付费

样本国家中按服务项目付费是一种辅助方式。仅用于支付少数几类服务：

一是各类医师服务、手术服务和检查服务。用于解决这类服务普遍存在等待时间过长问题，期望通过按服务项目付费鼓励供给，如比利时、波兰、希腊、拉脱维亚等国。

二是医疗机构门诊服务。这些国家中医疗机构主要提供专科门诊服务，医务人员是机构雇员。医保机构以按服务项目付费方式对其进行结算，如以色列、罗马尼亚、希腊等国。

三是部分特殊类型的服务，如精神病治疗、康复、长期护理、后期检查、预付保健服务、社会服务等服务。

表7　按服务项目付费的支付方式组合和涵盖范围

国家	按服务项目付费涵盖范围
比利时	医学和医师技术服务（门诊、医学实验室、医学影像和技术检查）和辅助医疗服务（物理疗法）
以色列	医院提供的门诊服务
克罗地亚	医生服务
爱沙尼亚	精神病治疗、康复、长期护理和后期检查及标准化程度较高的医学服务
韩国	除DRGs试点医院外的支付方式
罗马尼亚	医院提供的门诊服务和检查服务
波兰	牙科服务
意大利	急诊和事故（高等待成本的服务），预付保健服务，社会服务，移植服务；慢性病管理等服务
拉脱维亚	手术和诊断检查等服务
希腊	部分手术、检查和门诊服务等

作者根据相关文献整理。
资料来源：详见参考文献中相关国家文献。

（三）总额预算制

不同医保制度的总额预算制应用范围不同。

社会医疗保险制度应用的总额预算可分为以下几种。一是对特定或特殊服务采取总额预算。如法国总额预算方式仅适用于精神病医院和长期护理医院；比利时总额预算仅适用医院住宿服务、急诊服务的麻醉、杀菌、手术室、石膏房间和护理服务；捷克适用各类非医生服务或与医生服务关系较少的服务；保加利亚总额预算主要面对医疗机构的公共卫生服务和社会服务；罗马尼亚总额预算主要针对医疗机构提供的急诊服务、康复服务和长期护理服务等；斯洛文尼亚则主要针对三级医疗服务采取总额预算方式。二是将总额预算作为一种总额控制工具，对特定范围内单个医疗机构花费进行控制（分部分或全部支出控制两种）。部分支出控制，如奥地利总额预算仅对依据疾病诊断相关分组方式支付的服务进行总额限制；德国总额预算主要诊断对实行按床日付费的精神疾病和部分特定疾病的支出。对单个医疗机构全部医疗费用总额控制有以色列和克罗地亚两个国家，总额预算是多种支付方式组合的一个收入封顶。

国家卫生服务制度的总额预算方式应用范围主要包括以下几种。一是用来支付全部的医院支出，即医疗机构作为一个预算单位接受上级机构给予的预算，如西班牙、葡萄牙、塞浦路斯等国和瑞典的部分郡。二是支付其他支付方式所不支付的服务，如丹麦、希腊、马耳他和瑞典部分郡。上述两种方式国家的医疗服务机构基本为国家卫生服务体系所有，是预算制单位或是仅有微小管理自主权的自主化医疗服务机构。三是针对特定或特殊的服务采取总额预算方式，如英国对精神健康服务、急救服务、社区健康服务、救护车服务等服务采取总额预算。

总额预算的约束作用设计可分为软约束和硬约束两种。软约束指虽然对医疗服务机构的全部或部分收入实行了总额预算，但是在医疗机构提供服务超出协定后，购买者对超支部分按现实情况予以酌情追加支付，并非将所有超支责任和风险转嫁到医疗机构，而是由购买者承担或购买者与提供者共同分担的一种方式。硬约束则是对于实行总额预算的医疗机构所提供的超出预算范围的服务不予支付，完全由医疗机构承担。从实践中看，实行软预算约束方式的国家较多，原因是硬性约束导致推诿病人现象严重。

表8 样本国家对医疗机构支付应用总额预算方式情况简表

国家	总额预算方式的支付范围	制度类型
多元、非竞争购买者结构		
奥地利	DRGs支付费用的限制（绝大多数医疗服务）	社会医疗保险
法国	仅适用于精神病医院和长期护理医院	
多元、竞争购买者结构		
比利时	医院住宿服务，急诊服务（麻醉、杀菌、手术室、石膏的房间）和护理服务	
捷克	总额预算制偿付DRGs和个人合同不补偿的住院医疗服务	
德国	对实行按床日付费的精神疾病和部分特定疾病的支出总额进行控制	
以色列	对单个医疗机构的总医疗费用进行总额控制	
单一支付者、地方购买者结构		
保加利亚	公共卫生服务和社会服务	
克罗地亚	对单个医疗机构的总医疗费用进行总额控制	
罗马尼亚	急诊服务、康复服务和长期护理服务	
单一支付者、国家购买者结构		
斯洛文尼亚	三级医疗服务机构	
购买者和提供者分离		
西班牙	全部医院支出	国家卫生服务
英国	精神健康服务，急救服务，社区健康服务，救护车服务等	
葡萄牙	全部医院支出	
购买者和提供者未分离		
塞浦路斯	全部医院支出	
丹麦	DRGs之外的医院支出	
希腊	运营成本和资本投资	
马耳他	除按病种付费以外的全部医院支出	
瑞典	全部的医院支出；除按病种付费以外的全部医院支出	

作者根据相关文献整理。
资料来源：详见参考文献中相关国家文献。

（四）单病种支付

单病种有单病种定额和单病种限价两种具体方式[1]。应用范围分为两种：一是作为主干付费方式，医疗机构绝大多数收入来自这一付费方式，如斯洛伐克、保加利亚和罗马尼亚等国，原因是这些国家基础条件暂不能支撑疾病诊断相关分组的实行，因而选择较简单易行、对基础条件要求较低的单病种付费。二是作为补充付费方式，相应购买者对部分适用于单病种付费的病种或服务采取单病种付费方式，如捷克和拉脱维亚等国。

表9　　　　样本国家对医疗机构支付应用单病种支付方式情况简表[2]

国家	单病种支付方式的支付范围	制度类型
	多元、非竞争购买者社会医疗保险市场	
卢森堡	不详	
	多元、竞争购买者社会医疗保险市场	
捷克	主要是髋关节置换术、心脏起搏器安装等特殊情况（含外科手术、所有术前和术后检查、早期康复服务）	社会医疗保险
斯洛伐克	几乎所有住院医疗服务（不含临终护理，精神健康服务，药品，康复服务）	
	单一支付者、地方购买者社会医疗保险	
保加利亚	绝大多数医院的医疗服务	
罗马尼亚	试点医院提供的医疗服务	
	国家卫生服务（购买者和提供者分离）	
拉脱维亚	所有医院的93个病种	国家卫生服务
	国家卫生服务（购买者和提供者未分离）	
马耳他	不详	

资料来源：详见参考文献中相关国家文献。

（五）按床日付费

实践中，按床日付费的作用大致分为两种：一是作为住院服务的主要付费方式，如希腊（社会医疗保险）、以色列（部分健康计划应用）、克罗地亚和拉脱维亚等国。二是作为付费方式组合中的一个辅助方式，主要支付特殊或特别类别的医疗服务，如德国对精神疾病和部分特定疾病实行按床日付费且有总额控制；斯洛伐克主要对慢性疾病和沐浴治疗等服务应用按床日付费；摩尔多瓦主要用于肺结核治疗和精神病治疗的支付；斯洛文尼亚则将其用于长

---

[1] 单病种定额方式，即对适合单病种付费的部分常见病和多发病，通过专家论证等方式确定一个单病种标准价格。这一价格涵盖患者从入院到出院期间的治疗费、检查费、手术费、药费和住院费等所有费用。罹患相应疾病的患者一律收取相同的费用，而不考虑患者的实际消费。单病种限价方式，即确定某一病种的最高支付度。罹患该病的患者实际花费在最高限额之下按照实际发生额支付，超出限额只按最高限额支付。

[2] 注：保加利亚医院服务多采取按病种付费方式，称为临床路径。每一种临床路径有一个固定价格，2001年其中临床路径共有159个疾病组，2010年疾病组数上升到298个；罗马尼亚的单病种付费同样是一个试点计划，共有230个住院服务组。

期护理等非急症治疗服务的支付。

按床日付费在付费方式组合中的地位与付费方式组合有关。如果该国有完善的单病种付费或疾病诊断相关分组系统，则按床日付费多为针对特定医疗服务的补充付费方式；如果缺乏相应的支付系统，则按床日付费则多为该国的主干付费方式，从而比按服务项目付费更好的激励医院控制费用。

表10　　　　　样本国家对医疗机构应用按床日付费支付方式情况简表①

国家	按床日付费方式的支付范围	制度类型
希腊	社会医疗保险制度的全部住院服务	社会医疗保险
德国	精神疾病和部分特定疾病（总额预算限制）	
以色列	医院住院服务（部分健康计划应用）	
斯洛伐克	慢性疾病和沐浴治疗等服务	
克罗地亚	大多数医院的住院服务	
摩尔多瓦	肺结核治疗和精神病的治疗	
斯洛文尼亚	非急症治疗服务	
拉脱维亚	除93个病种以外的住院服务	国家卫生服务

作者根据相关文献整理。
资料来源：详见参考文献中相关国家文献。

（六）几种应用较少的付费方式

1. 按治疗病例付费

实践中，该方式应用较少。样本国家中仅有摩尔多瓦和斯洛文尼亚两国，且两国的应用范围也存在不同，摩尔多瓦是在除9家疾病诊断相关分组试点医院以外的其他医院的医疗服务（除肺结核外）都应用这一支付方式；斯洛文尼亚则只是对精神病和康复服务采取该支付方式。

表11　　　　样本国家对医疗机构应用按按治疗病例付费方式情况简表

国家	按治疗病例付费方式的支付范围
摩尔多瓦	9家DRGs试点医院以外医院的急症医疗服务
斯洛文尼亚	精神病和康复服务

作者根据相关文献整理。
资料来源：详见参考文献中相关国家文献。

2. 按绩效付费

按绩效付费是新近出现的一种付费方式，也被称为"P4P"和"价值基础的购买（Value-based Purchasing）"。这一方式下，购买者通常与提供者之间协商达成绩效考核协议，并建立相应的绩效考核指标。购买者监测相应绩效考核指标，按照其绩效进行支付。

---

① 注：以色列和克罗地亚对于单个医院的支付总额有着总额预算限制；拉脱维亚的医疗服务购买体系类似于社会医疗保险制度，但其筹资来源主要为普通税，因而归为国家卫生服务模式。

准确地说，随着各类付费方式的演进，依据这一定义，许多付费方式已经将各种绩效指标纳入付费额计算中，也可视作一种按绩效付费。从样本国家看，仅有瑞典的部分郡在其医疗机构付费方面引入了按绩效付费，绩效衡量主要通过疾病诊断相关分组系统所反映的相关内容确定。

五、应用于医疗机构的付费方式组合及其设置规律

样本国家付费方式组合大致分为以下几种，选择何种付费方式组合与医疗机构治理结构有关。

（一）以疾病诊断相关分组为主的付费方式组合

以疾病诊断相关分组为主的标准为应用疾病诊断相关分组付费方式的病例数占主要份额，而非依疾病诊断相关分组支付费用占主要比重标准。相应国家包括法国、捷克、德国、波兰、爱沙尼亚、匈牙利、吉尔吉斯斯坦、斯洛文尼亚、意大利和丹麦等国。这些国家涵盖了各种医疗保障模式。

这些国家医疗服务市场中，提供者管理自主权相对较高，医疗市场基本以公立医院为主，但非公立医院占据的比例较大（主要为私营非营利医院），公立医院也为管理自主性较高的自主化或法人化公立医院。

（二）以按服务项目付费为主的付费方式组合

从样本国家看，仅有韩国一国，且韩国正在进行疾病诊断相关分组试点，2008年大概有2 000家医疗服务机构参与疾病诊断相关分组试点[27]。同时，韩国医疗服务市场私有化后，私营非营利医疗机构成了主流。

（三）以总额预算为主的付费方式组合

从样本国家看，有奥地利、西班牙、葡萄牙、塞浦路斯、马耳他、瑞典等国。这些国家主要实行国家卫生服务，仅奥地利一国实行社会医疗保险。需注意，奥地利总额预算以疾病诊断相关分组为基础确定预算总额，故可将奥地利从中排除。

不考虑奥地利，其他国家医疗服务市场基本为公立医院一家独大的市场结构，且公立医院自主性较以疾病诊断相关分组为主的国家要小，多为预算制单位，少部分为自主化单位且自主权较小。

（四）以单病种付费为主的付费方式组合

从样本国家看，主要是斯洛伐克、保加利亚和罗马尼亚，全部实行社会医疗保险制度。

这些国家医疗服务市场中，公立医院虽较私立医院多，但并不占绝对优势，且公立医院自主化程度较高，多为自主化和法人化单位。

（五）以按床日付费为主的付费支付方式组合

从样本国家看，主要是希腊、以色列、克罗地亚、拉脱维亚等国。其中，希腊主要由社

会医疗保险制度应用。

表12　样本国家应用于医疗机构的支付方式组合与医疗服务市场特点[①]

国家	支付方式组合	制度特点	医疗服务市场结构	主要公立医疗服务机构属性
以DRGs为主的支付方式组合				
法国	DRGs+GB	非竞争、多元购买者社会医疗保险	公立医院为主	自主化和法人化单位
捷克	GB+DRGs+P－C	竞争、多元购买者社会医疗保险	公立医院为主	自主化
德国	DRGs+PD		公立医院为主	自主化和法人化单位
波兰	DRGs+FFS	单一支付者、地方购买者社会医疗保险	—	—
爱沙尼亚	DRGs+FFS		公立医院为主	自主化和法人化
匈牙利	DRGs		公立医院为主	自主化
吉尔吉斯斯坦	DRGs	单一支付者、国家购买者社会医疗保险	公立医院为主	自主化
斯洛文尼亚	DRGs+PD+PCT+GB		公立医院为主	自主化和法人化单位
意大利	DRGs+FFS	国家卫生服务（购买者和提供者分离）	公立医院为主	自主化和法人化单位
丹麦	GB+DRGs	国家卫生服务（购买者和提供者未分离）	公立医院为主	自主化
以按服务项目付费为主的支付方式组合				
韩国	FFS+DRGs	单一支付者、地方购买者的社会医疗保险	私立医疗机构为主	预算制单位
以总额预算付费方式为主的支付方式组合				
奥地利	GB（DRGs）+FFS	多元、非竞争购买者社会医疗保险	公立机构为主	自主化、法人化单位
西班牙	GB		公立医院为主	预算制单位
葡萄牙	GB（由DRGs确定的GB）	国家卫生服务（购买者和提供者分离）	公立医院为主	预算制单位、自主化单位
塞浦路斯	GB		—	—
马耳他	GB+P－C	国家卫生服务（购买者和提供者未分离）	公立医院为主	预算制单位、自主化单位
瑞典	GB；GB+DRGs+P4P		公立医院为主	预算制单位、自主化单位
以单病种付费为主的支付方式组合				
斯洛伐克	P－C+PD	竞争、多元购买者社会医疗保险	公私医院并立	自主化和法人化单位
保加利亚	P－C+GB	单一支付者、地方购买者的社会医疗保险	公立医院为主	自主化、法人化单位
罗马尼亚	GB+DRGs+P－C+FFS		公立医院为主	自主化和法人化单位

[①] 注：法国65.5%的床位属于公立医院，34.5%的床位属于私立医院；德国74.7%的床位属于公立医院，25.3%的床位属于私立医院；匈牙利76.15%的床位为公立医院，23.07%的床位为私营非营利医院；奥地利2003年，省和省运营的公司拥有52.3%的医院，宗教相关机构拥有16.1%的医院，17%的医院属于个人，3%的医院属于疾病基金。

续表

国家	支付方式组合	制度特点	医疗服务市场结构	主要公立医疗服务机构属性
以按床日付费为主的支付方式组合				
希腊	PD	单一支付者、地方购买者的社会医疗保险	公立医院为主	公立医院为主
以色列	FFS+PD+DRGs（总额预算限制）	竞争、多元购买者社会医疗保险	—	自主化和法人化单位
克罗地亚	DRGs+FFS（点数）+PD（总额预算限制）	单一支付者、地方购买者社会医疗保险	公立医院为主	自主化
拉脱维亚	P-C+PD+FFS	国家卫生服务（购买者和提供者分离）		

作者根据相关文献整理。

资料来源：详见参考文献中相关国家文献。

六、医疗机构适用的付费方式设置规律

（一）绝大多数国家采取付费方式组合

绝大多数样本国家采取付费方式组合的原因在于：一是各种医疗服务的特性不同，医疗机构提供主动性不同，不同付费方式组合可提高医疗服务供给效率和资源利用效率。二是部分国家存在部分医疗服务供给不足，部分供给过量的问题，对供给不足的服务实行鼓励供给的付费方式，对过量提供的医疗服务采取控制供给的付费方式。三是部分国家处于医疗机构付费方式改革试点进程中，导致付费方式多样。

（二）以疾病诊断相关分组为基础的组合是发展趋势

虽然样本国家存在五种不同支付方式为主的组合，但总体呈现出走向疾病诊断相关分组为基础组合的趋势。

从这些国家现状看，几乎所有国家都在其付费方式组合中加入了疾病诊断相关分组或正在进行疾病诊断相关分组试点抑或是正在讨论引进疾病诊断相关分组。如韩国在2008年已将疾病诊断相关分组系统试点扩展到2 000多家医院[28]；罗马尼亚试点在2005年就已扩展到278家医院[29]；摩尔多瓦2012年开始在9家医院试点[30]。实行国家卫生服务的国家也在试图引入疾病诊断相关分组，但并不完全应用于付费方式，如葡萄牙将疾病诊断相关分组作为预算的制定基础。

（三）社会医疗保险和国家卫生服务付费方式发展路径存在差异，但正在逐步趋同

按照医疗保障制度类型，社会医疗保险和国家卫生服务制度的付费方式是完全不同的两个体系，这决定了付费方式发展路径的不同。但随着社会医疗保障制度的发展，特别是基于

提供者和购买者相分离的医疗服务购买机制的逐步引入,不同医疗保障制度之间的组织结构日益趋同,付费方式也正在逐步趋同。①

(四) 提供者和购买者是否分离和医疗机构自主权影响着付费方式选择

从样本国家看,提供者和购买者是否分开和医疗机构自主权程度都决定了付费方式的具体使用。实现提供者和购买者分离的国家卫生服务制度国家,其付费方式组合往往较为多样,而未实现购买者和提供者分离的国家,其付费方式基本以总额预算为基础。

更重要的是,付费方式选择与医疗机构管理自主权有相当关系。样本国家经验表明,实行国家卫生服务的国家中,医疗机构多为预算制单位或自主化单位,自主权较小,付费方式组合多以总额预算为主。社会医疗保险制度国家的医疗机构多为自主化或法人化单位,管理自主权较大,往往使用更为复杂的付费方式组合。

七、我国的基本医疗保险付费方式现状及完善建议

(一) 我国基本医疗保险付费方式现状

1. 我国基本医疗保险付费方式发展沿革

职工医保改革之初,按服务项目付费是主要方式。《关于印发加强城镇职工基本医疗保险费用结算管理意见的通知》(劳社部发〔1999〕23号)是我国最早规范基本医疗保险付费方式的文件。以此为指导,各地自主决定付费方式。总体来看,按服务项目付费是最主要付费方式。这一方式虽有利于鼓励医疗服务提供者积极性,提高医疗服务供给量,但也导致诱导消费,致使医疗费用异常增长。为此,部分地区进行了相应改革尝试,但规模都不大。

2009年新医改将付费方式作为一个重要改革抓手予以强调,各地开始探索费用支付方式改革,相关部门也连续颁发多个文件要求进行付费方式改革来控制医疗机构行为。②

2. 我国医疗机构付费方式现状

当前,我国基本医疗保险对医疗机构的付费方式正由单一按服务项目付费向混合多元支付方式发展。

---

① 社会医疗保险制度天生是一个医疗服务提供者、直接享有者和付费者的三方结构,医疗服务提供者和付费者天然分离,最初的支付方式主要为按服务项目付费,这决定了社会医疗保险天然具有服务购买的特点。国家卫生服务制度则是一个整合的医疗服务系统,医疗服务提供者和付费者往往整合在一个行政系统内,是一个行政化的两方结构。最初,制度内部主要通过预算和工资两种方式支付医疗费用,这决定了支付方式的发展途径。

② 2011年《人力资源和社会保障部关于进一步推进医疗保险付费方式改革的意见》(人社部发〔2011〕63号)要求各地"结合基金收支预算管理加强总额控制,探索总额预付。在此基础上,结合门诊统筹探索按人头付费,结合住院门诊大病探索按病种付费""有条件的地区可逐步探索按病种分组(DRGs)付费办法"。2012年卫生部、国家发展改革委、财政部印发《关于推进新型农村合作医疗支付方式改革工作的指导意见》(卫农卫发〔2012〕28号)要求各地进行新农合支付方式改革,"通过推行按病种付费、按床日付费、按人头付费、总额预付等支付方式,将新农合的支付方式由单纯的按项目付费向混合支付方式转变"。门诊费用支付方面,乡(镇)、村两级医疗卫生机构积极推行以门诊费用总额预付为主的支付方式;也可探索实行按人头付费向乡村(全科)医生购买服务方式;对于特殊病种大额门诊费用,可探索实行定额包干的支付方式。住院费用支付改革,积极推进按病种付费、按床日付费等住院费用支付方式改革;鼓励各地参照疾病诊断相关分组(DRGs)付费,探索完善现行按病种付费的模式。

城镇基本医疗保险制度方面,按服务项目付费仍是主流付费方式,按病种付费是主要的改革方向,大部分地区采用付费方式组合。按照 2011 年全国统筹地区的普查数据,我国城镇基本医疗保险仍主要采取按服务项目付费。总额预算制、按病种付费(单病种付费)和按人头付费都有采用,其中按病种付费试点较多。同时,全国大约一半的统筹地区采用两种或两种以上的付费方式组合,如表 13 所示。①

表 13 应用相应支付方式地区占总调查地区的比重(%)

支付方式	项目名称	应用范围		
		住院	门诊大病	门诊统筹
按服务项目付费	职工医保	77.1	67.3	53.9
	居民医保	78.2	64.5	56.8
总额预算	职工医保	8.6	2.5	3.7
	居民医保	5.7	2.4	4.9
按病种付费②	职工医保	24.3	34	—
	居民医保	16.7	32.3	—
按人头付费	职工医保	7.2	4.3	7.9
	居民医保	6.2	4.0	14.9

注:作者依据相关资料整理。

新农合方面,按照卫生部新农合研究中心 2011 年对全国 28 个省(区、市)进行的调查数据,共获取 2 126 个县的数据,其中 80.1% 的县进行了支付方式改革。按服务项目付费仍是主流的支付方式,部分改革地区应用付费方式组合③④,单病种付费和总额预算制是改革应用较多的支付方式,如表 14 所示。⑤

---

① 实行地市级统筹的地区几乎都使用了按服务项目付费为主,辅以其他支付方式(按病种,按人头付费或总额预算制)的付费方式组合。实行县(区)级统筹的地区支付方式则相对单一,大部分仍然单一使用按服务项目付费,部分采取了按服务项目付费为主的支付方式组合,如表 13 所示。
② 这里的按病种付费主要是单病种付费。
③ 由于缺乏普查数据,综合现有文献,马长啸,汪洋,张艳丽(2011)总结我国新农合的付费方式主要有按服务项目付费、按病种付费和总额预算制三种,其中按服务项目付费为主。宋大平等(2012)也提出改革前,按服务项目付费是传统上新农合的主要支付方式。徐波,裴丽萍,马亚娜(2010)也提出新农合的主要付费方式是按服务项目付费。
④ 部分地区采取了依照医疗服务类型和医院类型不同确定的支付方式组合。例如,有 20 个地区对住院服务采取单病种付费和按床日付费相结合方式,同时对门诊实行总额预付方式;207 个地区在对住院服务采取单病种付费的同时,在门诊服务中采取总额预算方式;3 个地区对住院服务采取按床日付费的同时,还对门诊采取总额预算方式(宋大平等,2012)。
⑤ 按照卫生部新农合研究中心 2011 年调查资料,住院服务支付方式改革有单病种付费、按床日付费、总额预算和按诊次控制等,门诊方面主要有总额预付和总额控制(宋大平等,2012)。其中,单病种付费和总额预算制是改革应用较多的支付方式,70.79% 的调查县在住院服务领域引入单病种付费,54.19% 的调查县在门诊服务领域引入总额预算方式。其中,单病种付费方式分为单病种定额和单病种限额两种;总额预算制分为总额预付制和总额控制两种。

表 14　　　　　　　　　　　　　新农合各种支付方式的分布

指标	住院					门诊	
	单病种定额	单病种限额	按床日	总额预算	其他	总额预付	总额控制
实行的县级统筹单位数（个）	926	579	100	124	170	369	783
实行县占总调查地区的比重（%）	43.56	27.23	4.70	5.83	8.00	17.36	36.83

资料来源：宋大平，张立强，任静，赵东辉，汪早立. 新农合供方支付方式改革现状分析［J］. 卫生经济研究，2012，（3）：14-18.

（二）对我国基本医疗保险付费方式的完善建议

我国基本医疗保险付费方式需进一步精细化和组合化。

1. 依据医疗服务特点分别确定付费方式并逐步精细化

按照不同医疗机构提供医疗服务的特点、各医疗服务的需求状况及卫生政策需要等对不同医疗服务和不同医疗机构使用不同付费方式甚至组合，如对急症医院采取疾病诊断相关分组方式，精神病住院服务采取按床日付费方式。同时，也需按照相应医疗机构覆盖患者的情况，精细化调整付费方式，如考虑老龄化和性别带来的诊疗成本差异，调整不同支付方式下的价格权重。

2. 依据卫生政策需要灵活使用各种付费方式

我国可依据卫生政策目标需要灵活调整基本医疗保险的费用支付方式。如针对强化基层医疗机构能力的要求，初级卫生保健服务付费方式可采用按人头付费帮助基层医疗服务机构获得稳定资金来源，进而发展和稳定医务人员。对于医疗费用控制政策，付费方式可增加相应总额控制内容。对护理服务可在付费方式中增加对护士服务支付内容的比重。

3. 付费方式逐步走向付费方式组合

由于单一医疗费用支付方式存在应用范围单一，存在固有缺陷等问题。故而，在国际上，针对特定类型医疗服务提供者大多采取组合的费用支付方式，依据其所提供医疗服务内容的不同使用不同的支付方式。我国的医疗服务购买者也应借鉴这一方式，对不同医疗服务采取不同支付方式。

4. 付费方式逐步转为按病种付费为主

按病种付费可分为单病种付费和疾病诊断相关分组两类。国际上，医疗费用支付方式的改革趋势就是逐步走向按病种付费。因而，短期内我国应逐步从按服务项目付费走向较为简易的单病种付费，并注重利用信息系统合理定价并及时调整。长期看，随着我国医院和医保经办部门信息系统的逐步完善以及循证医学等学科的发展，我国可逐步将付费方式转为疾病诊断相关分组方式。

参考文献

[1] 孙光德，董克用. 社会保障概论（第二版）［M］. 北京：中国人民大学出版社，2004.

[2] Langenbrunner, Jack C., Eva Orosz, Joseph Kutzin, Wiley Miley. *Purchasing and Paying Providers*. Berkshire: Open University Press, 2005.

[3] Thomson S, Foubister T, Mossialos E. *Financing Health Care in the European Union: Challenges and Policy Responses*. World Health Organization, 2009.

[4] Saltman R, Busse R, Figueras J. *Social Health Insurance Systems in Western Europe* . Open University Press, 2004.

[5] Chevreul K, Durand—Zaleski I, Bahrami S, Hernández—Quevedo C and Mladovsky P. *France*: *Health System Review* . Copenhagen: WHO Regional Office for Europe 12. 6 (2010).

[6] Busse R, Riesberg A. *Health Care Systems in Transition*: *Germany*. Copenhagen: WHO Regional Office for Europe, 2004: 70.

[7] Gerkens S, Merkur S. *Belgium*: *Health System Review*. Health Systems in Transition. Copenhagen: WHO Regional Office for Europe 12. 5 (2012).

[8] Rosen B , Merkur S. *Israel*: *Health System Review* . Copenhagen: WHO Regional Office for Europe 11. 2 (2009): 1—226.

[9] Hofmarcher M M, Rack H—M. *Austria*: *Health System Review*. Copenhagen: WHO Regional Office for Europe 8. 3 (2006): 1—247.

[10] Chevreul K, Durand—Zaleski I, Bahrami S, Hernández—Quevedo C and Mladovsky P. *France*: *Health System Review* . Copenhagen: WHO Regional Office for Europe 12. 6 (2010).

[11] Busse R, Riesberg A. *Health Care Systems in Transition*: *Germany*. Copenhagen: WHO Regional Office for Europe, 2004: 70.

[12] Schä fer W, Kroneman M, Boerma W, van den Berg M, Westert G, Devillé W and van Ginneken E. *The Netherlands*: *Health System Review* . Copenhagen: WHO Regional Office for Europe 12. 1 (2010).

[13] Maynard A. Can Competition Enhance Efficiency in Health Care? Lessons from the Reform of the UK National Health Service . *Social Science & Medicine* 39. 10 (1999): 1—184.

[14] Thomson S, Foubister T, Mossialos E. *Financing Health Care in the European Union*: *Challenges and Policy Responses* . World Health Organization, 2009.

[15] Seán Boyle. *United Kingdom (England)*: *Health System Review*. Copenhagen: WHO Regional Office for Europe 13. 1 (2013): 1—486.

[16] Barros P, de Almeida Simões J. *Portugal*: *Health System Review* . Copenhagen: WHO Regional Office for Europe 9. 5 (2010): 1—140.

[17] Busse R, Geissler A, Quentin W, et al. *Diagnosis—related Groups in Europe*. Open University Press, 2011.

[18] Chun C—B, Kim S—Y, Lee J—Y, Lee S—Y. *Republic of Korea*: *Health System Review* . Copenhagen: WHO Regional Office for Europe 11. 7 (2009): 1—184.

[19] Chun C—B, Kim S—Y, Lee J—Y, Lee S—Y. *Republic of Korea*: *Health System Review* . Copenhagen: WHO Regional Office for Europe 11. 7 (2009): 1—184.

[20] Vl ädescu C, Scîntee G, Olsavszky V, Allin S and Mladovsky P. *Romania*: *Health System Review* . Copenhagen: WHO Regional Office for Europe 10. 3 (2008).

[21] Turcanu G, Domente S, Buga M, Richardson E. *Republic of Moldova*: *Health System Review* . Copenhagen: WHO Regional Office for Europe 14. 7 (2012).

[22] Coulam RF, Gaumer GL. *Medicare's Prospective Payment System*: *A Critical Appraisal* . Health Care Financ Rev Annu Suppl, 1991.

[23] Bämighausen T, Sauerborn R. One Hundred and Eighteen Years of the German Health Insurance System: Are There Any Lessons for Middle—and Low—income Countries . *Social Science & Medicine* 54. 10 (2002): 1559—1587.

[24] Barr D A, Field M G. The Current State of Health Care in the Former Soviet Union: Implications

for Health Care Policy and Reform. *American Journal of Public Health* 86. 3 (1996): 307—312.

[25] Ham C, POWELL M. Health Care Reform: Learning from International Experience. *Journal of Interprofessional Care* 12. 2 (1998): 243.

[26] Chun C—B, Kim S—Y, Lee J—Y, Lee S—Y. *Republic of Korea: Health System Review*. Copenhagen: WHO Regional Office for Europe 11. 7 (2009): 1433—1445.

[27] Kutzin J, Jakab M, Cashin C. Lessons from Health Financing Reform in Central and Eastern Europe and the Former Soviet Union. *Health Economics, Policy and Law* 5. 2 (2010): 135.

[28] Kutzin J, Jakab M, Cashin C. Lessons from Health Financing Reform in Central and Eastern Europe and the Former Soviet Union. *Health Economics, Policy and Law* 5. 2 (2010): 135.

[29] Hernan L. Fuenzalida—Puelma, Sheila O Dougherty, Tamas Evetovits, Cheryl Cashin, Gintaras Kacevicius, Mark McEuen. Chapter 6. *Purchasing of Health Care Services*. Copenhagen: WHO Regional Office for Europe, 2010.

[30] Hernan L. Fuenzalida—Puelma, Sheila O Dougherty, Tamas Evetovits, Cheryl Cashin, Gintaras Kacevicius, Mark McEuen. Chapter 6. *Purchasing of Health Care Services*. Copenhagen: WHO Regional Office for Europe, 2010.

经济发达地区城乡卫生资源配置均等化研究
——基于广东省的实证分析

李晓燕

【摘要】 受城乡二元结构的影响，发达地区农村卫生事业发展滞后于社会经济发展整体水平，城乡卫生资源配置与医疗改革的均等化目标有较大差距，目前，作为率先改革开放、建立市场经济体系的东部发达地区已经具备了相应的经济实力和基础条件，有责任再次走在全国前面，进行制度创新、增加农村卫生投入和优化财政支出结构，积极推进卫生资源城乡配置均等化水平。

【关键词】 发达地区　城乡差距　卫生资源配置　均等化

A Study on the Equalization of Urban－rural Medical Resources Allocation in Developed Areas

Li Xiaoyan

(Public management school, Guangdong University of Business Studies)

Abstract By the affect of urban－rural dual structure, rural health development lags behind the overall level of social and economic development in developed areas, there exists a wide gap between urban－rural medical resources allocation and the goal of equality of health care reform. At present, as leader of reform and opening up, eastern developed areas already has the appropriate economic strength and basic conditions, has the responsibility to lead the country again to conduct system innovation, increase investment in rural health and optimize fiscal expenditure structure, and actively promote the equalization of urban－rural medical resources allocation.

Key words Developed Areas　Urban－rural Gap　Health Resources Allocation　Equalization

一、引言

（一）研究背景与意义

我国"十二五"卫生发展的总体目标是到 2015 年，覆盖城乡居民的基本医疗卫生制度初步建立，地区间资源配置差异明显缩小。在这个总目标下，2013 年的卫生工作的要点之一就是优化医疗卫生资源配置，逐步提高基本公共卫生服务均等化水平（陈竺，2013）。卫生资源配置取决于经济发展的不同阶段和水平。一般来说，经济发达地区政府财政收入多，

作者：李晓燕，广东财经大学副教授，浙江大学公共管理学院博士后，专业方向为公共管理。
基金项目：教育部人文社科项目（09YJC790038）；广东省普通高校人文社科项目（11WYXM051）。

相应地对农村医疗卫生保障投入也大。但笔者调查发现，这一结论并不完全符合实际。以沿海发达地区广东省为例，广东省经济实力强劲，近年来卫生事业快速发展，卫生资源总量持续增加，2012年卫生机构总收入达11 770 238万元，位于全国各省首位，但是广东省农村的医疗卫生保障水平与人均GDP很不相符，城乡卫生资源配置与医疗改革的均等化目标有较大差距，这说明经济的繁荣并不一定带来卫生资源配置的优化。作为改革开放前沿和市场经济体系较完善的东部发达地区，有责任也有条件再次走在全国前面，率先实现卫生资源城乡配置均等化。在此背景下，研究发达地区如何在卫生资源相对充裕的条件下，提高农村居民卫生保障公平性，不仅有利于对我国卫生资源配置前沿问题进行把握与解决，而且有利于继续抓住和用好我国卫生改革发展重要战略机遇期，推动卫生事业健康发展。

（二）文献综述

近年来，学者对于卫生资源配置均等化进行了大量研究，主要包括：一是卫生资源配置现状。韩俊（2007）、王红漫（2006）等提出目前农村卫生普遍存在资金投入不足，卫生人才缺乏，基础设施落后、设备陈旧等问题，导致服务水平低下。二是卫生资源配置均等化的影响因素。袁蓓蓓（2007）、郭露华（2007）等指出，理念、体制与政策是影响卫生资源分配的重要因素。杨益勇（2008）等认为农村卫生制度市场化，缺少公共支持城乡卫生资源配置不均衡。刘宝等（2009）认为公共服务均等化的实现从根本上取决于经济发展的实力、政府财力和公共财政的制度安排。三是卫生资源配置均等化的实现途径。贾康（2007）认为卫生服务均等化是分层次、分阶段的动态过程，从起始到成熟要经历初级、中级和高级三个阶段；胡善联（2010）、陆海霞（2009）、王谦（2006）等认为我国现行医改在引入市场机制的同时，应加强政府宏观管制；顾昕（2011）、王延中（2007）等则强调东部发达地区要进一步推进医疗卫生市场化程度。胡鞍钢（2010）等提出政府的卫生支出要向弱势群体倾斜，建立利贫的财政卫生分配机制。

总的来看，关于农村卫生资源配置均等化的现有文献中，研究视角大多集中于全国或是欠发达地区，而基于发达地区研究较为不足，尤其对发达地区推进卫生资源配置均等化的可行性和存在问题缺乏全面的透视。基于此，文章拟以广东省为例研究发达地区城乡卫生资源配置均等化问题，为发达地区制定卫生资源投入、使用、监管相关政策提供新的理论视角和破解经验，并向其他发达地区及中西部欠发达地区推广。

二、数据来源与评价指标

（一）数据来源

根据研究目的和要求，按照经济有效的原则，本文按地理与经济情况将广东全省划分为珠三角、东西两翼和粤北山区三个地区，收集整理三个地区农村卫生资料和数据。数据主要来自2009年《广东省卫生统计年鉴2009》《广东省统计年鉴2009》《广东省第三次国家卫生服务调查研究》《广东省第四次国家卫生服务调查研究》。

(二) 评价指标

1. 洛伦兹曲线（Lorenz curve）和基尼系数（Gini coefficient）

洛伦兹曲线（Lorenz curve）和基尼系数（Gini coefficient）是用来研究收入在不同人群中分布并计算收入公平性的方法，它现在已经被广泛应用于各种公平性研究中。其基本原理是通过描述一定比例的单位拥有资源的多少来判断资源分布的公平性。

2. 泰尔指数（Theil index，TI）

泰尔指数（Theil index，简称TI），最初是经济学中用来衡量收入分布公平性的一种方法，主要通过考察人口和其相应的收入是否匹配来判断资源分布的公平性。一般认为，当每一个人所拥有的收入都是一样时，此时收入的分布是绝对公平的，而当部分人群占有比其人口比例更高的收入时，就会产生收入不公平现象。从统计学来讲，其实是这部分人群所占有的收入，偏离了平均值，引起了不公平现象。如果每个人获得完全相同份额的收入，那意味着每个人的收入与均值的差值为0；如果每个人份额不一样，则可以通过测算个体与均数的差异大小来计算不公平系数，偏离均数越大，表明越不公平。TI也可用来衡量地区间卫生资源分布的均衡性。TI的计算公式如下：

$$TI = w_1\left[\ln\left(\frac{w_1}{n_1}\right)\right] + w_2\left[\ln\left(\frac{w_2}{n_2}\right)\right] + \cdots + w_i\left[\ln\left(\frac{w_i}{n_i}\right)\right]$$

其中：w_i=第i组人群资源占总资源的比例；n_i=第i组人群总人口数占全体人口总数的比例。

从TI的公式中可以看出，当各组所占的资源比例和人口比例相同时，TI值为0，表示绝对公平状况。当组中所占资源比例大于其人口比例时，w/n的值大于1，取对数后变为正数，表明这组人群对TI的贡献表现为正值；而当组中所占资源比例小于人口比例时，w/n的值小于1，取对数后变负数，表明这组人群对TI的贡献表现为负值。TI的最终大小，取决于各组人群正负的综合结果。由于取对数后还乘以该人群所占资源的比例，因此，最终TI的值总是大于0的。

在评价卫生资源配置公平性时，笔者将Gini系数与Theil指数相结合，以便更加客观地分析问题，避免采用单一指标出现的偏差。主要考虑如下：第一，Gini系数的数值含义已经有了明确说明，国际上通常把Gini系数等于0.4作为收入贫富差距的警戒线，而Theil指数在卫生资源配置中应用较少，目前还没有一个关于其值大小的准确说明。因此，利用Gini系数测算广东省总和不公平性能够大致了解广东省卫生资源配置的公平状况。第二，Theil指数对于资源配置的高低变化特别敏感，比Gini系数更适合地区间不公平性的描述。同时，Theil指数可以进行分解，求出不同层次、不同组别的公平性，更有利于分析各地区、各影响因素对不公平的贡献情况。

三、发达地区农村卫生资源配置均等化评价

本文从城乡卫生资源配置和各地区农村卫生资源配置两个维度来研究发达地区农村卫生资源配置均等化问题。

(一) 城乡卫生资源配置均等化评价

1. 财政投入比较

近年来,广东省政府卫生支出呈递减趋势。2005—2009 年,广东省卫生费用筹资总额从 577.1 亿元增加到 973.6 亿元,绝对数增长明显,但各年卫生总费用占 GDP 的比例分别为 3.64%、3.43%、3.57%、3.38%、3.13%。同时,由于受城乡二元结构的影响,广东省医疗卫生财政投入城乡差异较大的状况进一步加剧。

2. 卫生设施比较

数据显示,2009 年广东省市、县医院每千人分别拥有 3.76 张和 1.37 张床位[①],而乡镇卫生院每千农业人口床位只有 1.09 张;在 28 070 个村卫生室中,乡镇卫生院设点的卫生室仅占总数的 4.04%,大量的村卫生室主要依靠村办和私人办(见表1、表2)。

表1　广东省每千人口医疗机构床位数

每千人口医院和卫生院床位(张)			每千农业人口乡镇卫生院床位(张)
合计	市	县	
2.99	3.76	1.37	1.09
3.06	4.31	1.93	1.05

资料来源:广东省卫生厅.《广东省卫生统计年鉴2009》,经作者整理而得。

表2　广东省村卫生室建设情况

	村办	联营	乡卫生院设点	私人办	其他
村卫生室数(个)	22 633	156	1 133	3 609	539
占比(%)	80.63	0.56	4.04	12.86	1.92

资料来源:广东省卫生厅.《广东省卫生统计年鉴2009》,经作者整理而得。

另外,广东省特别是粤西北欠发达地区农村卫生设施投入不足、医疗设备条件差的问题比较突出。许多乡镇卫生院设备连 B 超、X 线机和心电图机等基本设备都没有,只能进行简单疾病的诊治与处置,服务能力和服务效率低下。广东省第四次国家卫生服务调查数据显示,被调查者对城市医院基本设施和环境的评价较第三次卫生服务调查在上升,对农村医院的评价则在下降;农村地区住院患者最不满意的方面依次是医疗费用高、设备条件差,分别占农村住院病人的 20.9% 和 13.3%(见图1)。

3. 卫生人力资源比较

广东省城市卫生人力资源配置明显优于农村。数据显示,广东省平均每村拥有乡村医生和卫生员 1.74 人;平均每千农业人口乡村医生和卫生员为 0.85 人,分别低于全国平均水平(1.75,1.19);同时,农村卫生专业技术人才整体素质偏低。广东省乡镇卫生院医生多数是大专和中专学历,大学本科以上的医生仅占总数的 7.3%,远远低于全省平均水平(26.8%)。相当数量的从业人员仍未取得执业医师或执业助理医师资格,非卫生专业技术人员比重偏高(见图2)。

---

① 本研究中农村卫生机构是指县级及以下卫生机构,包括县医院和乡镇卫生院。

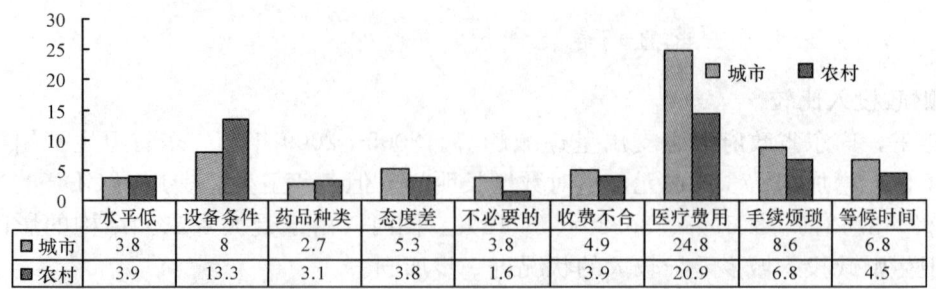

图 1 调查地区对住院服务不满意的内容及患者比例（%）

资料来源：广东省卫生厅.《广东省第四次国家卫生服务调查研究》，经作者整理而得。

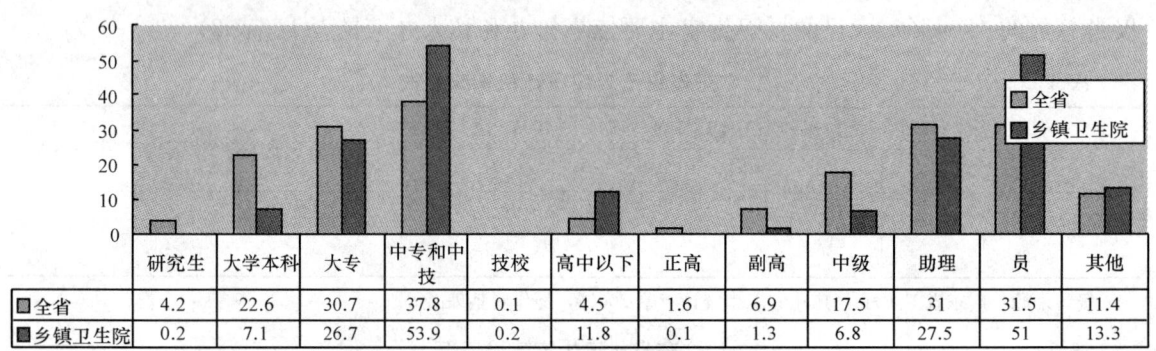

图 2 广东省卫生技术人员学历、职称构成（%）

资料来源：广东省卫生厅.《广东省卫生统计年鉴2009》，经作者整理而得。

（二）各地区农村卫生资源配置均等化评价

杨益勇（2008）选取卫生机构数、床位数和卫生人员数作为评价医疗服务均等化的指标；胡铭（2010）基于公共财政视角，从财政投入和卫生设施投入等方面对公共卫生资源布局均等化进行了分析。本文在前人研究的基础上，利用以下指标来研究农村卫生资源配置均等化问题：财政补助、床位、新设备、卫生人员。

1. 卫生资源配置 Gini 系数测算

文章根据数据可获得性，以乡镇卫生院为研究对象，应用 Gini 系数描述广东省农村卫生资源配置均等化情况（见表3、表4）。参照目前卫生经济学的标准，即卫生资源配置的 Gini 系数在 0.3 以下为最佳的平均状态，在 0.3~0.4 之间为正常状态，超过 0.4 为警戒状态，达到 0.6 以上则属高度不公平的危险状态，广东省农村卫生资源配置的 Gini 系数均在 0.2~0.4 之间，总体上较为公平。其中，卫生财政补助配置最不公平，Gini 系数为 0.3245，超过正常状态。

表 3 广东省乡镇卫生院卫生资源配置情况一览表

地区	机构数（个）	床位（张）	人员（个）	财政补助（万元）	设备（个）	院均床位	院均人员	院均财政补助	院均设备
广州	27	1 323	2 612	27 158.7	483	49	49	1 006	18
韶关	114	2 021	3 246	7 605.8	708	18	18	67	6
珠海	16	967	1 817	6 680.2	218	60	60	418	14
汕头	33	1 370	2 812	6 346.6	246	42	42	192	7
深圳	2	49	131	370	9	25	25	185	5
佛山	25	5 149	9 117	7 179.9	1 103	206	206	287	44
江门	68	2 525	3 866	4 219.2	858	37	37	62	13
湛江	99	4 689	6 525	14 548.4	738	47	47	147	7
茂名	101	4 069	5 559	11 111.3	942	40	40	110	9
肇庆	98	1 972	3 974	6 185.2	889	20	20	63	9
惠州	74	3 203	5 016	9 799.7	949	43	43	132	13
梅州	140	2 896	5 717	12 809.3	706	21	21	91	5
汕尾	49	1 596	3 275	6 718.4	343	33	33	137	7
河源	99	2 312	4 638	9 848.8	581	23	23	99	6
阳江	38	1 279	2 099	5 016.7	342	34	34	132	9
清远	113	3 073	3 952	8 244.8	876	27	27	73	8
潮州	45	935	2 444	5 530.2	251	21	21	123	6
揭阳	76	2 651	4 226	8 546.5	453	35	35	112	6
云浮	58	1 751	2 679	5 236.9	461	30	30	90	8

资料来源：广东省卫生厅.《广东省卫生统计年鉴2009》，经作者整理而得。

表 4 广东省乡镇卫生院卫生资源配置的 Gini 系数

卫生资源	Gini 系数
床位数	0.262 0
人员	0.233 3
财政	0.324 5
设备	0.235 4

资料来源：广东省卫生厅.《广东省卫生统计年鉴2009》，经作者整理而得。

2. 卫生资源配置 TI 测算

（1）卫生资源配置分区

本文按地理与经济情况将广东全省划分为珠三角、东西两翼和粤北山区三类地区。其中，珠三角地区包括广州、佛山、珠海、东莞、惠州、江门、肇庆七市（其中东莞和中山市数据缺失），东西两翼地区包括东翼的汕头、潮州、揭阳、汕尾四市和西翼的湛江、茂名、阳江三市，粤北山区包括韶关、河源、梅州、清远、云浮五市（见表5）。

表 5　　　　　　　　广东省三类地区乡镇卫生院卫生资源配置情况

调查地区	机构数（个）	床位（张）	人员（人）	财政补助（万元）	新设备
珠三角	308	15 139	26 402	61 222.9	4 500
东西两翼	441	16 589	26 940	57 818.1	3 315
粤北山区	524	12 053	20 232	43 745.6	3 332

资料来源：广东省卫生厅.《广东省卫生统计年鉴2009》，经作者整理而得。

（2）卫生资源配置 TI 评价

本研究中广东省乡镇卫生院卫生资源配置公平性的 TI 计算，主要考虑三类地区间的 TI 值和经调整后的各类地区内的 TI 值，即广东省农村卫生资源配置的 TI 值＝地区间 TI（T1）＋地区内 TI（T2）。计算结果显示，在各类卫生资源中，财政补助配置最不公平，TI 值为 0.136 9；从组内贡献来看，珠三角地区不同城市的卫生资源配置差别最大，造成这种结果的原因是相对于广州、佛山等城市，肇庆市占有较少的卫生资源；从组间贡献来看，经济发达的珠三角地区占有了较多的卫生资源，而东西两翼和粤北山区则相对占有较少（见表6）。

表 6　　　　　　　　广东省三类地区乡镇卫生院卫生资源配置的 TI 值

	地区	床位	人员	财政补助	设备
组间贡献	珠三角	0.122 8	0.141 3	0.166 1	0.205 4
	东西两翼	0.034 1	0.020 2	0.008 6	−0.045 1
	粤北	−0.110 5	−0.110 8	−0.114 5	−0.095 3
	T1	0.046 4	0.050 7	0.060 2	0.065 0
	贡献率	52.81%	51.28%	43.94%	50.20%
组内贡献	珠三角	0.230 0	0.253 8	0.384 6	0.262 6
	东西两翼	0.042 5	0.023 6	0.013 6	−0.040 5
	粤北	−0.106 1	−0.106 1	−0.106 1	−0.106 1
	T2	0.041 4	0.048 1	0.076 8	0.064 4
	贡献率	47.19%	48.72%	56.06%	49.80%
	T＝T1＋T2	0.087 8	0.098 8	0.136 9	0.129 4

资料来源：广东省卫生厅.《广东省卫生统计年鉴2009》，经作者整理而得。

综上所述，广东省城乡卫生资源配置存在一定程度的不均等，造成这种结果的原因可以概括为四个方面：一是经济市场化影响。改革开放以来，市场机制这只"无形的手"对卫生资源的配置起着重要的导向作用，政府对卫生资源配置的调控能力不断下降，80%的卫生资源向效率更高的大城市、大医院流动，导致农村卫生资源配置严重不足，公平性欠缺，这种现象在东部发达地区更为明显。数据显示，近几年来，尽管广东省先发优势较为明显，但广东省农村卫生资源增长速度和西部各省的差距正在逐渐减少，这主要是因为中央政府加大了对中西部地区的卫生扶持力度和转移支付力度。二是制度建设的局限性。适时的制度创新是推进卫生资源配置均等化的保证。近年来，广东省经济不断发展，卫生投入占比也达到

4%，然而"看病难、看病贵"问题却始终没有有效解决，现有的卫生资源还只能使一部分人受益。很显然，问题的根源不能完全归咎于投入不足，而是实现卫生保健公平性的体制与机制还不完善。三是政府农村卫生投入不足。尽管近几年来广东省财政不断加大对东西两翼和粤北山区农村卫生的扶持力度，但和珠三角发达地区仍存在较大差别。同时，农村低收入人口有限的支付能力也是导致农村基层卫生机构服务利用不足，从而进一步萎缩的原因。改革开放以来，城乡二元经济结构导致广东省城乡收入差距逐步扩大，2009年城镇居民年人均可支配性收入21 574.70元，城乡居民收入比为3.12，达到历史最高点。广东省第四次国家卫生服务调查数据显示，被调查低收入人口（主要集中在欠发达地区）家庭医疗卫生支出占总消费支出的比例为11.6%，远高于全部人群（见表7），应就诊未就诊的比例为10.1%，应住院未住院的比例为22.8%，分别高出全部人群9.5和4.6个百分点。其中，经济困难是阻碍低收入人口卫生服务利用的重要因素。

表7　　　　　　　　　　农村低收入人群家庭医疗卫生支出情况

	家庭医疗卫生支出（元）	家庭医疗卫生支出占总消费支出的比例（%）
低收入人群	255	11.6
全部人群	416	8.5

资料来源：广东省卫生厅.《广东省第四次国家卫生服务调查研究》，经作者整理而得。

四、政策建议

（一）发达地区推进卫生资源配置均等化改革的可行性

近年来发达地区的发展为推进卫生资源城乡配置均等化提供了可行性。一是具有推进卫生资源城乡配置均等化改革的经济实力。发达地区由于其特殊的地理位置及历史因素，在深化改革的浪潮中经济得以不断发展，在一定程度上具备了改革卫生资源配置制度的经济实力。二是具备了推进卫生资源城乡配置均等化的基础条件。近年来，部分发达地区在推进经济建设的同时，积极推进社会保障体系的建设，积累了很多成功经验，这些前瞻性的努力为发达地区卫生资源配置制度的改革提供了可行性。三是城市化进程形成了卫生资源城乡配置均等化的客观要求。改革开放以来，我国城市化水平不断提高，发达地区的城市化进程则更快，以广东省为例，2009年城市化率达到63.4%。城市化趋势要求我们必然顺应潮流，统筹考虑卫生资源城乡配置安排，朝着城乡一体化的方向设计社会医疗保障制度。

（二）政策建议

1. 完善政府调控与市场调节管理机制

宏观上，基于医疗卫生的公共产品属性，政府在农村医疗卫生事业中的主导作用只能加强，不能削弱；微观上，为了提高卫生资源配置效率，有必要引入市场竞争。新医改之前的市场化，并不是真正的市场化，而是一个缺乏管理的市场化（余晖，2011），本次医改方案的最大改进就是加大政府投入的同时，引入了有管理的市场化。和其他地区相比，广东省市场经济更成熟，市场机制更规范，有基础、有条件为本次医改实现"有管理的市场化"做出前瞻性的努力,在激活医疗服务市场和医疗保险市场,民营资本、外资引入,县乡镇级医疗机构市场化等方面率先进行改革和试点,有控制地、适度地加大医疗市场的放开力度。

2. 积极进行制度创新

一是逐步消除二元户籍制。近年来,广东省在户籍制度改革方面做了很多有益的探索,如2010年率先在全国推行的农民工"积分入户"政策,今后,广东省应在原有的基础上,加大改革力度,逐步取消农业户口与非农业户口的分类管理办法。二是整合城乡医疗保险制度。目前,广东省已经建立起了运作模式各不相同、具有地方适用性的农村医疗保障制度,如顺德模式、中山模式。但总的来说这些医疗保障制度在运行机制上表现出了明显城市偏向,无论从统筹层次、政府补助,还是补偿水平,城市都明显高于农村,一定程度上使农村医疗保障制度的改革陷入了低效困境。建议先整合城镇居民医疗保险和新农合两大制度,建立居民医疗保险制度。然后整合城镇职工医疗保险和居民医疗保险两大体系,实现所有人平等享受同等医保待遇。三是积极推进"省管县"财政分配体制改革。即将现行省管市、市管县的财政体制,转换为省直接管县财政体制。2004年以来,广东省一直在进行相关改革,目前已经具备实行"省管县"财政分配体制的条件,作为中国发展和改革的先锋,广东省尤其应该把这一政策目标排在更优先的位置,提高县级政府基本公共服务的能力,建立省内合理的转移能力,为地方政府实现卫生资源配置均等化提供稳定可持续的财力。

3. 加大农村卫生投入,优化区域间卫生资源配置

应该说,广东省已经具备了健全农村医疗保障体系的经济力量,只要政府真正从建设和谐社会,切实关注民生的高度出发,适当提高卫生支出在财政支出中的比重,优化支出结构,把广东省医疗卫生事业发展更好地与城镇化和新农村建设结合起来,与提升珠三角和带动粤东西北地区发展战略结合起来,卫生资源配置均等化问题是可以在一定程度上得到解决的。一是调整城乡之间的资源配置结构。强化地方财政在卫生筹资中的主体地位,进一步加强对农村公共卫生的投入和农村三级医疗卫生服务网络建设。积极引导优质医疗资源下沉,开展地级以上医院对口支持乡镇卫生院工作,建立城市医院支农长效机制。二是调整不同地区间的农村资源配置结构。要进一步加大粤北山区等落后地区的财政转移支付力度,特别在机构建设、条件改善、人员培养等方面承担责任,组织建立珠三角地区与经济欠发达地区农村卫生机构对口帮扶制度;同时也要关注类似肇庆等市虽地处发达地区,但卫生资源投入偏少的问题。三是提高农民对卫生资源的利用能力。要继续关注低收入人群、特困人群的卫生支出,继续完善医疗救助制度,提高医疗救助资金利用效率和救助效果。

参考文献

[1] 韩俊,罗丹.中国农村卫生调查[M].上海:上海远东出版社,2007.

[2] 王红漫.进一步完善和加强我国农村公共卫生系统[J].中国卫生资源,2005,(1).

[3] 袁蓓蓓.优化城乡卫生资源配置的经济学分析.卫生软科学,2007,(10).

[4] 郭露华等.城乡卫生人力资源配置公平性及其政策探讨[J].卫生经济研究,2007,(8).

[5] 杨宜勇,刘永涛.我国省际公共卫生和基本医疗服务均等化问题研究[J].经济与管理研究,2008,(5).

[6] 刘宝,胡善联.基本公共卫生服务均等化指标体系研究[J].中国卫生经济政策研究,2009,(6).

[7] 贾康.公共服务的均等化应积极推进,但不能急于求成[J].审计与理财,2007,(8).

[8] 胡善联. 新医改开了个好头 [J]. 中国卫生，2010，(2).
[9] 陆海霞. 我国农村基层卫生资源配置失衡的理性思考 [J]. 中国卫生经济. 2009，(2).
[10] 王谦. 医疗卫生资源配置的经济学分析 [J]. 经济体制改革，2006，(2).
[11] 顾昕. 医疗卫生资源的合理配置：矫正政府与市场双失灵 [J]. 国家行政学院学报，2006，(3).
[12] 王延中. 中国医疗卫生改革何处去 [J]. 工业经济，2007，(8).
[13] 胡鞍钢. 防止弱势群体停留在"发展边缘"[J]. 中国人才，2010，(23).
[14] 陈竺. 2011年医改五项重点工作进展顺利 [R]. http://www.moh.gov.cn/，2011－01－06.

2013年世界社会保障十大事件

2014年2月22日，在周弘等部分论坛成员的建议与推荐候选事件的基础上，基于了解国外社会保障发展动态与借鉴国外经验的需要，中国社会保障30人论坛首次评选出上一年度世界社会保障十大事件。根据论坛成员的投票结果，现将2013年发生的世界社会保障十大事件公布如下：

1. 美国医保法案面临困境。
2. 德国政府通过降低费率、提升待遇、延迟退休年龄的组合拳政策对养老保险制度进行调整。
3. 欧洲国家通过延迟退休年龄以削减公共开支。
4. 荷兰告别20世纪的福利国家，推行紧缩政策。
5. 俄罗斯宣布公民永久享受免费医疗。
6. 国际劳工组织《关于家庭工人体面劳动的公约》正式生效。
7. 法国议会通过养老保险制度改革法案。
8. 英国《福利改革法2012》生效。
9. 澳大利亚进行养老保险制度改革。
10. 韩国政府提出实施为国民"量身定做"社会福利政策。

挣脱贫困陷阱：建构一致的亚洲社会保障最低标准

贾玉娇

【摘要】亚洲是世界第一大洲，同时也是贫困人口最多的大洲。在新的发展机遇与挑战下，贫困的终结成为亚洲区域性组织与各国政府面临的共同难题。亚洲贫困的形成绝非是一国经济发展不利和物质的极端匮乏那么简单，而是经济全球化背景下发展的悖论。贫困的辐射效应正在日益显现巨大的破坏力。解决这一问题已然超出一国的治理能力，而需要进行区域性的国家协作。社会保障作为社会管理与经济管理的重要工具，成为亚洲走出贫困、摆脱支配的制度选择。制定一致的、适于亚洲的社会保障最低标准，成为实现亚洲国家和集团利益、促进亚洲社会进步和崛起的现实抉择。

【关键词】亚洲 贫困陷阱 社会保障 一致的最低标准

Climbing Out of Poverty Trap: Construction of a Consistent Minimum Standards of Social Security in Asia

Jia Yujiao

(College of Philosoping and Socion, Jilin University)

Abstract Asia is the world's largest continent and also has the most populous of poverty. In the new development opportunities and challenges, the end of poverty is becoming common problems the Asian regional organizations and national governments have to face. Asian poverty is not a government matter harmful to economic development and extreme deprivation, but the negative consequences of economic globalization and development paradox. Radiation effects of poverty is increasingly apparent the destructive force, beyond the capacity of a country to solve, the need for strong regional cooperation and national regulations. Social security as an important tool for economic management and social management, as domination selection helping Asia go out of poverty. Developed for the same minimum standards of social security in Asia, as the inevitable choice for realization of the Asian countries and corporate interests, promoting social progress in Asia and the rise of Asia.

Key words Asia Poverty Trap Social Security Consistent Minimum Standards

一、摆脱贫困的"幻象"与贫困陷阱

正如亚洲开发银行（ADB）区域和可持续发展局的专家布朗姆·布拉卡什（Bu Lang-

作者简介：贾玉娇，吉林大学哲学社会学院，副教授。

贫困问题的危害不仅仅在于穷人生存权益的丧失与无法累积摆脱贫困的必要的人力资本，更在于贫困所引发的暴乱、劳动力市场失序、恐怖主义等社会、经济与政治问题，其影响范围超出一国的界限，波及区域乃至全球。

mu·Brad Karsh）所说，亚洲是一个贫困的大陆。从世界极端贫困人口的地域分布上看，非洲的面积要稍大于亚洲，但从贫困人口的数量来看，亚洲则远远超过非洲。根据世界银行长期使用的一种复杂的统计标准（即按照购买力平价调整的每人每天1美元收入为上限作为绝对贫困人口测算依据，用每天每人收入在1美元到2美元之间的标准测度中等贫困。①)，亚洲极端贫困人口主要集中于南亚的印度、孟加拉国、巴基斯坦，东南亚的老挝、柬埔寨以及部分岛国；中等贫困人口分布在阿富汗、蒙古、中国部分地区以及中亚、东南亚的绝大多数国家②。

虽然贫困是一个世界性的普遍问题，但从贫困的特征上看，亚洲与欧洲、北美洲截然不同。简言之，亚洲的贫困是"丰裕社会"③下的贫困，它的产生有着深刻的历史根源与复杂的现实原因。正如杰弗里·萨克斯（Jeffrey Sachs）所描述的，已产生巨大财富的发展却绕过这些贫困国家和地区，使他们享受不到发展的成果，而粘滞于贫困的陷阱中④。根据世界银行的统计数字可知，进入2000年后，世界人口超过了60亿，全球国内生产总值（GDP）超过30万亿美元，其中发达国家的人口仅占世界人口的14.9%，GDP却占世界GDP的79.05%，人均GDP高达3.5万美元；而占世界人口40.6%的最不发达国家的GDP仅占世界GDP的3.44%，人均GDP仅200美元。⑤对此，伊曼努尔·沃勒斯坦（Immanuel Wallerstein）给我们提供了一个解释"丰裕社会"贫困的当代马克思主义的分析框架。他指出无论是发达国家之内的贫困还是之外的贫困，都是资本积累产生的必然结果。但是发达国家为延续资本主义，创造了保持经济持续增长的长效机制——社会保障与福利制度，使得发达国家中的无产者们能够更多地享受到从资本主义核心流出的剩余积累。随着全球化进程的开启，广大贫困落后国家成为新的被剥夺对象，然而剩余价值从资本主义世界中心融化开来向四周扩散的速度是非常缓慢的。这种剥夺始于亚洲国家的殖民地与半殖民地时期，随着殖民体系的瓦解与第三次工业浪潮的到来，全球化依托新的载体以全新的面貌扩展开来，对亚洲国家的剥削变得更为隐蔽。

面对亚洲的贫困，我们不禁要反思、要追问，给那么多国家带来财富的"发展"缘何绕过亚洲穷国？何谓对亚洲更为隐蔽的剥夺？这种"丰裕社会"下的贫困如何被制造出来？为什么那么多的"援助项目"却没能帮助亚洲走出贫困？如果考察二战以来的主流知识体系，就会发现随着发展主义话语体系的建构，许多落后的国家和地区被制造了出来。在这一理论体系主导下，第三世界开展一场规模前所未有的大型规划工程。该建设基于这样一个预设：

---

① 这一测量标准在公共政策领域非常流行。世界银行的经济学家陈少华（Shaohua Chen）和马丁·拉沃林（Martin Ravallion）按照这一标准进行了估算，指出在2001年，世界上的绝大多绝对贫困人口分布在东亚、南亚和非洲撒哈拉沙漠以南地区。当然，后来这一分类标准的准确性受到诸多质疑，并引起激烈的争论。

② http://www.worldbank.org/.

③ 赛林斯（Marshall Sahlins）在《原初丰裕社会》一文中，描绘了在全球化体系建立之前，也就是"发展"与"进步"等知识体系还没丑化所谓"落后地区"之前，各地原住民们所处的一种"丰裕状态"。应当说，在现代语境下，"稀缺"具有很大的相对性与建构性，随着资本主义体系的发展与扩张，这一概念被无数次的发展。基于此，本文中所使用的"丰裕社会"并非如全球化的积极倡导者与歌颂者所宣扬的一样，而是建立在赛林斯的理论基础上，对经济增长与贫困蔓延这一发展悖论的表达。

④ ［美］杰弗里·萨克斯.贫困的终结——我们时代的经济可能［M］.上海人民出版社，2007.

⑤ http://www.worldbank.org/.

西方的政治经济制度及价值体系较非西方优越,因此其他地区应该效仿西方。① 这样,资本主义再次发挥出改造世界、制造世界秩序的强大能力,迫使其他国家纷纷走上所谓的"富裕之路"。借助这一过程,发达国家实现对落后国家的"干预"与"支配"。当然,西方在建构以其为主导的世界体系时所运用的策略要远比这复杂得多。在西方的操控下,落后国家在摆脱贫困的幻象中陷入贫困的陷阱,并无法自拔。

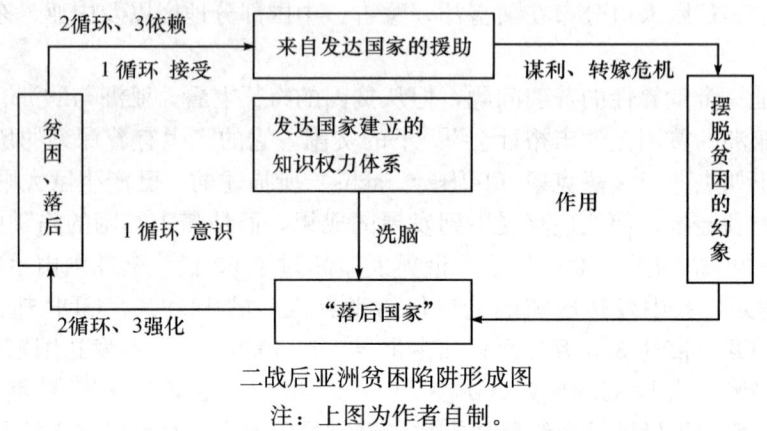

二战后亚洲贫困陷阱形成图

注:上图为作者自制。

虽然随着亚洲各国经济的发展,一些国家的贫困人口数量有所减少,但贫困问题依然严峻,贫困陷阱仍旧是绝大多数亚洲国家面临的发展困境。如何挣脱贫困陷阱?是接受来自于国际组织或发达国家的援助,继续扮演依附的角色?抑或是在经济区域化背景下,探寻满足亚洲发展需求的制度安排,提高发展自主性与整体竞争力,实现国家与区域发展双赢?这成为衡量亚洲区域组织与各国政府发展战略眼光是否长远的尺度。

二、建立亚洲一致社会保障最低标准的必要性

亚洲一致社会保障最低标准的提出正是出于此种战略考虑。在全亚洲铺张开托底的社会保障网络,与全面推行社会保障制度相比具有更高的可行性。统一规划可以有效整合各国社会保障资源,积极推进亚洲社会保障发展进程。而且,此举不仅可以解决贫困人口的生存问题,作为一项基本投资还会产生长远的社会与经济效益,拉动亚洲走出贫困陷阱,促进亚洲各国与区域良性发展。

(一)从亚洲视角审视欧洲 1952 年公约

提到一致的社会保障最低标准就不能不介绍国际劳工组织在 1952 年第 35 届大会上通过

---

① Translated and Published by permission, Development and the Politics of knowledge: A Critical Interpretation of the Social Role of Modernization, in Decolonizing Knowledge—From Development to Dialogue. Clarendon Press, 1990: 249—278.

的《社会保障（最低标准）公约》（102号公约）①，该公约以欧洲社会转型进程中所产生的社会问题与第二次世界大战所产生的消极影响为指向。应当说，不同国家对社会保障有不同的界定，即便在同一国家，不同学者对社会保障也有着不同的理解，因此建立一致的区域性社会保障最低标准是一件非常困难的事。然而，基于欧洲各国相似的社会发展轨迹与现代社会保障制度的演变历程，在推动欧洲社会整体进步的理念下，国际劳工组织做了一次成功的、伟大的尝试。从1952年公约的产生与实施情况来看，建立区域性统一的社会保障不仅是可能的，而且是可行的。

然而，该公约对亚洲是否具有适用性？从1952年公约的产生背景、社会需求与内容设置上看，无不深刻体现着欧洲社会及其制度的印记。社会保障最低标准的确立主要沿用欧洲在工业化进程中解决社会问题的思路，参照当时已经建立社会保障制度的工业化国家的政治、经济与社会发展状况，主要覆盖欧洲以及与之有着相似背景的北美洲和大洋洲。显然，这大大降低了该公约在亚洲的适用性，毕竟亚洲无论从贫困的特征、经济发展水平，还是从社会保障制度的发展历程和福利特征都与欧洲不同。

（二）全球化背景下亚洲自主性提高的必然选择

由前文分析可知，为解决亚洲贫困问题，发达国家与国际组织纷纷向落后的贫困国家伸出援手，试图使其走上"发展进步"之路，但这仅是由发达国家主导的世界体系扩张的必要步骤。因为亚洲贫困国家在接受名目繁多的援助项目的同时，还要接受诸多附带条件。以国际货币基金组织的援助项目为例，援助国必须接受有关经济政策、治理和公共支出的行为列表，这些列表要符合国际货币基金组织关于这些国家如何运作的理念。迫于诸如此类援助项目的投资者与放贷者的压力，援助接受国必须变革会计制度和披露程序，并且使国外投资者更容易进出市场。不仅如此，很多所谓的援助项目破坏了当地的生态环境。根据世界银行学者的研究成果可知，自1960年起，欧、美、日等地区的污染性工业占工业的份额持续减少。相反，拉美和亚洲等低、中收入国家的污染性工业则稳步上升（Mani、Wheeler，1998）。②那些冠冕堂皇的援助项目则更成为发达国家谋取利益的工具。它加大了这些所谓落后国家的发展成本，往往治理环境问题的费用要远远超过以此为代价获取的收益。此外，破坏了当地的社会生态系统，将丰富多样的生存体系简化为千篇一律的经济模式。为反抗此种压迫，有的国家试图走上另类发展的道路，如印度喀拉拉邦的发展模式。③

---

① 1952年公约是一部综合性的基础公约，规定社会保障包括9个项目：医疗津贴、疾病津贴、失业津贴、老龄津贴、工伤津贴、家庭津贴、生育津贴、残疾津贴、遗属津贴，在具体内容设置上部分沿用了先前通用的公约与条款。公约要求每一个批准该公约的国家必须实行上述9项中的至少3项；规定每个保险项目最低限度的人员范围及比例；规定了每一项最低限度的津贴标准。该公约首次规定了能够适应不同发展程度国家经济和社会条件的一般社会保障标准。

② 这份研究报告采用了钢铁、有色金属、工业化学品、造纸、非金属矿产等五类污染性最高的工业部门，作为度量污染性工业份额的基础。然而，一些污染程度较低的工业当中污染程度较高的工序，亦往往由发达地区转移往低、中收入地区，例如纺织和电子机械等。

③ 其实无论发展话语还是其主导的主流发展模式都是特定历史阶段的产物，是被人为建构起来的。发展本无另类与否，而是因为发达国家建立起来的主流发展体系具有扩张性与取代性，才迫使所谓落后地区遵循地方性知识与本国发展需求创造出另类发展模式，其中印度的喀拉拉邦运动非常具有代表性，在该发展模式下人们不再一味追求经济增长，而是将发展的重点转向各种社会指标，如教育、医疗等内容。

接受发达国家援助虽会带来短期经济效益，但是会产生更为深远、更具破坏力的问题①。因此，亚洲要实现贫困的消解，不能完全寄希望于外部援助，要从自身孕生出发展的能力。而社会保障正是促进这种能力生成的最佳的制度安排，通过稳定、持久的社会投资，形成人力资本与经济发展之间的相互转化，为一国的持续发展创造动力源泉。由于亚洲的贫困问题根源复杂并暗含压制与反抗这一沉重问题，再加上绝大多数亚洲国家的经济发展水平较低，社会保障建设落后，因此消除亚洲贫困仅靠一国之力难以实现，只要各国共同努力，借助区域化力量建立一致的社会保障最低标准，将其作为反抗发达国家对亚洲国家压制的软武器，方能强化亚洲区域一体化，增强整体实力与自主发展的"能力"。

（三）经济全球化给国家社会保障提出挑战

从社会保障的发展经验上看，社会保障一直是国家的核心功能之一，它是一国维持社会凝聚力和获得持续、自由发展所需国内支持的重要工具，但是全球化进程的深入，给一国社会保障制度发展制造了不可避免的难题。经济全球化的一个重要表征就是以跨国公司为代表的全球大市场的形成，由此带动劳动力在全球范围内自由流动。二战后，随着亚洲国家的纷纷独立，各国经济均得到了不同程度的发展，其中凭借石油资源与高新技术、劳动力密集型产业而迅速走上富强道路的西亚和亚洲"四小龙"，以及采取改革开放战略迅速腾飞的中国，成为亚洲经济体中相对发达的国家或地区。由于地理位置上的近便和发达经济体产生的强大吸引力，自20世纪70年代以来，亚洲内部劳动力流动②日益频繁，规模和范围不断扩大，劳动力市场呈现出区域一体化的趋向。然而，这在产生积极经济效应的同时，也给亚洲社会保障发展提出严峻挑战。如何保障流动劳动人口的基本生存与发展的权利，成为一个无法回避的问题。

（四）维持区域劳动力市场平衡的内在需求

社会保障作为工资之外的另一劳动力再生产形式，对劳动力成本产生重要影响。由劳动力成本的定义可知，③社会保障水平与劳动力成本呈正相关。因此，在社会保障水平差异较大的国家之间，劳动力成本势必存在较大差距。总的来说，亚洲社会保障发展缓慢，整体水平低，只是个别相对发达经济体的社会保障水平比较高。

梅萨—拉戈在研究了亚洲主要经济体的发展趋势之后，发现印度政府的社会保险计划仅

---

① 但是面对发达国家的慷慨援助，很多贫困国家难以抵制这种诱惑，还是会选择接受援助以摆脱贫困。如在2008年时，阿富汗就接受了来自欧盟与德国的社会保障援助项目，因此建立亚洲一致的社会保障最低标准并实现亚洲国家间的互助，还需要克服诸多障碍。

② 从流动人口的流向上看，最早开始的劳动力人口流向主要是由南亚和东南亚到西亚。这一方向的劳动力输出在20世纪80年代达到高峰，此后由于石油危机的影响以及亚洲环太平洋地带的经济崛起，使流向西亚的劳动力逐渐减少。随着亚洲"四小龙"的崛起与中国改革开放带来的经济腾飞，使得这一地域成为这一时期劳动力流动的主要方向。此外，另一主要的劳动力流向是以中国东北、俄罗斯的西伯利亚地区以及蒙古为代表的东北亚地区。这一地区由于地广人稀，矿产资源丰富，经济发展潜力巨大，加之劳动力十分匮乏，使得这一地区产生巨大的劳动力需求。

③ 简单地说，劳动力成本是指企业（单位）因雇佣社会劳动力而支付的费用。劳动力成本核算的中心指标是劳动力总成本。劳动力总成本是指各企业（单位）在一定时期内为雇佣一定数量的社会劳动力而支付的全部费用，劳动力总成本包括四项基本内容：职工工资总额、职工福利基金、职工保险金和公积金等。

仅覆盖了8%的劳动人口，泰国和印度尼西亚的比率分别为10%和12%（Mesa-Lago，1992）。汤普森（Thompson，1979）在较早进行的一项研究成果中也得出相近的比率。在该地区的较低收入国家中，仅有5%~10%的人口享有社会保障。世界银行南亚地区经济顾问Ejaz-Ghani在分析极端贫困人口集中的南亚国家的社会保障发展状况时指出，不丹和阿富汗没有公共保障网，而巴基斯坦和斯里兰卡只有一两项依托先进援助的保障网工程。对于作为世界上最贫困的国家之一的孟加拉国与印度则走向另一个极端——两国均设有好几项保障网工程。然而，上述部分保障网工程并没有有效地造福于社会最贫困人口。[①] 而在亚洲的相对发达经济体中，如新加坡、韩国、中国，以及伊朗、约旦和阿联酋等西亚富国，社会保障发展水平相对较高。

同时，亚洲社会保障制度的异质性较强，具体表现在社会保障制度形式包括社会保险计划、国家公积金、税收筹资计划、强制性职业制度。此外，在津贴范围和所提供覆盖的活力方面也都表现出明显的多样性。

因此，在经济利益的驱动下，那些社会保障水平低的贫困国家中的廉价劳动力成为高社会保障水平国家的雇主乐于雇佣的对象，导致非法劳工屡禁不止，而且数量有增无减。以越南、柬埔寨流向中国的非法劳工为例，这些国家的政府为减轻其就业压力，缓解贫困问题，往往其边检管制非常宽松，再加上中国企业主对经济利益的谋求，从而成为非法劳工群形成的推力和吸力。由于中国仍处于劳动密集型工业发展阶段，职业体系中存在大量对知识与技能要求较低的工作岗位，因此大量非法劳工的存在势必产生对合法劳动力的挤出效应，破坏一国稳定的劳动力市场秩序。此外，还会增大中国政府的就业压力，加重社会保障负担，产生一系列严重后果。因此，非法劳工成为各国政府严厉打击的对象。然而，屡禁不止。因此，不如建立亚洲一致的社会保障最低标准。

（五）抵御经济危机破坏力的必然要求

经济危机的冲击与全球经济的衰退，使亚洲贫困问题变得更为严峻与棘手。据联合国发布的"2009年千年发展目标报告"称，全球性的经济衰退导致世界17%的人口被划入极度贫困人口的行列，其中贫穷人口已经成为受经济和金融危机冲击最大的人群。[②] 对于多数亚洲国家而言情况尤为严峻，以中亚和南高加索地区为例，经济危机使得这些地区的经济发展速度由6.6%下降为1.5%。由于绝大多数国家缺少有效的社会保障网这一自动稳定机制，因此难以在经济危机和经济发展放缓期间最大限度地减少不利影响。以往的经验表明，社会保障是应对经济危机，实现经济复苏，再造社会生机的最佳机制，这方面发达国家给我们做了最好的示范。

---

① 这部分内容参见"南亚地区是否需要反周期性财政政策？"[EB/OL] http://web.worldbank.org/WBSITE/EXTERNAL/EXTCHINESEHOME/EXTNEWSCHINESE/0, contentMDK: 22227176~menuPK: 3196561~pagePK: 34370~piPK: 34424~theSitePK: 3196538, 00.html.

② 全球经济全球贫穷人口将增加6%，受经济衰退影响——联合国报告[EB/OL], 2009-07-07. http://cn.reuters.com/article/commoditiesNews/idCNnCN084909820090707?rpc=311.

三、亚洲一致社会保障最低标准的内容考量

　　一致的社会保障最低标准的确立与对贫困的界定密切相关，换言之，只有在回答谁是穷人？他们分布在哪里？不同国家穷人的社会保障最低标准的差异程度是多大？亚洲经济的平均发展水平以及在这一发展水平下，人应当享有的社会保障最低标准是什么？等一系列问题后，才能制定统一标准。然而，对于何谓贫穷？一直以来都是一个充满争议的问题。在已经达成的共识中可知，存在三种不同程度的贫困：极端贫困（绝对贫困）、中等贫困与相对贫困。这三种类型虽对贫困的标准进行了详细的界定，但是却没能表达出贫困与发展之间的关联。美国学者杰弗里·萨克斯（Jeffrey Sachs）的贫困理论则试图弥补这一缺陷。他形象地把发展比作一把梯子，依次上升的阶梯代表着通向经济福利的程度。他指出，世界上约有10亿人（占世界人口数1/6）不能踏上发展的阶梯。他们是世界上最穷的人，全部生活在亚非拉等发展中国家。他们每天都要为生存挣扎，如果遭遇自然灾害或严重疾病，或是种植作物的世界市场价格暴跌，都会给他们致命的打击，甚至意味着死亡。沿着发展的阶梯向上几级对应低收入国家上部的那些国家，约有15亿穷人，他们的生活仅比维持生存好一些。虽然他们并没有直接面临死亡，但周期性的财务困难以及缺乏诸如安全的饮用水和良好的厕所之类的基础设施，成为他们日常生活中的一部分。这两部分贫困人口加起来占世界人口的40%，其中大部分在亚洲。杰弗里·萨克斯感慨道，"这是我们时代最大的悲剧"。① 然而，在分析解决贫困的对策上，虽然他也指出国际游戏规则有意无意地为贫困国家制造陷阱，但他仍旧寄希望于发达国家与国际组织的援助，认为只有如此才能使亚洲贫困国家走出贫困，这不禁让人感到失望。

　　虽然亚洲各国的政治、经济、社会与文化背景不尽相同，但是每一个体都应该享有基本的营养、健康、水与厕所、房屋，以及其他生存、福利、参与社会所需的最低需要的权利。应当说，具体指标的设计与计算是一项庞大的、复杂的工程，需要依据亚洲各国的 GDP 和价格指数等经济指标以及公共产品和医疗卫生资源的数量及配给情况，同时需要考虑社会阶层结构、互助传统与政治体制等因素。换言之，围绕医疗、住房、养老、最低生活、教育、失业、伤残等社会保障项目，在综合考察亚洲各国政治、经济、社会与文化等维度的基础上设计社会保障最低标准的指标体系，即根据人的基本需求，计算出维持生命所需的能量与食物，再依据亚洲各国平均 GDP 等具体的综合经济指标，折算成实际的价格，将其作为最低生活保障金设立的依据；在综合考察相关指标后，计算出适于人生活与活动的最小居住空间；依据亚洲人口的健康状况、平均寿命与人口结构，计算出维持身体健康所需的最低医疗卫生资源等等。在具体指标建立后，可根据成员国的不同需求状况与承受能力，指定其完成一定数量的社会保障最低指标。同时定期对承诺国的社会保障实施情况进行考察与评估。

---

① ［美］杰弗里·萨克斯，贫困的终结——我们时代的经济可能［M］. 上海人民出版社，2007.

四、走向一致亚洲社会保障最低标准的可行性分析

（一）趋于区域性的社会保障政策

随着全球化进程的不断深入与区域性联系的不断增强，社会保障政策逐渐迈向整体性与区域性。通过梳理社会保障政策制定的规范性思路可做以下归纳：

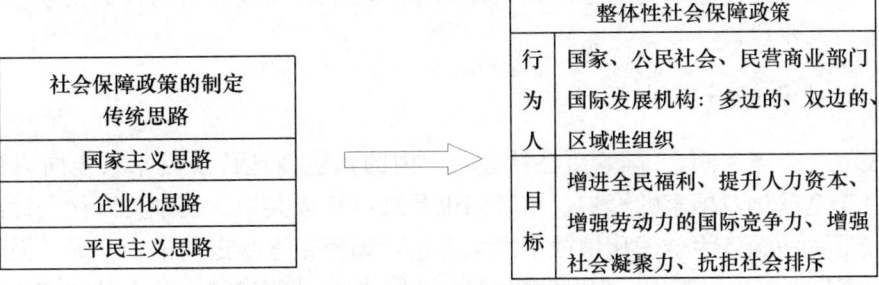

社会保障政策制定思路的新趋向

19世纪末现代社会保障制度在德国建立，经过一百余年的全球性扩展与发展，社会保障制度发展出了多种类型，在诸多划分体系中，考斯塔·艾斯平－安德森（Gosta Esping－Ander）的分类得到广泛认可，产生深远影响。[①] 但无论何种划分都没能超出一国界限，社会保障制度的行为主体始终固定在一国范围之内，政策制定的视阈仅限于民族国家。然而，由于贫困问题的国际化与区域化，社会保障政策逐步显现出了区域化的发展态势。区域性组织成为亚洲社会保障制度的积极推动者。在国家区域性联系不断密切的背景下，良好的区域社会经济环境成为社会保障政策目标实现的基础。虽然在社会保障政策制定中，对国家与国际机构力量孰强孰弱的问题存在较大争议[②]，但为社会保障制定一个区域性的共同标准一直被努力推动着。

（二）全球化背景下的区域化发展

按照罗伯特·基欧汉（Robert Keohane）和约瑟夫·奈（Joseph Nye）的说法，全球化产生了一个更为复杂的相互依赖的国家体系，在其中，跨国规制和组织获得了影响力。[③] 詹姆斯·罗西瑙（James Rosenau）认为，急剧的全球化迫使政府和社会适应这样一个世界，在其中，国际与国内、外部与内部之间的明确区分已不复存在。[④] 这虽然表现出新自由主义

---

① [丹麦]考斯塔·艾斯平－安德森. 福利资本主义的三个世界[M]. 郑秉文译. 北京：法律出版社，2003.

② 强全球化理论认为单个民族国家的力量已经被侵蚀了，很多民族国家不得不为了满足那些在全球范围内深具影响的机构的需要而认同强加的共识。然而，这一观点遭到了国家主义者的强烈抨击，指出这一提法过于简化，低估了民族国家以及其他国内政治力量在经济和社会问题上同全球行动者对话时的自主权。

③ Keohane, Robert, and Joseph Nye. Power and Interdependence. *World Politics in Transition*. New York: Longman, 2000.

④ Rosenau, James N. Turbulence in World Politic: A Theory of Change and Continuity. *Princeton*. NJ: Princeton University Press, 1990.

者对全球化影响所持的乐观态度,但是却说明一个无法回避的事实:国际力量以及国家之间的相互影响对一国发展产生前所未有的制约作用。在经济全球化过程中,各国加强了彼此间的经济往来,促进了国家间尤其是大国间的协调与合作。随着各国综合国力竞争的日益激烈与世界格局朝向多极化发展,各个地区的经济大国为了加强实力,提高本国在国际竞争中的地位都积极推进区域经济合作。至20世纪90年代,全世界呈现出北美、欧盟与亚太三足鼎立的局面。与前两大经济体相比,亚太地区的整体实力相对较弱,内部经济发展水平差异较大。各发展区域体的国家纷纷寻求如何共建一个对内能够稳固经济与社会秩序,对外能够增强国际竞争力的手段。

(三)全球化背景下的国家重塑

在过去的二十多年间,"国家"在社会治理中的角色、地位及其未来走向成为学界争论的对象。对于全球化对国家的影响,学者们也是难以达成共识。其中具有代表性的两种截然不同的观点是:一派认为全球化销蚀了国家力量,国家正逐步走向消亡;另一派则主张虽然全球化对国家权力有一定影响,但国家仍旧强大。[1] 作为"国家消亡论"的代表人物,马修·霍斯曼(Mathew Horsman)和安德罗·马歇尔(Andrew Marshall)甚至提出民族国家将终结的观点。苏珊·斯特兰奇(Susan Strange)则更指出国家权威在一些事件中"干脆消失"。[2] 的确,随着资本的全球流动与生产、贸易、金融等跨国网络的建立,国家在经济领域中的作用正在减弱,呈现出"去国家化"的态势。在政治领域中,全球化正在对国内政治中的国家与社会关系产生重要影响。此外,国家的行为越来越受到跨国规制。而国家力量的维护者,认为无论全球化力量如何强大,国家仍旧扮演支撑性的角色。尤其在金融危机背景下,国家力量的归来已成为无可争议的事实。新自由主义和新马克思主义者分别从各自的立场抓住了国家在全球化的冲击下所发生的改变,揭示出国家重塑运动的悄然展开。

应当说,随着国际金融市场的建立,国家在经济领域中的控制力正在逐渐减弱,但是在社会领域中的作用却应该大大加强。正如国际社会保障协会(ISSA)秘书长汉斯—豪斯特·康克乐伍斯基(Hans — Horst · Concord Music Wu Siji)所说,国家的干预作用对于在增加收入和社会保障方面取得改善是至关重要的。很多国家的政府将社会保障作为带动经济发展的动力,抵御经济危机的安全阀,缓解社会压力的减震器,实现社会有序的稳定剂,因此社会保障的发展前景较为乐观。问题在于那些已陷入贫困怪圈的国家如何在"经济增长"和"社会发展"之间做出抉择。社会保障的发展并不完全取决于社会财富的多少,而是取决于国家对经济发展、社会稳定与进步之间关系的认知。令人们感到欣喜的是,一些贫困的国家开始意识到社会保障的重要性。如在东盟地区规模最大的社会民生论坛的第26次东盟社会保障协会理事会会议上,越南政府副总理阮生雄在会议上致辞说,越南政府将一直把社会民生保障视为经济社会持续发展的重要因素和首要任务。除此以外,亚洲的阿富汗、孟加拉国、菲律宾、阿塞拜疆、土库曼斯坦、乌兹别克斯坦等国也都在积极着手建立社会保障

---

[1] 这种争论的声音主要来于新马克思主义和新自由主义学者们。
[2] Susan Strange. The Defective State. *Daedalus*. What Future for the State? 124. 2 (1995):56.

制度。

（四）区域性组织的积极推动作用

从区域合作的三个层面①看，亚洲的跨国层次合作比较活跃，如东南亚国家联盟、南亚区域合作联盟、中亚经济共同体、海湾合作委员会、亚洲合作对话和博鳌亚洲论坛等，却缺少区域层次上的合作，而这一层次的合作对于促进整个亚洲团结和发展、协调洲际合作具有重要意义。因此，这显然限制了亚洲共同体的形成，延长了亚洲一致社会保障最低标准建立的时间。为加强亚洲各国联系，强化亚洲整体实力，探索建立亚洲区域层次上的合作机制成为亚洲未来发展的主要战略。

虽然区域性合作组织仍处在积极的建构中，但许多其他亚洲组织一直致力于积极推动各国社会保障事业发展。如亚洲开发银行为推进各国政府在扶贫、创造就业等方面的合作，制定出一系列具体措施，包括分析国家贫困状况、制定扶贫策略、提高员工素质、寻求战略型合作伙伴等。虽然从讨论主要议题上看，主要围绕解决贫困问题和如何扩大社会保障覆盖范围，但是在金融危机背景下，促进亚洲社会保障体系建设成为新的重要议题。在 2010 年亚行召开了一次以"扩大社会保障服务将刺激亚洲的共享式增长"为主体的研讨会，亚行行长黑田东彦（Haruhiko Kuroda）先生指出："此次危机再次提醒我们，加强正在发展之中的亚太地区的社会保障体系建设，与加强本地区的实物基础设施建设同等重要。社会保障服务除了可以缓解经济冲击所带来的影响，还有助于通过提供教育和医疗服务，促进人力资本的发展。"② 亚洲开发银行及其他亚洲组织积极促成社会保障制度建立所做出的努力以及取得的成绩将成为建立一致的社会保障最低标准的前期积淀。

五、障碍与共识的达成

亚洲是世界第一大洲，在其内部根据地理方位的不同划分为东、南、西、北、中五大区域。因此，相对于亚洲整体而言，各区域内的国家联系比较密切；亚洲是世界三大宗教的发源地，此外还是犹太教、印度教、锡克教、道教、儒教等多种宗教的主要分布区。多元化的宗教信仰使得亚洲各区文化具有异质性；在亚洲，除了日本，其余国家均属于发展中国家。但在二战后，随着亚洲国家纷纷获得独立，各国经济得到了不同的发展。依托本国经济发展优势，西亚、东亚纷纷崛起，其余大多数国家虽在努力发展，但仍处于贫困落后的境地；而这又在一定程度上影响了各国社会发展的程度，致使亚洲各国社会政策与社会保障发展呈现出显著差异。总之，多元文化、差距较大的经济与社会发展水平，均成为建立亚洲一致社会保障最低标准的障碍。此外，数额巨大的社会保障资金从何而来成为又一严峻挑战。这是因为一致的社会保障最低标准一旦确立，就会对各成员国产生强制作用，对于个别经济发展水平较高的国家而言，社会保障最低标准很容易实现，而对于那些经济落后、收入水平低的国

---

① 从亚洲的区域合作机制来看，主要分为三个层面的合作，一是跨区域层次，如亚太经济合作组织和亚欧会议等；二是亚区域层次，如东南亚国家联盟、南亚区域合作联盟、中亚经济共同体、海湾合作委员会、亚洲合作对话和博鳌亚洲论坛等；三就是区域性合作。

② 亚洲开发银行新闻稿，亚行：扩大社会保障服务将刺激亚洲的共享式增长［EB/OL］，http://www.adb.org/Documents/Translations/Chinese/News/nr2010-0504-2-cn.pdf.

家则会给政府带来沉重负担。如何帮助低收入国家解决资金问题成为建立该统一标准必须要考虑的现实问题。

然而，这些障碍是可以想办法被克服的。在解决异质性问题上，可以借鉴欧洲1952年公约的经验。但亚洲的问题要比欧洲复杂一些，需要进行合作机制的创新与协调。资金问题的解决，一方面取决于各国政府将发展的重点放在经济增长与社会发展之间的均衡上，协调各国内部利益格局，为贫困人口享受发展成果提供制度保障；另一方面需要提高亚洲各国的区域集团意识，将一国发展与区域进步结合起来。此外，积极发挥既有亚洲组织的作用。而实现上述目标的关键在于亚洲各国共识的达成。由前文可知，在不可抗拒力量的作用下，促成共识达成的因素正逐一显现。探求发展、寻求稳定、实现进步的信念会成为破除前进道路上障碍的有力工具。

总之，一致的社会保障最低标准的建立将成为亚洲摆脱贫困陷阱的推动器，标志着亚洲社会的文明与进步，将成为亚洲崛起的新向标。

参考文献

[1]［美］杰弗里·萨克斯. 贫困的终结——我们时代的经济可能［M］. 上海：上海出版社，2007.

[2]［丹麦］考斯塔·艾斯平—安源森. 福利资本主义的三个世界［M］. 郑秉文译. 北京：法律出版社，2003.

[3] Keohane, Robert, and Joseph Nye. *Power and Interdependence*. World Politics in Transition. New York：Longman, 2000.

[4] Rosenau, James N. *Turbulence in World Politic：A Theory of Change and Continuity*. Princeton. NJ：Princeton University Press, 1990.

[5] Susan Strange. The Defective State. *Daedalus*. What Future for the State? 124. 2 (1995).

我国临时救助制度建设及其思考

张浩淼

【摘要】 临时救助制度是我国社会救助体系的重要组成部分,它是对因突发性、临时性等原因造成基本生活暂时困难的城乡居民给予非定期、非定量救助的制度安排。目前,我国已经开始了临时救助制度建设的探索,通过对我国临时救助制度建设的原因与现状进行分析,进而对制度建设状况从价值取向和建制理念、制度设计、制度实施三方面进行评价,发现制度存在建制理念与功能定位不够清晰、制度设计不够公平以及实施不够有效的问题,并针对此提出了完善我国临时救助制度建设的政策思路,包括明确建制理念并据此界定制度功能,从救助对象、救助内容、救助递送和资金来源四个维度入手增强我国临时救助制度设计的公平性,以及增加制度的强制性并对其严格执行以提高实施的有效性。

【关键词】 临时救助 专项分类救助 长期生活类救助 社会救助体系

Thoughts on the Construction of Temporary Assistance in China

Zhang Haomiao

(College of Public Management, Sichuan University)

Abstract Temporary assistance is an important part of social assistance system in China, it provides non regular and non quantitative aid for urban and rural disadvantaged residents who are faced with sudden and temporary incidents. At present, the construction of temporary assistance is being explored. Through analyzing the cause and current situations of the construction of temporary assistance and evaluating the conditions of construction from the perspectives of construction idea, policy design and policy implementation, it can be found out that the construction has several problems which includes the construction idea and function is indistinct, the policy design is not fair and the implementation is not very effective. In order to solve these problems, it puts up with some ways to improve the construction of temporary assistance. First of all, the construction idea should be clarified and the function of the system should be defined. Secondly, the equity should be enhanced through redesigning policy from four angles of the policy design which are object, content, delivery and finance. Thirdly, the effectiveness should be improved through strengthening the mandatory of the system and implementing strictly.

Key words Temporary Assistance Special Category Assistance Long-term Life Assistance Social Assistance System

---

作者:张浩淼,四川大学公共管理学院副教授,博士。本文属国家社科基金青年项目"我国发展型社会救助模式研究"的阶段性成果,项目编号 13CSH107。

综观世界各国的社会救助制度,可以发现不少国家的社会救助体系中都设立了一次性补助以针对那些遭遇特殊困难或危急情况的社会成员,比如英国、德国等,这种一次性补助类似于我国的临时救助,旨在帮助遭遇暂时性困难的社会成员使其摆脱危机。我国的现代临时救助制度建设起步较晚,到目前为止还未普及全国,已建立的地方也还存在许多尚待解决的问题。根据《民政事业发展第十二个五年规划》制定的发展目标,临时救助制度是社会救助体系中的组成部分,要在"十二五"期间全面建立起来,还需要与最低生活保障之间进行有效衔接,合理确定临时救助标准。本文尝试对我国临时救助制度的建设情况进行分析与思考,以期能对临时救助制度的健康快速发展提出一些可供参考的政策建议。

一、我国临时救助制度建设:原因与现状

临时救助制度是指对因突发性、临时性等原因造成基本生活暂时困难的城乡居民给予的非定期、非定量的救助,是城乡社会救助体系的重要组成部分。以下将结合我国临时救助制度建设和发展的背景对制度建设的原因和现状分别进行分析。

(一)临时救助制度建设的原因

2007年6月,民政部下发《关于进一步建立健全临时救助制度的通知》(民发〔2007〕92号,以下简称《通知》),要求各地充分认识临时救助在社会救助体系中的重要地位,采取切实措施予以加强。2009年,又相继召开"全国农村低保和临时救助工作会议"和"部分省份临时救助及城市低保资金管理座谈会",对推进临时救助制度建设提出进一步要求。2011年《民政事业发展第十二个五年规划》进一步指出要在"十二五"期间全面建立起临时救助制度。这一系列举措标志着我国开始了临时救助制度的建设。结合制度建设与发展的背景,可以发现制度建设的原因主要有以下几方面:

第一,解决困难群体临时性、突发性的实际困难需要建设临时救助制度。现代社会充满了各种风险,尤其对于困难群体而言,他们抵御风险的能力较低,当面临一些临时性、突发性特殊困难,往往就会陷入贫困无力自拔。现阶段的社会救助制度着眼于解决社会成员的基本生活、基本医疗、基本住房和基本教育的困难,无法满足困难群体的突发性、临时性的需求。临时救助制度的建设,可以缓解困难群众的临时性、突发性特殊困难,发挥救急救难的作用。

第二,完善我国社会救助体系,应对支出型贫困需要建设临时救助制度。目前我国社会救助这张安全网还存在着缺陷:一些支出型贫困人口,他们的收入水平高于低保标准但因为重大疾病、子女就学、突发事件等原因造成了家庭支出过大,远远超出家庭收入的承受能力,实际生活水平处于贫困状态,却享受不到低保或其他救助;农民工等人户分离家庭在户籍所在地和居住地都无法申请社会救助等。临时救助制度的建设,可以帮助弥补这些缺陷并应对支出型贫困,发挥拾遗补缺的作用,使社会救助这张社会安全网更加密实。

第三,增进社会救助的公平性并促使其可持续发展需要建设临时救助制度。从目前社会救助的实施情况看,低保制度及相关专项救助政策覆盖的主要是低保对象,专项分类救助覆盖到所有低收入家庭尚需时日。低保对象能够享受到多项救助待遇,而家庭收入略高于低保标准的低保边缘家庭则可能享受不到任何救助,从而加剧了社会救助的"悬崖"效应,也增

加了低保制度的压力，使动态管理困难，进而会导致低保乃至整个社会救助负担沉重、难以持续。临时救助制度的建设，可以为遇到临时性、突发性困难的低保边缘家庭和其他困难低收入群体提供一次性救助待遇，在解决低收入家庭暂时生活困难的同时，缩小困难家庭在获得救助方面的差距，增进社会救助的公平性和可持续性。

（二）临时救助制度建设的现状

2007 年民政部《通知》下发之后，不少地方先后出台专门政策文件，对临时救助的对象范围、救助条件、救助标准、审批程序和资金筹集等重要环节做出了原则性规定。2010 年全国已开展临时救助的地区，共有 480.1 万户城乡困难家庭获得临时救助，总计支出临时救助资金 24.7 亿元，户均救助 515 元。从临时救助的原因来看，医疗、教育等方面支出过大导致临时生活困难的家庭有 358.8 万户，占 74.7%；火灾、矿难、溺水、交通事故、自然灾害等突发事件导致临时生活困难的家庭有 121.3 万户，占 25.3%。① 截至 2011 年 4 月底，全国已有 21 个省、自治区、直辖市和 4 个计划单列市制定了临时救助政策。根据民政部《2011 年社会服务发展统计公报》的数据，2011 年临时救助制度共救助城市居民 290.1 万人次、农村居民 596.8 万人次；全国获得临时救助的家庭共有 529.4 万户，共支出临时救助资金 31 亿元，户均救助 586 元，各项指标均比 2010 年有较大程度增长。②

2011 年末制定的《民政事业发展第十二个五年规划》要求，"十二五"期间要全面建立起临时救助制度并合理确定临时救助标准。这之后，各地临时救助制度建设的脚步继续加快，到 2012 年 10 月末，全国共有 26 个省（区、市）初步建立了这项制度，制度建设取得了一定进展。[1] 第一，临时救助制度的救助范围得到扩展，由城乡低保对象扩大到低保边缘群体，部分地区还扩大到常住非户籍人口和外来务工人员等流动人口，如厦门市等地，非当地户籍居民持暂住证或居住证即可申请临时救助。第二，临时救助制度的资金渠道有了一定保障，一般均要求将临时救助资金纳入县级财政预算，有的地区要求建立基金专户，比如，江苏省民政厅 2013 年的重点工作之一是"探索建立临时救助基金专户，经济困难地区按照人均不低于 1 元的标准筹措救助基金"。[2] 第三，申请审批程序基本建立，各地基本建立了由户主提出申请、居（村）委会审查、街道（乡镇）审核、民政部门审批的操作程序，明确审核审批时限，积极推行社会化发放，同时，规定了民主评议和社区公示等监督措施，努力促进临时救助公正实施。第四，临时救助的标准逐步提高，以加强对困难群体的救助力度。比如山东日照民政局 2013 年提出要加大对城乡困难群众临时救助的力度，对符合条件的低保边缘家庭临时生活困难等给予 500～3 000 元不等的临时救助金，比之前的标准有显著增长。[3]

二、我国临时救助制度建设情况：简要评价

尽管我国已经认识到了临时救助制度建设的必要性并开始了有益的探索也取得了一定进展，但目前临时救助制度建设的总体状况并不令人满意，存在着失范与混乱的状况。在此，

---

① 刘喜堂等. 民政部关于临时救助制度建设和实施情况的调研报告. 2010 年 5 月.
② 见民政部网站.

主要从价值取向、建制理念、制度设计和制度实施这三方面对临时救助制度的建设状况加以评价。其中,在制度设计方面,从福利政策分析的四个维度,即救助对象、救助内容、救助递送和资金来源入手来进行分析和评价。[4]

(一) 价值取向与建制理念

确立社会保障制度的价值取向与基本理念是制度建设的出发点,对临时救助制度而言也是如此。因此,首先可以从价值取向和建制理念方面来评价临时救助制度的建设状况。

在价值取向方面,如前文所述,临时救助制度可以解决困难群体临时性、突发性的实际困难,完善社会救助体系并增进社会救助的公平性与可持续性,其总体取向是化解社会矛盾,增进社会公平并保证困难家庭共享经济社会的发展成果,这一价值取向符合社会保障制度追求公平正义共享的基本理念,是正确清晰的。

在建制理念方面,我国的临时救助制度还存有模糊与混淆的情况,主要体现在临时救助与专项分类救助的边界不清、存在交叉。根据2007年民政部《通知》,临时救助制度应该帮助在日常生活中由于各种特殊原因造成基本生活出现暂时困难的家庭。对照目前我国社会救助体系的架构[5],在长期生活类救助、专项分类救助和临时应急救助三类救助中,临时救助制度属于临时应急救助类(见图1),其建设应该针对困难群体的临时性、突发性的暂时性实际困难,提供一次性的帮助以救急救难。与长期生活救助主要保障困难群体的最基本生活和专项分类救助主要解决困难群体医疗、教育、住房等方面的难题不同,临时救助应帮助暂时困难家庭最终依靠自己的能力,自食其力过上基本满足的生活,受助家庭的问题往往通过一次性救助或者短期内就能解决。然而,由于我国医疗、教育、住房等专项分类救助不够完善,针对群体多是低保对象,虽然部分地区扩展到低保边缘群体,但仍有许多低收入困难群体未被专项分类救助所覆盖,在遇到医疗、教育等大宗支出后多会陷入贫困,此外,专项分类救助水平较低、力度不够,即使获得救助也难以摆脱贫困,这就使得许多地方借助临时救助制度来应对困难群体因子女教育、重大疾病等造成的支出型贫困,且因教育、医疗等支出型贫困获得临时救助的家庭成为绝大多数;而因突发事件、事故等导致接受临时救助的家庭

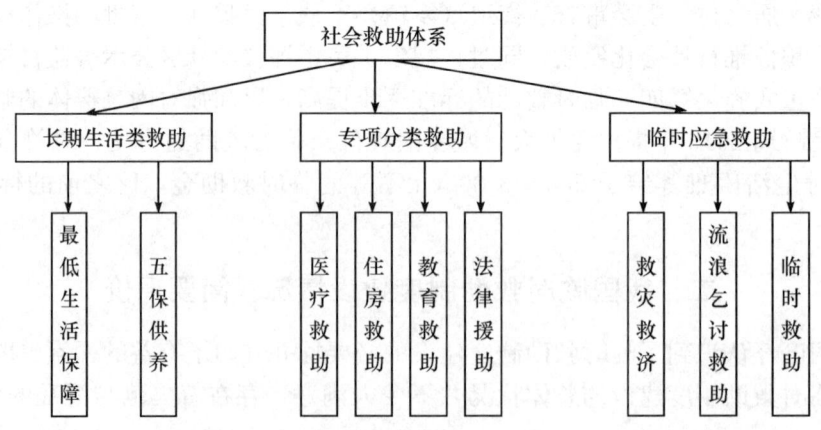

图1 中国社会救助体系框架

只占小部分，例如，2010年从临时救助的原因来看，医疗、教育等方面支出大导致接受临时救助的家庭占绝大部分，约75%左右，而突发事件、事故导致接受临时救助的家庭仅占25%左右，① 这说明临时救助制度承担许多应该由专项分类救助承担的责任。实际上，很多支出型贫困家庭的困难往往难以通过一次性救助或者短期内就能解决，这就与临时救助制度的建设初衷不一致。总之，由于我国专项分类救助建设不够完善，导致临时救助制度建制理念出现混乱，临时救助和专项救助的制度边界尚未厘清、存在重复和交叉，许多地方的临时救助制度负担了许多本该由专项分类救助承担的责任，这种理念方面的模糊与混淆直接影响临时救助的功能定位，使得临时救助类似于专项分类救助的补充，而弱化了其自身特有的救急救难的功能，这也将影响制度的进一步发展和建设。

（二）制度设计

以下借助福利政策分析的四个维度，对临时救助制度的救助对象、救助内容、救助递送和资金来源进行简要评价。

1. 救助对象

2007年民政部的《通知》对临时救助制度的对象进行了规定，主要包括几类：一是在最低生活保障和其他专项社会救助制度覆盖范围之外，由于特殊原因造成基本生活出现暂时困难的低收入家庭，重点是低保边缘家庭；二是虽然已纳入最低生活保障和其他专项社会救助制度覆盖范围，但由于特殊原因仍导致基本生活暂时出现较大困难的家庭；三是当地政府认定的其他特殊困难人员。从《通知》的规定可以看出，临时救助制度的对象除低保和专项救助对象外，还涉及其他困难群体，重点是低保边缘群体，这符合临时救助制度追求公平共享的取向。

但同时要注意到，通知并没有对第三类即其他特殊困难人群做出明确界定，也就是说，常住非户籍人口和外来务工人员是否可作为特殊困难人群被纳入临时救助制度取决于地方的自由裁量。据民政部调查，目前在全国各地实践中，绝大部分省市发放的临时救助均只针对具有当地户籍的市民，外地户籍的常住人口难以享受到这一待遇，只有极个别地区的临时救助制度的对象包括持暂住证或居住证的非当地户籍居民②，这种情况说明临时救助制度设计在救助对象方面排斥了常住非户籍人口和外来务工人员，另外，许多地方因资金等条件制约，覆盖的低收入家庭也非常有限，这就是说，各地在临时救助制度实践中救助对象方面存在一定的不公平性。

2. 救助内容

2007年民政部的《通知》规定，各地要结合本地实际情况，依照规范的程序合理确定救助内容与方式、救助数额等。由此可见，民政部并没有限定救助内容，而是要求地方因地制宜探索。然而，目前各地临时救助的内容和方式单一，几乎全部采用现金的方式提供救助，缺乏服务救助。单纯的经济补偿固然重要，但是现金补偿难以克服消极性，还容易忽视救助对象的多样性和异质性、难以满足其不同的救助需求，缺乏救助服务供给可能会使某些

---

① 刘喜堂等. 民政部关于临时救助制度建设和实施情况的调研报告. 2010-05.
② 同上.

遭遇突发性事件的家庭难以真正摆脱困难。

在现金救助方面,救助标准和数额的设定各地做法不同,但总体来看,救助标准设定无章可循、十分宽泛,有代表性的主要有如下三种做法(见表1):

表1 我国临时救助标准的设定

救助标准设定	做法和代表地区
按对象分类	低保、五保对象的救助数额最多,其次是低保边缘群体,最后是其他困难人员。如甘肃白银
按致困原因分类	教育开支、医疗开支、意外事故以及其他生活困难等分别给予不同数额的救助。如重庆北碚
参照低保标准设定	把临时救助标准和低保标准相关联,以城乡低保标准为参照,确定相应的临时救助标准。如浙江绍兴

总之,由于现金救助标准设定方面缺乏统一依据且偏于简单盲目,导致各地救助金额的发放差距较大,最低的仅20元,最高的达到10 000元以上[①],而实际上各地困难群众的需求差距不可能如此之大,这其实表明制度的救助内容方面存在不公平性。

3. 救助输送

我国临时救助的递送由政府职能部门负责,即公共部门递送方式。2007年民政部《通知》指出,要按照公开、公正、公平的原则制定临时救助的受理、审核、审批及发放程序。各地一般都在相关政策文件中对临时救助的审批程序进行了细化和完善,基本建立了由户主提出申请、居(村)委会审查、街道(乡镇)审核、民政部门审批的操作程序,明确审核审批时限,积极推行社会化发放。同时,规定了民主评议和社区公示等监督措施,努力促进临时救助公正实施。但应该注意到,由于临时救助与其他救助不同,涉及家庭情况、申请原因、困难程度等复杂问题,许多地方的救助标准通常在一个区间之内,这就使得基层工作人员在文件规定的救助范围内对于申请人可以获得多少救助金有一定的自由裁量权。民政部在2009年的调研中也发现临时救助对象的审批主要依靠基层工作人员的主观判断,制度实施的公正性过于依赖人的道德品质和职业操守。[②] 而基层工作普遍存在人少事多的现象,基层工作人员素质不高,再加上缺乏有效的评估手段和后期监管,救助输送上难免会存在一定的不公平性。

目前我国临时救助递送并没有第三部门参与,其实第三部门参与救助递送有一定优势,因为需要临时救助的困难家庭差异较大,而第三部门的特长在于其弹性,容易获得信任并可以提供专业化个性化的服务,有利于评估和后期监督,进而提高救助递送的公平性。

4. 资金来源

2007年民政部的《通知》没有涉及关于制度资金方面的问题。目前,我国临时救助制度的实施是地方政府负责制,即临时救助的资金筹措是依靠各地方政府的财政。大部分地区把临时救助资金纳入县级财政预算,有的规定按城乡低保当地配套资金一定比例安排,有的规定按县级财政最低预算额度,江西等少数省级财政安排了临时救助专项资金,对市、县予以补助,资金来源虽然有了一定保障,但是救助资金供给和困难群众需求还存在很大差距。

---

① 刘喜堂等. 民政部关于临时救助制度建设和实施情况的调研报告. 2010—05.
② 同上.

在这种情况下,是否进行临时救助制度建设或建设后如何发展完善,基本取决于该地区政府的财政状况。如果财政状况好的地区进行了临时救助制度建设,而财政状况不好的地区没有进行的话,或者财政状况好的地区的临时救助标准高于财政状况不好的地区的话,那么实际上不同地区困难群体的生活状况差距会有所拉大。因此,这种缺少中央和省级财政参与调剂的,仅靠各地方政府负责的资金筹措机制其实存在不公平性。另外,目前我国临时救助制度的资金筹集方面,对社会资金的利用不多,没有为社会资金投入临时救助留下合适的空间。

(三) 制度实施

与长期生活类救助主要为了保证救助对象的最基本生活需要和专项分类救助主要为了满足救助对象的教育、医疗、住房等特殊需要不同,建设与实施临时救助制度希望达到的效果主要体现在两方面:一方面是解决困难群体的临时性、突发性的实际困难,另一方面是调节收入分配差距,进而实现反贫困的制度功能。目前看来,虽然临时救助制度的实施时间不长,甚至有些地区还没有开始实施,但从已实施地区的情况来看,实施临时救助制度所希望达到的这两方面的效果并没有很好地实现,也就是说制度实施的有效性不高。

首先,临时救助制度的实施没有解决所有应助对象的临时性、突发性困难。从2007年民政部《通知》规定的救助对象和范围来看,临时救助的范围和对象除低保和低保边缘群体外,还应包括其他困难对象,主要是低收入群体和户籍不在本地的常住人口。2012年年末,民政部部长李立国向全国人大常委会报告社会救助工作情况时表示,户籍不在本地的常住人口偶遇困难,面临着在居住地难以享受救助的问题。[6]由此可见,临时救助制度目前的救助对象只是制度应助对象的一部分,一些群体因户籍等原因被排斥在外,其临时性、突发性的实际困难难以得到解决,比如,民政部的调研发现,从实际救助情况看,临时救助家庭占当地家庭总数比例普遍较低,低的仅为0.3%,高的也只有1.8%。①另一方面,由于资金的制约,许多地方的临时救助标准较低,最低的仅几十元,2011年全国户均救助金额586元,虽较之前有较大提高,但与受助家庭的需要仍有较大差距,再加之各地普遍缺少实物救助,这样在救助金额不高的情况下,一些获助家庭的实际困难并没有得到真正解决。总之,实际救助家庭与应当救助家庭相比,救助水平与满足基本生活需要相比,都存在较大差距,远没有实现"应助尽助"。

其次,临时救助制度的实施没有充分地发挥调节收入分配差距的作用。一方面,在调节地区间的收入分配差距上,由于制度实施的时间短、强制性不够,加之制度设计中的资金筹措的不公平性,导致有些地区已经实施该制度,而有些地区还没有实施,这使得该制度几乎没有发挥调节地区间的收入分配差距的作用;另一方面,在调节同一地区内的收入分配差距上,应该说临时救助制度的实施肯定有胜于无,但是这种调节作用的大小取决于临时救助对象的多寡和救助的力度,由于现实中许多常住非户籍人口和外来务工人员被排斥在外,"应助未助"现象较为严重,加之制度设计中救助对象、内容、输送和资金来源方面存在一定的不公平性,这就使得该制度调节同一地区内的收入分配差距的作用有限。

综上所述,对我国临时救助制度的评价结果可见表2,也就是说,制度的价值取向虽然

---

① 刘喜堂等. 民政部关于临时救助制度建设和实施情况的调研报告. 2010—05.

正确,但建制理念模糊,制度设计的公平性不高,制度实施的有效性较差,这些问题当然与该制度正处于探索起步阶段有关,但如若不及时加以矫正,将会影响我国临时救助制度的未来建设和发展。

表2　　　　　　　　　　我国临时救助制度的评价内容和结果

评价内容	评价结果
价值取向	正确与清晰
建制理念	模糊与混淆,功能定位不明和专项分类救助存在交叉
制度设计 (四个维度)	公平性不足 救助对象:非户籍和户籍内的部分低收入困难群体未纳入 救助内容:内容单一,缺乏服务救助,现金救助标准设定无章可循 救助递送:公共部门递送,缺乏第三部门参与 资金来源:缺乏中央和省级财政投入,社会筹资不畅
制度实施	有效性不高

三、完善我国临时救助制度建设的政策思路

针对我国临时救助制度建设的状况和问题,需要从建制理念、制度设计和制度实施三方面入手进行完善,具体思路如下:

(一)明确我国临时救助制度的建制理念,并据此界定制度的功能

社会救助是具有一定价值取向的制度安排,也是一种具有建构性的制度实践,作为意识形态领域的建制理念非常关键,它会影响乃至决定救助制度的功能定位与制度实践。[7]目前,我国临时救助制度建设中出现的理念模糊和功能定位不清,导致制度负担了许多本该由专项分类救助承担的责任,这需要在今后的建设中加以矫正。

对临时救助制度来说,对照目前我国社会救助的体系框架,它作为与长期生活类救助和专项分类救助并列的临时应急类救助中的一项子制度的建制理念应得以明确,其建立就是为了应急救难,以帮助因临时性、突发性事件而造成暂时困难的家庭。据此,它的功能应该是独立特定的,即要使困难家庭通过一次性救助在短期内摆脱实际的暂时困难,其功能要和长期生活类救助和专项分类救助的功能区别开来,避免交叉重叠。需要临时救助的家庭的暂时困难包括两类:一是火灾、水灾、车祸等突发事件致使生活资料的损失和劳动能力的暂时丧失;二是因医疗、教育、节日等因素导致刚性支出增加而造成基本生活暂时困难。笔者认为,为了在实际操作中明确临时救助的功能,针对第一类困难,突发事件后若造成劳动力长期损失甚至残疾,那么就不该临时救助制度发挥功能,而是需要长期生活救助或残疾人社会保障给予相应待遇,保障其最基本生活需求;针对第二类,教育、医疗等支出型贫困家庭的困难首先要通过完善相应的专项分类救助来满足,即通过适当拓宽专项分类救助的覆盖面并逐步加大救助力度、提高救助水平来满足其教育、医疗、住房等特殊需要,在此基础上,仍发生暂时困难的才需要临时救助制度发挥功能。

（二）从制度设计的四个维度入手，增强我国临时救助制度设计的公平性

在临时救助制度设计方面，需要从救助对象、救助内容、救助递送和资金来源这四个维度入手加以改进和完善，以增进公平性，具体需改进内容见表3。

表3　　　　　　　　　　　我国临时救助制度设计需改进的内容

制度设计的维度	需改进的内容
救助对象	拓展覆盖范围，纳入非户籍困难群体和低收入群体
救助内容	引入服务救助，现金救助标准制定需要加以规范和精细化
救助输送	优化递送程序，加强队伍建设，有条件的地方引入第三部门参与递送
资金来源	建立中央财政和省级专项财政补助，鼓励社会筹资

首先，在救助对象方面，需要逐步拓展覆盖范围。一方面，要在包含低保对象和低保边缘群体外，随着经济社会发展把低收入群体逐步纳入覆盖范围；另一方面，要尽快将非本地户籍的常住居民与外来务工人员纳入。不仅因为这些人在当地工作为地方经济做出了贡献，另外，根据生存权理论，生存权应忽视身份差别，涵盖所有社会成员，具有无限的、绝对的、普遍的特性[8]，也就是说，当户籍不在本地的常住人口遭遇困难时有权利获得相应救助，目前，应以临时救助制度为突破口向这些人提供救助，这也可以为其他社会救助制度在未来扩展救助对象做出示范。

其次，关于救助内容，一方面，要积极引入服务救助，针对不同家庭的需要把现金救助和实物救助相结合。比如，可以考虑向遭遇车祸的困难社会成员提供康复服务方面的救助，帮助其尽快恢复；对于教育开支过大而陷入困境的家庭，可以通过减免教育经费的方式给予帮助，这既可以减少现金救助的压力，还可以提高解决实际特定困难的针对性。另一方面，对于现金救助，要科学合理地确定临时救助的标准，使之规范和精细化。目前，各地标准的设定无章可循、简单盲目、过于宽泛，导致各地救助金额差异很大。在英国，社会救助体系中设立了针对贫困者特殊需求的一次性救助以帮助他们应对所遭遇的危急情况，这类似于我国的临时救助，英国政府通过法律制定一次性救助的需求目录，规定哪些情况给予救助并规定每种情况的救助标准，十分详尽具体。[9]我国临时救助的标准设定应该根据当地经济社会发展水平以及造成家庭生活难以维持的临时性、突发性困难类型来确定，可以借鉴英国经验，制定关于困难类型的目录并参照当地低保标准规定相应的临时救助标准，使之更加具体、精细、有据可依，符合条件的救助对象以相同困难与事由申请临时救助时，享受的救助金额应当相同，目前按救助对象身份不同实行分类分档救助的方式其实制造了不公平，应加以调整。另外，为了加强与城乡低保的衔接配合，在实施临时救助时，以突发性、临时性困难影响基本生活的期限为依据，影响在一定期限内（如3个月），应给予临时救助而不纳入低保。

再次，关于救助递送，一方面，要在现有基础上继续完善规范临时救助的申请、审批和发放程序，从临时救助制度的功能需要出发，应对程序进一步优化，缩短审批时限；另一方面，因临时救助制度面对困难家庭的情况复杂多样，且基层工作人员的自由裁量权较大，因此，应加强工作队伍建设，扩充基层队伍的同时通过培训等方式提高其素质，在充分了解困

难家庭的实际困难和状况后确定合理的救助方式和标准,以提高公平性。此外,慈善事业发展较好的地区,部分临时救助尤其是服务救助的递送可以考虑通过慈善机构等第三部门实施,以提供专业化、个性化和高效的服务。

最后,关于资金来源,目前临时救助资金主要由县乡财政安排。对经济较落后地区而言,捉襟见肘的地市财政根本无法满足实际的临时救助需求,筹资困难问题已经成为这些地方建制的主要顾虑和开展救助的最大阻碍。因此,应该在强化地方财政保障的同时,通过中央财政和省级专项财政补助来给予资助,帮助其进行临时救助制度的建设以推进区域公平,可以考虑以国家层面或民政部、财政部名义出台文件,形成中央、省级、地方财政按照相应比例安排临时救助预算资金的模式,确保稳定可靠的资金来源。另外,要引导、鼓励社会团体、企事业单位和个体公民通过慈善和社会捐助等形式,多渠道筹集资金用于临时救助。

(三)增加我国临时救助制度的强制性并对其严格执行,以提高制度实施的有效性

通过前文对制度实施的评价可以发现,目前造成我国临时救助制度实施有效性不高的原因既包括执行不力,也包括制度设计的不公平。制度设计不公平可以通过第二点政策思路即增强制度设计的公平性来加以解决,那么,提高我国临时救助制度实施的有效性的关键,就应该是增加制度的强制性并对其严格执行。

目前,临时救助制度的实施大多通过政策来规定,效力层级较低,并没有上升至法律法规的层面,这导致制度的强制性不强,有不少地区并没有开始临时救助制度的建设,以致地区间收入差距有所拉大。当然,应该承认我国的地区差异较大,在建设临时救助制度的过程中应该因地制宜,可以允许各地建设速度有快有慢,但不能允许有的地方政府以财政为借口而不进行临时救助制度建设,毕竟"帮助穷人的办法不仅取决于资源有多少可供使用,也取决于是否存在相应的政治意志把资源用来缓解贫困问题。"[10]因此,首先要增加临时救助制度的强制性,通过建立相关法规明确工作要求,推动临时救助的全面建立和有序开展,使其尽快在全国普及。在临时救助制度在全国普遍实施的基础上,还应该加大制度的执行力度。各地政府不能出于财政方面的考虑而人为压缩应助群体,而应该像低保制度的"应保尽保"那样,做到"应助尽助"。

参考文献

[1] [6] 孙乾,陈荞. 我国临时救助制度拓宽范围[N]. 京华时报,2012—10—25 (2).

[2] 王赟. 江苏探索建临时救助基金专户[N]. 扬子晚报,2013—01—07 (2).

[3] 日照市民政局. 日照民政简报[EB/OL],2013.3 http://www.rzmzj.gov.cn/news/html/?623.html,2013—03—04.

[4] Neil Gilbert,Paul Terrell. 社会福利政策导论[M]. 黄晨熹等译. 上海:华东理工大学出版社,2003:83—85.

[5] 郑功成主笔. 中国社会保障改革与发展战略[M]. 北京:人民出版社,2008:128.

[7] 江治强. 我国社会救助建设的经验、议题与展望[A]. 当代中国社会救助制度:回顾与展望[C],首届中国社会救助研讨会论文集,2009:122.

[8] 韩德培主编. 人权的理论与实践 [M]. 武汉：武汉大学出版社，1995：388.
[9] 时正新，廖鸿. 中国社会救助体系研究 [M]. 北京：中国社会科学出版社，2002：219.
[10] 弗雷德里克·C·特纳，亚历杭德罗·L·科尔巴乔. 国家的新角色（中文版）[J]. 国际社会科学杂志，2001，(1)：118.

信息

2013年中国社会保障十大事件

2014年2月22日，根据中国社会保障30人论坛全体成员投票结果，入选"2013年中国社会保障十大事件"的事件如下（根据投票结果排序）：

1. 《中共中央关于全面深化改革若干重大问题的决定》明确了深化社会保障改革的目标任务。
2. 国务院印发《关于加快发展养老服务业的若干意见》。
3. 财政部首次向十二届全国人大一次会议报送社会保险基金预算。
4. 新修订的《老年人权益保障法》正式实施。
5. 国务院决定《社会救助暂行办法（草案）》公开征求意见。
6. 人力资源和社会保障部等委托研究机构开展养老保险制度顶层设计。
7. 民政部出台系列儿童福利政策。
8. 全国人大常委会通过调整完善生育政策的决议，单独两孩政策启动。
9. 人力资源社会保障部、民政部、财政部、国家税务总局等出台企业（职业）年金新政。
10. 住建部宣布廉租房和公租房并轨试点启动。

日本应对人口老龄化的社会保障改革及其对中国的启示

［日］钟家新

【摘要】 本文主要分析二战后日本应对人口老龄化的社会保障改革及其对中国的启示。日本社会保障体系的建立比中国早。日本与中国同属于儒家文化圈。日本社会保障改革的经验对中国社会保障改革有较大的参考价值。本文将探讨以下四个问题：（1）所得保障制度的建立与改革；（2）医疗保障制度的建立与改革；（3）福利人才的培养；（4）日本的经验和教训。

【关键词】 所得保障　医疗保障　介护福利人才

Japan's Social Security Reforms for the Aged Society: Lessons for China

Zhong Jiaxin

(*Meiji University, Japan*)

Abstract This research focuses on Japan's social security reformsaimed at dealing with the aged society after World War Ⅱ. Although establishment of social security was earlier in Japan than in China. Their systems both reflect the Confucian Culture. Japan's experience can provide useful hints for China as it prepares its own reforms for the aged society. The research covers the following topics: 1) the constitution and reform of the pension scheme in Japan; 2) the constitution and reform of medical insurance in Japan; 3) the training of manpower for long−term care in Japan; 4) the lessons that can be learned by examining Japan's successes and failures in the above areas.

Key words　Pension Scheme　Medical Insurance　Manpower for Long−term Care

一、问题的提起

21世纪中国人口老龄化的压力将越来越大。对中国政府来说，人口老龄化所面临的难题主要有三个方面：一是如何确保老人的基本收入；二是如何满足老人的医疗需求；三是如何确保和培养足够的护理人才。日本与中国同属于儒家文化圈，都有着共同的儒家文化传统。日本应对人口老龄化的经验和教训，与欧美相比对中国更具有参考价值。战后日本政府应对人口老龄化的国家战略的最大特点在于：优先发展经济，也就是说是经济优先的国家战

作者：钟家新，日本明治大学政治经济学部教授；研究方向：日本社会保障。

略。因为如果没有高水准的经济发展,就不可能有高水平的年金、医疗及老人福利。战后日本实现了经济腾飞,从一个贫穷的岛国一跃成为富裕的发达国家。这为日本政府解决老龄社会的问题提供了坚实的经济基础。在老人护理方面,日本长期立足于家庭,由家庭担负老人的护理。2000年4月开始实施了"介护保险",转为以社会保险为主导解决老人护理问题。本文着重分析战后日本应对人口老龄化的社会保障改革,探讨其对中国应对21世纪老龄社会问题的参考价值。

二、所得保障制度的建立与改革

年金制度是发达国家确保老人退休后基本所得的主要制度。日本的年金制度可追溯到第二次世界大战前。明治维新以后,日本政府为了稳定政权及建立军事强国,制定了各种"恩给制度",确保政府官员及军人老后的基本所得。1923年,颁布了"恩给法",对各种"恩给"条例做了整合。1939年创立的"船员保险"制度是日本历史上第一个以民间劳动者为对象建立的公共年金制度。1942年创立了以工厂、矿山男性工人为对象的"劳动者年金保险"制度。1944年,其对象扩大到工厂、矿山的女性工人及后勤人员。并改名为"厚生年金保险"制度。战败后,由于社会及经济的混乱,"厚生年金保险"制度无法正常运转。1954年,日本政府对"厚生年金保险"制度做了全面的改革。在1958年和1962年,国家公务员及地方公务员相继成立了各自的福利年金制度即"共济组合"制度。1961年,以渔民、农民等为对象的"国民年金"制度得以实施。从此,日本国民都能加入上述其中一种年金保险。日本年金制度的对象(参保者)是从军官、政府官员,扩大到一般军人、"一般民间企业的被雇佣劳动者",再扩大到渔民、农民。"恩给制度"是为了稳定政权及推行军国主义。"船员保险"及"厚生年金保险"是为了防止船员及矿山劳动者转移到别的职业,从侧面协助政府推行侵略战争。因此,当时的"恩给制度""船员保险""厚生年金保险"等制度的创设与其说是为了保障日本国民的老后的收入,倒不如说是为了推行对外的侵略战争。[①]

1937年以后的全面侵华战争时期至战败后的15年,是日本年金制度的确立时期。20世纪的60年代至80年代前半期,是年金制度的充实期,各个年金制度都提高了各自的年金水平。随着日本经济的迅速发展,物价飞涨。为了确保年金生活者的购买力,1973年制定了年金额的物价调整制度,即根据前年度的物价上涨率,对年金额进行调整。

20世纪50年代中期,日本政府通过国情调查,已认识到了人口老龄化的趋势及传统家族制度的衰退。以渔民及农民为对象的"国民年金"制度的建立,是日本战后应对人口老龄化的政策之一。65岁以上的老人的比率,1970年为7.1%,2010年为22.0%,2049年将上升为32.3%。70年代以后,日本政府意识到了老龄化给社会带来的压力,开始着手对年金制度进行改革。前面所分析的"船员保险""厚生年金保险""共济组合""国民年金"都是根据不同的产业、不同的职业而设立的。各个年金制度的加入人数,有资格领取年金的人数,领取的年金额,领取年金的年龄,个人支付的保险金等都存在着差距。随着日本产业结构的调整和变化,如造船工业的不断衰退,部分年金制度变得难以维持。1986年,为了维持年金制度的正常运转,确保老人所得,对"国民年金"做了根本性的改革,使之成为全体

---

① 钟家新. 日本式福利国家的形成与十五年战争[M]. 京都:美奈尔书房,1998.

国民共同加入的"基础年金"。日本政府的这个老龄社会的国家战略的实施，具有以下三大目的。

一是确保年金制度的长期稳定。因为至 21 世纪的上半世纪为止，日本的老龄人口的比率将年年上升。年金制度的社会作用将愈来愈大，年金制度对国民的人生设计及老后生活质量影响巨大。如果制度不稳定，国民不可能相信年金制度及政府，那么，年金制度也就越来越难维持。

二是确保年金制度的公平性。如果制度使得参加者之间的差异太大，缺乏公平性，制度则不容易稳定。年金制度的公平性包括两个方面：一方面是领取年金的同一群体内之间的公平性；另一方面是领取年金群体与加入了年金制度但尚未领取年金的群体之间的公平性。因为连带意识是年金制度赖以维持的一个重要支柱。领取年金的国民期待能领取更多的年金，而加入了年金制度但尚未领取年金的国民却希望少负担保险金。然而，为了迎接 21 世纪老龄化的各种问题，世代之间的利害关系不得不进行调整。所谓代沟问题不仅指世代间的意识差异，而且指彼此之间的利益不一致。这在年金制度的运营上表现得日益明显。

三是确保妇女个人的"年金权"。日本是个发达的资本主义国家，然而，日本社会存在着许多不平等现象，其中男女不平等的问题最为突出。在 1986 年的"基础年金"导入之前，"厚生年金保险"年金是以丈夫的名义来计算及支付的。其中的年金额，也包括做家庭主妇的妻子那一份。问题是，离婚之后，家庭主妇则成为无年金者。因此，即使夫妇不和，想离婚的许多家庭主妇考虑到老后的生活也不选择离婚。1986 年起，家庭主妇以个人的名义加入国民年金制度。1986 年的"基础年金"的导入，是日本战后年金制度的最大的改革。它为稳定年金制度的财政及 21 世纪年金制度的进一步统合奠定了基础。

日本的年金制度确立之前，日本老年人维持生活的方法，主要是靠家庭抚养。然而，随着日本产业结构的变化，特别是农业等第一产业就业人员的大幅减少，核心家庭化，老人与年轻人同居率的低下，年轻人的城市移动等社会的变化，代际之间的抚养意识也发生了急变，靠子女抚养已变得越来越困难。2007 年，日本全国家庭的年均收入为 556.2 万日元，而老人家庭的年均收入为 298.9 万日元。老人家庭的收入中年金占其所得的 70.8% 左右。老年人家庭中，61.2% 的家庭完全依靠年金生活。[1]

2010 年，有权领取基础年金的老人为 25 778 763 人，约 5 个日本人中就有 1 人拥有领取年金的权利，每人平均每个月的基础年金额为 56 969 日元，每月"厚生年金"的老龄年金为 150 034 日元。每月"国家公务员共济年金"为 126 250 日元。[2] 只从"国民年金"领取年金的农民、渔民、个体户等的年金偏低。然而，从"厚生年金保险"中领取厚生年金的企业人员的年金额以及从"共济组合"制度中领取共济年金的国家公务员、地方公务员等的年金额并不低。

现在，年金制度是确保日本老人所得的主要制度。此外，1946 年创设的以全体日本国民为对象的"生活保护制度（最低生活保障制度）"，是确保老人收入的一种最终手段。"生活保护制度"的支付项目是多方面的，包括基本生活费、子女教育费、住宅补助、医疗补

---

[1] 全国老人保健施设协会. 平成 22 年版介护白书. 东京：TAC 出版，2010：77.
[2] 厚生劳动统计协会. 保健与年金动向 [M]. 东京，2012，59 (14)：140-147.

助、出产补助、职业训练费、埋葬费。2010 年约有 1 952 063 人接受生活保护的救济。接受救济者中，老人、母子家庭、伤病者、残疾人占多数。接受救济的家庭中的老年人家庭1975 年为 34.3%，2010 年上升为 42.9%，其中独身一人的老人为 89.4%。[①] 也就是说许多接受救济的老年人既贫困又孤独。

三、医疗保障制度的建立与改革

日本的医疗保障制度以医疗保险为核心。日本的医疗保险制度也起源于第二次世界大战之前。第一次世界大战后，随着重工业的发展，男性劳动者不断增加。工人运动也日益高涨。为了减轻劳动者因疾病、负伤所带来的生活不安，1922 年，日本政府制定了以大企业的男性劳动者为对象的"健康保险"制度，该制度只限于男性劳动者为对象，不包括其妻子和子女，是作为日本当时劳动政策的一环而制定的。

20 世纪 20 年代末，日本经济极为不景气，史上被称为"昭和恐慌"。农村经济的贫困极为严重。当时，医疗费的负担，是造成农村贫困的主要原因之一。30 年代初日本的内务省（内政部）着手寻找解决农村贫穷的对策。政府希望通过着手制定医疗保险制度来缓解农村贫穷问题。1937 年，日本发动了侵华战争。因为日本的兵源主要在农村，为了确保民众的健康，组成一支强有力的侵略军队，日本政府于 1938 年制定了以农民、渔民为对象的"国民健康保险"制度。

第二次世界大战后，国家公务员、地方公务员、私立学校教职员工等相继建立了各自的"共济组合"制度。各自的"共济组合"制度主要包括年金保险及医疗保险的职能。战败后，日本政府对"国民健康保险"制度做了大幅度的修改。1961 年日本国民都能加入某一个医疗保险。日本进入了"国民皆保险"的时代。此后，各个制度对医疗保险的支付内容不断进行改善，从而引起医疗保险的财政赤字。20 世纪 60 年代是日本经济高度增长的时期。在这一时期，被保险者的保险金等负担不断地增高。1973 年，日本政府对老人福利法作了修改，创设了老人医疗费支给制度。医疗保险中老人的本人负担金额变为公费负担。该制度在日本的老人福利史上被称为"老人免费医疗制度"。

老人免费医疗的措施，在日本老人福利史及医疗史上是一个有划时代意义的尝试。因为有了免费医疗，老人哪怕有一点伤风感冒，都想去医院看病。由于战后日本社会的迅速变化，只由老年人夫妇所组成的家庭及孤寡老人的家庭急速增多。老人生活中的一个重要问题就是孤独问题。医院便成为老人们社交的场合之一。因为是免费，没什么病，想见见朋友也轻易去医院看病拿药。这样，造成了医疗保险中老年人所使用的医疗费总额迅速增加。

1973 年之后，日本经济进入低增长阶段。而日本老年人口的比率已超过 7%，并且比率仍在年年增高，进入了老龄化社会。医疗费的增加已不可避免。日本医疗费的经济来源主要有三大部分，一是被保险者及企业主所负担的保险金；二是中央政府及地方政府的财政补贴；三是患者接受医疗服务时支付的一部分医疗费。羊毛出在羊身上，这三者的最终负担者还是日本国民自身。为此，保持医疗费的负担与国民所得水准的一定比例，成为日本政府最

---

① 厚生劳动统计协会. 国民的福利与介护的动向. 东京, 2012, 59 (10): 187—188.

大的医疗政策目标。此外，各个医疗保险制度之间的支付水准及负担差异很大。特别是"国民健康保险"的支付水准远远差于"健康保险"，缺乏社会公平性。"健康保险"的被保险者患病就诊时，保险支付100%。而"国民健康保险"的被保险者农民、渔民等患病接受医疗服务时，保险只支付70%的费用。老龄社会的医疗费必须由国民全体进行分担，已是自明的道理。立足于国民生活的制度政策，如果缺乏公平，制度本身的普及及长期运营就会遇到困难。日本列岛火山地震多，明治维新之后多次发动对外侵略战争。因此国民之间形成了一起分担自然灾害及战争所带来的风险及灾难的共识。日本人之间有一种强烈的平等意识。基于自己职工的福利不会差于其他职业的职工的福利意识，各个职业协会相继建立了各自的医疗保险制度。而其结果，正如前述，各个职业之间的保险支付水准及被保险者之间的负担存在着较大差距。基于平等思维建立的各种制度，却造成了相互之间的不平等。进入20世纪80年代之后，作为老龄社会的国家战略之一，日本政府对医疗保险体系作了重大的改革。其改革主要包括两大方面。一是对医疗保险的支付水准作调整。80年代之后，基于平等、公平的思维，对医疗保险体系做了改革。为了增加公司职工的个人负担，1984年"健康保险"等被保险者患病受诊时，保险的支付率由原来的100%降为90%，患者本人负担10%。从1997年起，保险的支付率降为80%，患者本人负担20%。2003年，保险的支付率降为70%，患者本人负担为30%。此外，还改善了高额医疗费支付制度，以减轻疾病患者家庭的高额负担。

另一项重要的改革是，把分散在"健康保险""共济组合制度""船员保险""国民健康保险"中的70岁以上的高龄者，65岁以上的瘫痪老人统一由"老人保健制度"支付医疗费用。"老人保健制度"的费用由各个医疗保险制度共同分担。2008年，创立了"后期高龄者医疗制度（长寿医疗制度）"，继承和发展了"老人保健制度"。因为各个制度中70岁以上的高龄者及60岁以上的瘫痪老人的所占比例不一样，在"国民健康保险"中，高龄者及低所得者所占的比例大，如果不进行这样的调整，"国民健康保险"则难以维持。从原理上来说，社会保险被保者所缴纳的保险金与保险支付是大体平衡的。而事实上，福利国家的各国政府多用公共资金（租税）对社会保险进行补助。这主要是为了保证社会保险的财政稳定，表示公共权力机关即政府的支持，确保被保者对制度的信任。日本政府对年金保险、医疗保险都给予了一定的财政补助。2012年，"国民健康保险"的被保者约3 877万人。日本总人口中约三分之一的人口加入了这一制度。日本政府国库负担了"国民健康保险"费用支出的50%。可以说，如果没有国库的负担，"国民健康保险"财政将赤字累累。

老年人的问题是一个复杂的社会问题。然而，其核心问题有以下三个：一是老年人晚年的收入保障问题，二是老年人晚年的医疗保障问题，三是老年人晚年的护理问题。第一个问题是纯经济的问题。第二个问题主要是医疗问题，然而，其本质也是经济问题。因为如果没有医疗保险，老年人本人或其家属的有关医疗的开支将会迅速扩大。而第三个问题却不是经济问题，而是人力的问题。因为对于一个独居的长期卧床不起的老人来说，不管他多有钱，如果没有他人的护理，也无法安度晚年。

近30年来，日本老龄化的问题日益深刻，日本老年人家庭结构也发生了巨大的变化。65岁以上的老人与子女的同居率迅速下降。三代同堂的家庭，1975年为78.4%，1998年降为56.3%。由老年人夫妇所组成的家庭，1975年为13.1%，1998年上升为26.1%，增加了一倍。1975年独居老人为8.6%，1998年上升为17.6%。也就是说，17.6%的老人一人生活。独居老人及老年夫妇比率的上升、与子女的同居率的急速下降，增加了日本老人护理问题的严重性。福利社会学中有一个"护理者人群"的概念，指的是45～59岁之间的女性。因为，现代家庭中，实际上负担着护理重担的主要人群就是45～59岁之间的女性。1975年，对1 000名高龄者能负担起护理的人群数为1 015人，1990年降为844人，2000年再降为650人。这也表明近30年，日本家庭护理的能力在迅速下降。

虽然许多日本老人希望在家度过晚年，希望得到子女照顾。然而，如上所述，只依靠家庭护理，已难以解决日益严重的老人护理的社会问题。由家庭护理走向社会护理已成为现实的需求。20世纪90年代之后，日本政府着手用社会保险的方式，解决日益严重的老人护理问题。1995年起，厚生大臣的咨询机构"老人保健福利审议会"正式着手审议"介护保险制度（护理保险制度）"的内容。1997年12月，日本国会通过了《介护保险法》。2000年4月1日起实施。这是日本战败之后最大的社会保险立法和改革。这从根本上改变了第二次世界大战后的日本老人福利设施的运营方法。

"介护保险"的保险者是地方行政政府、市町村（相当于中国的镇和村）。被保险者分为两类："第一号被保险者"是65岁以上的老人，其保险金由地方政府征收。超过一定年金额的老人，从其年金中扣除。"第二号被保险者"是40岁以上未满65岁的医疗保险的加入者，其保险金是作为医疗保险金一起从工资中扣除。把"第二号被保险者"的年龄设定为40岁以上未满65岁，有两个理由。第一，一般来说，40岁左右时，其父母已在65岁以上，若父母需要介护的话，他们已处于担任介护的年龄。而在"介护保险"下，别人代替他们介护其父母。因此，他们应该负担一定的费用。第二，超过40岁之后，从人体本身来说，已有可能患上因老化而引发的疾病，如初期性痴呆，脑血管硬化等疾病。65岁以上的"第一号被保险者"并不是每个人都能利用"介护保险"，只有那些通过了审查，被判定为有必要利用"介护保险"的老人才能利用"介护保险"的服务。"介护保险"的服务分为"居家介护"及"福利院介护"。根据老人的自我护理能力，"居家介护"服务分为五个等级。"要护理第五级"是对那些自我护理能力极低的老人提供护理。一天中可利用34回巡回生活护理服务。每周同时也可以接受3次巡回医疗服务。所接受的巡回生活护理的次数不一样，个人支付的金额也不一样。对那些生活水准中等以上的老人来说，出钱可以买到比"介护保险"实施之前更多的生活护理。一般来说，这些老人比较欢迎"介护保险"的实施。而那些生活水准比较低的老人却不太欢迎"介护保险"的实施，因为对他们来说，所接受服务没增加，反而自己的负担增加了。

四、福利人才的培养

日本战前的私立大学虽然设置了有关社会福利教育科目，但是没有社会福利的专业。在美国的影响下，1946年，东京设立了日本社会事业学校，后来发展成现在的日本社会事业大学。1948年，大阪也设立了大阪社会事业学校。这两所社会福利中专的设立，成为战后日本社会福利研究及福利人才培养的摇篮。

1953年，社会福利领域的工作者组成了日本社会福利学会。20世纪50年代后期至60年代前，社会福利工作者的待遇问题成了中心的议题。在发达的现代资本主义社会中，该如何评价福利工作这一劳动的含义及其价值,这是一个理论问题,同时又是一个迫切的现实问题。60年代是日本经济社会的突飞猛进的时期。每年,社会福利专业的大学毕业生虽然不下2 000人,但是,因为国家公务员系统中没有设置社会福利这一岗位,再加上民间的许多福利机构工作环境恶劣,许多有理想的青年都不愿到福利领域去工作。

进入70年代之后,该如何培养和组成社会福利工作者的队伍,已成为日本政府的迫切课题。80年代之后,使社会福利工作成为国家承认的岗位,上升为日本政府的政治课题,其理由主要有三个。

第一,70年代之后,日本社会已进入老龄化社会。人口统计已预测到日本人口老龄化将迅速加快,这将成为阻碍日本社会发展的主要难题之一。人口老化及日本社会的富裕化,将会增加福利需求的多样性及复杂性。没有经过有关社会福利职业严格训练的人员将难以从事社会福利的工作。如何确保社会福利的人才队伍建设,已成为不可回避的课题。

第二,经过50年代、60年代、70年代的努力,日本在年金、医疗方面已达到了发达国家的水平,而给予社会福利工作者的待遇却落后了。

第三,随着人均收入的迅速提高和生活水准的根本性改变,老年人本人及其家属对福利水准的要求变得越来越高。越来越多的民间企业加入到老年人福利的服务领域。因为涉及老年人的日常生活及其私事,这就要求社会福利工作者必须有较强的职业道德及社会责任心。为了达到这一目的,就必须作为国家承认的职称培养社会福利工作者。

1987年,日本国会通过了"社会福利士及介护福利士法"。社会福利士及介护福利士成为国家承认的资格及职称。社会福利士的工作内容主要是对利用者及其家属提供有关利用福利设施及制度的建议。介护福利士的工作内容主要是对老年人、残疾人的日常生活提供援助。从1989年起,每年进行社会福利士的国家统一考试。合格率在30%以下。也就是说,四年制的福利专业毕业后,并不是全部人都能获得社会福利士的资格。2012年,拥有社会福利士国家资格的人为157 463人。介护福利士的资格没有社会福利士那么难取得。从日本政府认可的介护福利士的培养学校(大专或中专)毕业,即可获得介护福利士的国家资格。此外,也可从一年一度介护福利士的国家统一考试中获得资格。国家统一考试的合格率为50%~60%。其试题比社会福利士的国家统一考试简单些。2012年,介护福利士的人数为1 085 994人。

对社会福利工作者的培养教育,主要是通过大学、大专及中专进行的。其课程设置在其科目名称上虽然有些差异,但是其教育主要围绕以下三大目标:一是让学生学习基础知识。例如文学、社会学、历史学、心理学等科目。二是学习专业知识。例如有关社会福利制度的政策内容,行政运营,财政的有关知识。同时,对社会福利的有关支援的方法进行学习。其中,包括医学知识的学习和到福利机构实习。三是有关社会福利职业伦理的教育。因为社会福利工作者可能介入老年人等利用者的私人生活,获得许多老年人本人及其家庭的秘密。为了确保老年人的权利和尊严,作为职业伦理及义务,必须严守老年人及其家庭的秘密。即使被警察所问,也不得公开。违反者将受到法律的惩罚。

五、日本的经验与教训

日本是20世纪成功地成为发达国家的少数亚洲国家之一。追溯到19世纪,日本在经济上是一个追赶型的国家。正如钟阳胜在其著作中所指出的，中国现在也是一个追赶型的国家。① 日本应对人口老龄化的社会保障制度改革的以下经验均值得中国借鉴。第一，政府较早地认识和重视国民的社会保障问题，推行发展经济与建立社会保障制度相结合的战略。20世纪50年代初，日本政府作国情调查时，已经预测到70年代初，日本将进入老龄社会。日本所采取的国家战略是集中精力发展经济，提高国民的人均收入。50年代后期及60年代，日本经济高速增长。这从根本上奠定了解决老龄社会问题的经济基础。人口老化过程中的所得保障问题，医疗保障问题及各种福利设施的问题，从根本上来说，也就是经济实力的问题。中国人口老化的问题也将日益严重，然而，除了集中发展经济，提高中国综合国力之外，就没有别的根本性的解决办法。第二，注重社会保障制度的建立及其覆盖范围的渐进性。日本主要是通过年金保险、医疗保险等社会保险制度来解决日本老年人的收入问题及疾病问题。1961年，日本实现了"全国民有医疗保险""全国民有年金保险"的体制。这是日本式福利国家的主要特征之一。在亚洲，当时的韩国及台湾地区等经济发达地区均未能实现"全国民有医疗年金"的体制。为了解决将来中国老年人问题，不但要完善城镇人口的社会保险，而且要把覆盖的对象不断地扩大到农村人口。争取实现全中国人均能加入社会保险的目标。靠社会保险解决不了的问题，再由国家最低生活保障制度去解决。第三，高度重视老人护理人才的培养。随着老年人的教育等综合素质的提高，社会对护理人才的要求也越来越高，希望护理工作者是受过专业训练的人才。日本政府从80年代后期开始就有计划地对福利人才进行专业训练和培养。

日本应对人口老龄化的社会保障制度改革同时也给我们留下了以下教训。第一，社会保障制度的建立与完善过程中对制度的公平性及其相关问题重视不够。至1986年为止，日本的年金制度是根据不同的职业而建立的。不同的年金制度的年金支付的金额及支付年龄是不同的。当然被保者所负担的保险金的金额也是有差异的。这一方面引起民众的不满，另一方面，随着产业结构的变化，夕阳产业的年金制度参保者愈来愈少，制度本身难以维持。年金是一种契约性的制度。年金制度林立，则不利于解决老龄化的问题。1986年，导入各种职业共通的"基础年金"，一定程度上解决了年金制度之间的差异问题。医疗保险制度也存在着类似的问题。第二，在教育改革中对福利人才的培养滞后。1970年日本已进入了老龄社会。然而，福利人才的大量培养却是在20世纪80年代中期以后。随着日本老龄人口比率的增加，受过福利专业教育的人才供不应求。吸取日本的教训，我们应该尽快在大学或大专扩大建立福利专业，加快福利人才的培养，为解决老龄社会的问题做好人才方面的准备。第三，从事老人护理的"介护福利士"的工资待遇较低。护理工作繁重，如果工作待遇太低的话，则难于确保高质量的护理人才。日本政府为了减少护理工作者的人件费，一直在压低"介护福利士"的工资待遇。这是造成护理工作对日本年轻人缺乏吸引力的一个重要原因。一些培养"介护福利士"的专业难于招生，从事护理工作的"介护福利士"也有转行的现象。

日本的社会保障制度是一个复杂的体系。本文只是从应对人口老龄化的角度对之作了一个简要的分析，还有待我们进一步作系统性的探究。

---

① 钟阳胜. 追赶型经济增长理论[M]. 北京：中共中央党校出版社，2006.

参考文献

[1] 东京大学社会科学研究所. 福利国家（全6卷）[M]. 东京：东京大学出版会，1984－1985.
[2] 东京大学社会科学研究所. 转换期的福利国家（上·下）[M]. 东京：东京大学出版会，1988.
[3] 副田义也. 老年社会学Ⅲ：老龄保障论 [M]. 东京：垣内出版株式会社，1981.
[4] 厚生省二十年史编辑委员会. 厚生省二十年史. 东京：公厅审议会，1960.
[5] 厚生省年金局，社会保险厅年金保险部. 厚生省保险二十五年史 [M]. 东京：厚生团，1968.
[6] 厚生省五十年史编辑委员会. 厚生省五十年史（记述篇）[M]. 东京：财团法人厚生问题研究会，1988.
[7] 厚生劳动省. 厚生劳动白书 [M]. 平成24年版. 东京：行政，2012.
[8] 金森久雄，伊部英男. 高龄化社会的经济学 [M]. 东京：东京大学出版会，1990.
[9] 健康保险组合联合会. 社会保障年鉴 [M]. 东京：东洋经济新报社，2007.
[10] 内阁府. 高龄社会白书 [M]. 平成22年版. 东京：佐伯印刷株式会社，2010.
[11] 三浦文夫. 高龄者白书 [M]. 东京：全国社会协议会，2004.

日本残疾人福利政策的结构和效果

[日] 金子能宏

【摘要】 本文对日本关于残疾的定义与理念的变迁，以及日本的残疾人福利政策进行回顾与介绍，并应用实际数据，对残疾人的生活状况进行描述，进而分析日本残疾人收入保障对于残疾人就业动机的影响，以及残疾人无障碍设施的发展对于残疾人就业的影响。研究发现，残疾人收入水平偏低，需要收入保障支持，同时应注意为残障人士提供就业支援，促进残疾人的就业积极性与雇佣率。

【关键词】 残疾人福利　日本

The Structure and Effects of Disability Welfare Policy in Japan

KANEKO Yoshihiroi

(*National Institute of Population and Social Security Research*)

Abstract This study gives an introduction about the definition of disability, and the development of disability policy in Japan. Based on survey data, it describes the living conditions of the disabled in Japan, and analyzed the effects of income support policy on the recipients' incentive to work, and the effects of barrier free enhancements on the employment of the disabled. It is found that the poverty rate and degree is more serious among the disabled, and they need income support. Besides, employment supports are also needed to promote their job incentive and employment.

Key words Disability Welfare　Japan

一、前言

随着各国签署并通过了联合国"残疾人权利公约"，世界各国都致力于研究残疾人的福利措施。在日本，根据残疾人自立支援法，导入了残疾人按照自己的需求选择福利服务的理念，改变了至今为止行政决定残疾人福利服务内容的制度。地方自治体按照残疾人需求，努力提供各式各样的福利服务。这一残疾人福利政策，实现了由行政主导到残疾人根据自己的需求自主选择的巨大转变，而在这巨大转变的背景下，对于残疾的定义也随之发生了世界性的变化。也就是说，近年来，残疾的定义，由仅限于专家们的医学方面定义转变为专家与包

作者：金子能宏，日本国立社会保障・人口问题研究所。原文日文，译者单柏衡，中国人民大学劳动人事学院博士研究生。

作者致谢：对允许笔者使用"残疾人的实际状态调查"相关数据的"残疾人生活实际调查研究会"的各位以及胜又幸子社人研、信息调查分析部长表示衷心感谢。同时，参考了有关残疾人贫困指标的"综合社会科学的社会经济方面的残疾研究：READ"公开讲座的报告结果。在此感谢给予笔者参考这个报告数据机会的松井彰彦先生以及统计调查组的各位。另外，本文的内容均为笔者个人的见解，不代表国立社会保障人口问题研究所。

含残疾者本人及其家属、地方当事者之间共同决定的一个社会性定义。

基于这样的残疾的定义和残疾人福利的结构的变化,近年来,日本通过支撑残疾人生活及其家庭的就业支援、收入保障,工资补贴和社会的雇佣补助等,通过就业支援,实现残疾人无障碍化以及工作环境的改善,体现出对残疾人的合理化关怀以及禁止歧视,实现一整套的社会性的规制。

在本文中,首先,对这一新残疾人福利政策制定之前,日本的残疾人福利措施的历史性发展及经济增长之间的关系进行分析。其次,随着残疾人福利政策的进展,重新认识残疾的意义,提出新的残疾的概念,以此为基础对残疾人福利政策的进展过程进行研究。立足于这样的历史性的研究和残疾概念的探讨,将日本的残疾人福利政策以实物支付(福利服务)和现金支付(年金、补助等形式的收入保障)的方式划分进行回顾。然后,用收入分布等指标,在掌握残疾人的实际生活状态基础上,根据实证分析对收入保障和就业支援分别进行研究。最后,总结本文和叙述今后的研究课题。

二、日本的经济成长和残疾人福利政策的发展

(一)日本经济增长的变迁

日本现在正面临着少子高龄化的社会问题,人口处于从增加到减少的局面,劳动力人口处于稳定的状态中,所以经济增长率也是维持较低水准。但是,曾经也实现过年平均10%的经济增长率的高速经济增长期,和年平均4%的稳定成长期。在这样的经济增长下,政府的税收增加,在高龄者措施和残疾人措施方面健全了制度并且增加了行政给付。

如果划分日本的经济增长时期,可以划分为四个。第一个时期是,从1955年到1973年,经济增长率为年平均10%的高速经济增长时期。第二个时期是,伴随着1974年发生的世界石油危机,经济增长率大幅回落后,20世纪整个80年代进入了经济增长率为年平均4%的稳定增长时期。第三个时期是,1991年的泡沫经济破灭之后,经济增长率呈正、负增长交替的经济低迷时期。然后,第四个时期就是从2001年以后至今的经济低增长时期。

高速经济增长时期,1960年实施了由池田内阁推出的"国民收入倍增计划",整个20世纪60年代,持续了实际经济增长率为年平均10%的高速经济增长[1]。实现了这样的高速增长的主要原因如下。第一,民间设备投资活跃。特别是以重化学工业为中心的大规模技术革新,在繁荣旺盛阶段投资活跃度同比增加超过20%。第二,高储蓄率。民间储蓄通过银行成为巨额的投资资金。第三,优质的、丰富的劳动力。由于高学历化和农民弃耕,使得劳动力得以确保。第四,旺盛的消费欲望。其他有利因素还包括,当时1美元兑换360日元的低汇率、军事费用负担低、初级产品(特别是石油)的价格稳定等。

高速经济增长的结束,经济增长率回落进入稳定成长时期。其起因是终结日本经济高速增长的1973年的第一次石油危机。原油价格暴涨约4倍。因此,原油、石油制品的进口额从1972年的44.7亿美元(进口总额的19%),到1974年激增了7.4倍,达211.6亿美元

---

[1] 在这一期间观测到以下4个经济高速扩张期。神武景气(31个月 1954.12—1957.6)、岩户景气(42个月 1958.7—1961.12)、奥运会景气(24个月 1962.11—1964.10)、伊奘诺景气(57个月 1965.11—1970.7)。

（进口总额的34%）。1978年的第二次石油危机时，原油价格更是上涨了约2倍。

石油危机的结果是，钢铁和石油化学等高耗能行业（所谓的"重厚长大"行业）的衰退，随后替代其发展的是，汽车、机械等的组装加工产业（所谓的"轻薄短小"产业）的急剧快速增长。稳定增长时期的实际经济增长率约为4%。

经历并克服了2次石油危机的日本经济，虽然无法实现过去高速增长时期的高增长，但是也维持了4%左右的经济增长率。不过，伴随着1985年的"广场协议"的签订，日元进入快速升值通道，由1美元兑换240日元上下的汇率，仅1年之间升值到120日元上下。

为了渡过日元急速升值带来的经济衰退，日本央行把公定贴现率降低到2.5%的未曾有过的低水准。结果是从1987年到1990年以不动产投资为中心，民间投资扩大，出现了被称作泡沫景气（1986.12—1991.4）的兴盛期。在另一方面，因为由政府、日本央行有意图的向国民经济注入过多的资金，所以失去方向的民间资本不仅只投入土地、不动产，还流入了股票市场，发生了资产价格的异常暴涨。

对此，日本政府和央行为了抑制泡沫经济，遏制经济过热，从1989年开始转换成金融紧缩政策。公定贴现率由2.5%提高至1990年的6%。结果首先是股价下跌，之后土地开始贬值。大家所持有的资产价值的下落使得消费下降，企业的投资活动也变得冷淡。日本经济在1990年达到高峰后，泡沫经济瞬间破灭。

泡沫经济崩溃后，为不动产担保的银行贷款出现大量呆账，成为不良债权。从那以后，日本经济就苦苦挣扎于被称作"平成不况（衰退）"的长期衰退中。这时期的日本经济被称为"失去的10年"，原本应该伴随着不良债权处理的痛苦而进行的经济改革被推迟，白白地浪费了10年的时间。实际上，从1992年到2002年之间的名义GDP由488兆日元涨至498兆日元就几乎没有增加过。这段时间企业为了渡过经济衰退而增加出口（出口导向）。可是，1997年发生了亚洲金融危机，因出口陷入低迷，1998年的日本经济增长率为1%的负增长。

在此状况下执政的小泉内阁，考虑到以依赖增加财政支出的凯恩斯政策的极限，提出了"没有改革就没有经济复苏"的口号，重视市场原理，以向"小政府"回归为目标，进行结构改革①。小泉内阁在2002年实施了金融再生计划，设法对银行持有的不良债权问题进行了早期结算，在2003年就越过了不良债权问题的难关，2006年的时候几乎全面得到解决。由于这项政策，2006年的实际经济增长率为2.2%，呈现出经济回暖态势。但是，由于2007年美国次级债问题的显现，2008年发生的雷曼危机，2011年因希腊引起的欧洲经济危机，世界经济又一次持续着不安定的状况。

（二）日本的残障者福利政策的变迁

在高速经济增长时期以前，日本对不同残疾分别制定了福利措施的法律，并且开始了对不同残疾类型的福利政策的制定。残疾分类的法律有，"身体残疾人福利法"（1949年）"智残人福利法"（1960年）"精神保健及精神残疾人福利法"（1950年），对有残疾的儿童在

---

① 小泉内阁的构造改革是以"促使劳动力和资本，从生产性低的领域向高的领域转移"为目的的改革。具体内容是对不良债权问题进行处理。但是，对持有大量无法回收债权的不动产、建设部门的企业继续追加融资，使收益性低的企业人为地存留着。

"儿童福利法"（1947年）中设立了针对措施。另外，为了促进残疾人的雇佣，制定了"残疾人雇佣促进法"（1960年），在日本也导入了企业从业者中残疾人占比的法定雇佣率制度。因而，日本在高速经济增长时期以前的阶段就开始健全残疾人福利政策。一方面，因为对残疾种类和不同年龄段的法律的健全、扩充，在残疾人（残疾儿童）的福利措施中有重复的内容；另一方面由于对精神残疾人有社会性的偏见，所以延误了对残疾人福利措施领域的完善。

　　进入高速经济增长期后，对残疾人的社会支援得以进步，但是随着产业结构的变化和核心家庭的趋势，由家庭承担的抚养能力和照护能力降低。在此期间，残疾人和其家属的需求更多的是"残疾人福利中心"等地域福利措施，可是依旧持续着以群体的大型入住设施为设施中心的措施。之后，在1970年"身心残疾人对策基本法"成立，实现了关联措施的综合化，但是1972年的石油危机以后，对利用这类大型设施收容残疾人的福利政策状况进行了重新的研究。

　　进入稳定期以后，以1984年的"完全参加与平等"为主题的国际残疾人年和"联合国·残疾人的10年"为契机，在日本也开始普及回归常态化理念。这个理念在普及过程中，日本的残疾人政策，重点向"强化居家措施和促进社会参与"转变，把健全区域性的咨询支援体制作为课题，同时为消除对残疾人的歧视用语而努力并得到成果，"精神薄弱"被改为"智能障碍"，并且成立了"心理发展障碍支援法"，精神残疾人福利政策也从医疗为中心向促进回归社会转变。另一方面，为了确保多样化的残疾人福利政策的财源，强化了在接受残疾人福利服务时由受益者负担费用。对残疾人福利服务扩充，需要的不只是财源，对提供服务的人力资源也有扩充的必要。在稳定增长的期间为了应对这些课题，应当制定残疾人福利的人才资源的对策，制定了"社会福祉士及照护福祉士法"，1990年根据"修订福利关联八法"，完善了在居民所在附近的市町村，有计划性地提供居家·设施福利服务的体制。

　　泡沫经济崩溃后的经济低迷期，对社会保障给付的合理化提出了要求，并且对残疾人福利政策不仅仅是给付的支付，而是从残疾人的自立的观点出发进行制度改革。在1993年，改变了以前以设施为中心的想法，依据自立和促进参与的政策理念成立了"残疾人基本法"，详细地记载了身体残疾、智力障碍、精神障碍的各残疾的定义在同一个法律下的相互平等，精神障碍者也可以获得福利服务。随着残疾人福利服务的受益者范围的扩大，各自治体把制定"残疾人福利计划"作为目标，但是财政无法得到充分的保证。为了解决此问题，确立了残疾人福利的财源不单委托给地方自治体，中央政府和县（省）政府也共同承担，同时，基于残疾人的福利服务的选择，为保障自治体服务的提供，在2005年成立了"残疾人自立支援法"。因此，残疾人福利进一步从入住设施向地域生活转变。（此制度下，关于残疾人福利服务的种类和提供体制参照下章节）。

　　但是，依照"残疾人自立支援法"的残疾人福利服务，费用的10%由残疾人福利使用者负担，如之后所述一样，忽视了残疾人的收入普遍比普通人低的事实，成为残疾人难以承担的负担，残疾人自立支援方案被指出有改正的必要性。结果是对残疾人福利服务的使用者减轻负担（2010年）。在此之上，改善对集体住宅、照料住宅的房费补助，加强重度视觉残疾人的同行援护等，还对充实咨询支援、加强对残疾儿童的支援等方面进行修订，于2012年施行"残疾人自立支援法"的修订版。

为了残疾人在所在地域生活，住所由福利设施向地域转变的同时，确保残疾人的收入也是非常重要。为此，残疾人的雇佣政策也得到推动。残疾人雇佣的分摊制度被修订（2013年）。从2013年开始民营企业的残疾人的法定雇佣率由原来的1.8%提升至2%。

三、"残疾"的意义与在日本残疾人福利措施的结构

（一）"残疾"的意义与残疾人服务政策对残疾的认定

残疾的概念该怎样把握？在医学、社会福祉学或者残疾学领域是一个长期研究题目，其概念也随着研究而变化。根据学界对残疾的意义的讨论，国际组织例如世界卫生组织WHO给出的是广义的定义。20世纪80年代给出的残疾的定义是身体的、智力的、精神的功能障碍的定义，被称作医疗模式的定义。也就是说，残疾是因疾病（例如腿和眼的疾病）引起的功能障碍，这样的功能障碍使得不能行走、看不见等成为生活能力的障碍，不能和其他人一样的行动并且处于社会不利的地位的状况。

对这种由功能障碍引起的能力障碍，如果完善了社会的条件和社会的环境，就能改善本身的能力障碍、让重视残疾者变得更有意义。有手脚残疾不能使用轮椅行动的人，尽管通过技术进步，只要使用电动轮椅就能行动，但是仍被认为不能工作。这种不利的社会状况依然存在。着眼于这点，2000年以后，残疾不只是个人的因素（例如由于疾病的功能性障碍），也与社会和环境的因素有着密切关系，这也是造成残疾的重要原因。这样的想法被广泛认同，称为社会模式的残疾的定义。换句话说，社会是与个人的能力和机能相关的，因为要求个人达到一定的标准，从而产生的社会的障碍和态度被认为是一种残疾。

现在，日本政府预备批准的"残疾人的权利公约"中，在其前言和第一条里，"所谓残疾不单是功能障碍，是与物理的环境和人们的态度等的社会性的障碍相互作用而产生"。医学模式（残疾＝身体的、智力的、精神的功能障碍）与社会模式（对于个人的能力和机能，社会要求其达到一定基准所产生社会性的障碍和态度）的中间观点来掌握残疾定义。

作为残疾福利对象的残疾人（儿童）人数，并非每年都做统计，主要是对残疾的类别的把握上有必要注意，根据内阁府《2011年版残疾人白皮书》（表1），残疾人数为655万人，其中（除去年龄不详者）18岁以上约为620万人、18岁未满34万人。居家者约590万人、设施入住者数64万人。

就身体残疾的原因变化来看，呈现出高龄化的影响。每隔5年实施的"身体残疾人（儿童）现状调查（厚生劳动省）"中，就造成身体残疾的原因分类的比例来看（表2），在2006年（平成18年）（因战负伤、战祸除外）因"事故"的比率为15.2%、因疾病的比率为34.2%、因加年的比率为7.9%。受"事故"和传染病、中毒性疾病以及加年等并发症残疾的比率高达25%。因而，根据身体残疾人（儿童）的残疾原因来分析，后天因生活而引起的残疾比先天性缘故的比率高出3成，证明了即使是身体健康的人，突然因某种疾病或事故最终身体残疾的可能性非常高。

（二）对残疾人的福利政策结构和残疾认定

称为社会模式的残疾的意义被广泛接受，残疾人的福利政策结构也产生了很大的转变。

2003年4月行政机关通过行政处置的方式改变了原来的措施制度,明确了残疾人自行选择服务、服务的使用者和提供服务的福利设施及设施经营者的对等关系,按照签订的契约使用服务,并且开始实施服务支援费制度。然后,在2005年成立了"残疾人自立支援法"、以市町为主体提供综合性的福利服务,构筑了自立支援制度。

表1　　　　　　　　　　　　　　　日本的残疾人数

		总数	在宅数	设施入住者
身体残障儿·者	18岁未满	9.8万人	9.3万人	0.5万人
	18岁以上	356.4万人	348.3万人	8.1万人
	合计	366.2万人	357.6万人	8.6万人
智能残障儿·者	18岁未满	12.5万人	11.7万人	0.8万人
	18岁以上	41.0万人	29.0万人	12.0万人
	合计	53.5万人	40.7万人	12.8万人
		总数	外来患者	入院患者
精神障碍者	20岁未满	17.8万人	17.4万人	0.4万人
	20岁以上	305.4万人	272.5万人	32.9万人
	年龄不详	0.6万人	0.5万人	0.1万人
	合计	323.8万人	290.4万人	33.4万人

身体残疾人居家数:厚生劳动省身体残疾儿童(人)实际状况调查(2006年)
　　　　设施入住者:厚生劳动省社会福利设施等调查(2006年)
　　智能残疾人居家数:厚生劳动省智能残疾儿童(人)基础调查(2006年)
　　　　设施入住者:厚生劳动省社会福利设施等调查(2005年)
　　精神障碍者门诊患者以及入院患者:厚生劳动省患者调查(2008年)
　　由厚生劳动省援护局伤害保险福利部做成
资料来源:内阁府《残疾人白皮书》(2011年版)。

表2　　　　　　　　　不同原因导致身体残疾的人数（单位 千人）

	总数（除去不明）	交通事故	工伤	其他事故	战伤	小计	感染症	中毒性急症	其他疾患	小计	出生时的损伤	加龄	其他	不明
2006年（%）	2 111 (100.0)	106 (5.0)	113 (5.4)	100 (4.7)	21 (1.0)	340 (16.1)	58 (2.7)	8 (0.4)	656 (31.1)	722 (34.2)	79 (3.7)	166 (7.9)	356 (16.9)	446 (21.1)
2001年（%）	2 511 (100.0)	144 (5.7)	204 (8.1)	150 (6.0)	55 (2.2)	553 (22.0)	76 (3.0)	13 (0.5)	760 (30.3)	849 (33.8)	145 (5.8)	154 (6.1)	349 (13.9)	461 (18.4)
1996年（%）	2 700 (100.0)	128 (4.4)	201 (6.9)	149 (5.1)	63 (2.1)	541 (20)	57 (1.9)	9 (0.3)	1 261 (43.0)	1 327 (45.2)	132 (4.5)	101 (3.4)	311 (10.5)	299 (10.2)

注1:身体残疾儿童中,除去原因不明的总数。
注2:包含原因不明总人数,1996年、2001年、2006年分别为2 933人、3 245人、3 488人,不想的占总数的比率分别为7.6%、22.6%、39.4%。
资料来源:由笔者根据内阁府《残疾人白皮书》各年版所示的厚生劳动省《身体残疾人·儿童实际状态调查》做成。

日本残疾人福利政策的结构和效果

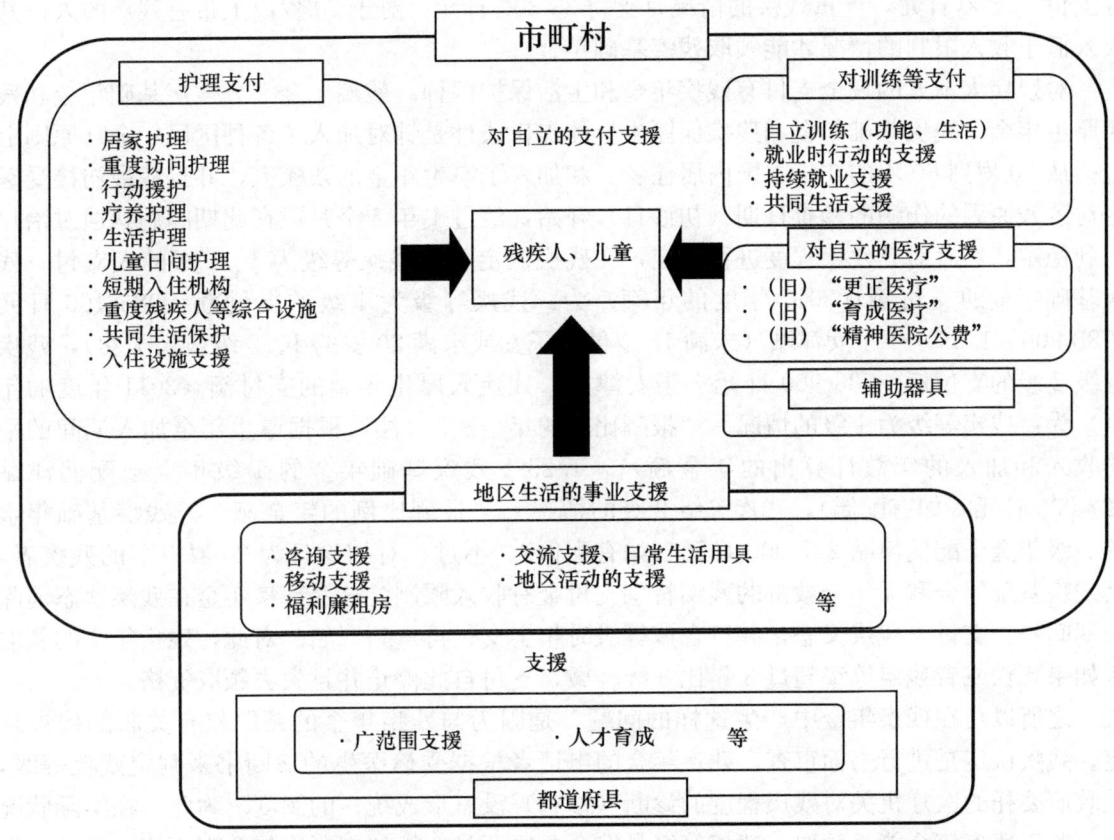

图1　对残疾人的社会福利服务体系（根据残疾人自立支援法提供自立支援给付）

在这个自立支援制度下，如图1所示，提供了包含残疾福利服务的自理支援给付和地域生活支援事业。与以前的措施制度有所不同，残疾福利服务的利用是以残疾人自主选择的原则，在使用服务时，残疾人向市町村提出服务使用申请。根据申请，市町村对所申请的福利服务的必要性做出综合判断后再决定支付，提出申请的残疾人自行选择提供残疾福利服务事业者，并使用所需要的福利服务。

因导入了"残疾人自立支援法"，通过残疾人的使用申请和对提供服务业者的选择，可以得到残疾人福利服务，但是在费用的负担上最初产生了很大的问题。根据"残疾人自理支援法"，制度最初开始时，对符合福利服务的使用以及自立支援医疗的受诊，原则是要求自己承担1成费用。从下节所叙述收入分布的实际状况可以明白，残疾人当中低收入者居多，减轻自己所承担的费用成为政策课题，也有由残疾人提出了废除自己所承担的费用的诉讼。结果是，根据诉讼的调解，2010年4月以后，市町村民税的非课税家庭所承担的费用被施行免费，大幅地减轻了残疾人自己所承担的费用。

与残疾人有关联的现金支付是对有残疾儿童家庭提供的津贴和对残疾人自身的给付（残疾年金和生活保护）。

给残疾儿童父母提供的津贴叫作特别儿童抚养津贴。这个津贴是以残疾儿童家庭为对象，并且是对20岁以下的残疾儿童，按照残疾的程度支付津贴的制度。最严重残疾的情况

· 179 ·

月支付 57 500 日元，严重残疾的情况月支付 33 800 日元。对于 20 岁以上带有残疾的人，其收入低于收入限制的情况才能领取残疾基础年金。

对残疾人本人的现金支付有残疾年金和生活保护两种。残疾年金又分残疾基础年金和残疾厚生年金。残疾基础年金和残疾保厚生金的支付条件是针对加入了各种国民年金（原则上包括从 20 岁到 60 岁的在日本国内居住者）和加入了厚生年金的残疾人，并且从最初接受医生对致残原因的伤病的诊查日期（初诊日）开始，经过 1 年 6 个月或在此期间病状通过治疗得到稳定，然后对其残疾程度进行认定，在残疾认定日向残疾等级为 1、2 级的人支付。残疾基础年金的支付额（2011 年度的年额）为：残疾等级为 1 级的支付额＝986 100 日元（788 900×1.25）＋子女津贴（未满 18 岁健全子女或未满 20 岁的 1、2 级残疾子女），残疾等级 2 级的支付额＝788 900 日元＋子女津贴。残疾人厚生年金的支付额（2011 年度的年额）为：残疾等级为 1 级的情况＝"报酬比例的年金额"（注：根据厚生年金加入期间的平均收入和加入的年数计算出的年金额）×1.25＋残疾基础年金的 1 级年金＋配偶津贴 227 000 日元（如有配偶），残疾等级 2 级的情况＝"报酬比例的年金额"＋残疾基础年金的 2 级年金＋配偶津贴 227 000 日元（如有配偶）。不过，对初诊日为 20 岁以下的残疾者，其残疾基础年金和无年金救济的残疾特别支付金有收入限制。这些残疾年金在残疾状态消除的期间停止支付，残疾又恶化并符合该等级时年金支付再重新开始。对此，残疾年金的领取者如果死亡或者残疾等级超过 3 年比 3 级轻微，支付自此停止并且失去领取资格。

之所以会在残疾年金中产生这样的问题，是因为与残疾年金的领取权有关联的残疾认定。残疾认定是进行书面审查，残疾年金的申请者根据受诊医生的诊断书来判定残疾等级，受政府委托的医疗机关对残疾程度的诊断（诊查）没有形成统一的制度。为此，在实际状况中，关于残疾年金能否领取，残疾等级是符合 2 级还是 3 级的判断比较含糊不清。另外，把残疾年金领取的认定基准进行国际比较的话，在日本，相对重视医学上的机能损害和日常生活能力受限状况，而在其他国家，由于医学上的理由导致机能残疾而丧失获得收入能力从而成为给付对象的情况比较多，还有些国家甚至没有机能残疾的目录（日本的残疾认定基准），能成为支付对象的残疾的范围比日本更广。因此，与其他国家相比，在日本产生了残疾年金的领取受到限制的问题。

即使有残疾但是没有得到残疾年金的情况下，这些人的收入在生活保障基准以下的时候可以得到生活保护。另外，领取了残疾年金或者特别残疾者津贴的情况下，如果这些给付金额和生活费，工资（有扣除）等收入的总和仍在生活保障基础以下，并且资产或者存款都没有的情况下，也能获得生活保护。

四、残疾人的收入状况和就业支援的条件

（一）残疾人的收入状况

残疾人的人数、致残原因类别的情况可以通过官方的统计知道。关于残疾人的收入状况没有官方的统计。对此，作为研究的一部分，为了掌握残疾人的实际生活状态，弄明白残疾福利的课题，笔者进行了各种的调查。对残疾人的调查大多是实施残疾分类，以包含了身体残疾、智能障碍、精神障碍等残疾人为对象，进行"残疾人生活实际状态调查"，弄清楚残

疾人的就业和收入状况。

调查结果表明（勝又幸子，2007），半数是非就业，即使就业也多为福利性的工作，工资水准平均相对较低。与身体残疾人相比智能障碍者和精神障碍者在工作的比例高，但是工资水平却是身体残疾人的高。对残疾人的收入进行比较，后天性身体残疾、有工作经验的男性，收入相对比较多。在不能工作的情况下，残疾厚生年金和劳灾年金等的给付水平比残疾基础年金高，也比只能领取残疾基础年金的先天性的身体残疾者得到的收入高。另一方面，一直与父母共同生活的残疾人（成人后与父母一直在一起生活的人），本人的收入低。劳动收入额和年金领取额之间的补充关系不被认可。

比较残疾人和普通人的收入差距的研究并不多，金子（2010）以身体残疾人为对象，使用"残疾人的日常·经济活动调查"推算出关于相对贫困率等的收入差距的指标。用这个结果的话，普通人的贫困状况和身体残疾人的贫困状况可以进行比较。根据"国民生活基础调查（2007）"，OECD基准的贫困率（厚生劳动省2008年10月发表）为15.7％。对此，根据READ"残疾人日常·经济活动调查（身体残疾人调查2009年）"，对带有身体残疾的人的贫困率进行分析，有工作的情况是16％，和普通人的全体贫困率基本相同，但是没工作的人是37.9％、高龄者（含社会保障给付）是26.1％，处于较高数值，清楚表明身体残疾人陷入贫困线以下的概率大。

作为衡量贫困的严重程度的指标，贫困线以下的人们，其个人所得收入达到贫困线上的收入时，所需要的收入的不足额的平均值，可以得出贫困的相差率（Poverty Gap Ratio）。这个指标，不单指出贫困的严重程度，还能表示不同年龄阶层和不同家庭构造的贫困的严重程度。由小盐隆士（2010），根据"国民生活基础调查（2007）"，通过转移性收入所领取的收入看到的贫困相差率（Poverty Gap Ratio）为：年龄合计6.5％、年轻层（20～39岁）6.4％、中年层（40～59岁）4.1％、高龄层（60～79岁）8.2％。与此相反，根据READ"残疾人日常·经济活动调查（身体残疾人调查2009年）"，贫困相差率为13.1％、年轻层（20～39岁）20.3％、中年层（40～59岁）12.5％、高龄层（60～79岁）11.1％。因而，在贫困相差率（Poverty Gap Ratio）方面与普通人相比较，可以清楚表明身体残疾人的贫困程度较为严重。

（二）残疾人的收入保障和就业动机（incentive）

对残疾人的收入分布进行分析发现，与普通人相比，残疾人容易陷入贫困并且陷入贫困的程度也比普通人严重。特别是，在残疾人中非就业残疾人的比率大，在这种情况下，陷入贫困线下的比率也比普通人高。因此，为了使残疾人可以更好的生活，收入保障和就业支援这两方面非常重要。但是，从经济学角度来看，认为收入保障可能会使得就业积极性（incentive）变弱。实际情况是，在欧美先进国家，20世纪90年代，替代提高老龄年金的初始支付年龄的是，放宽残疾年金的申请，因此更加大了收入保障使得残疾人的就业积极性（incentive）变弱的可能性。关于残疾年金对就业率的影响，美国用微观数据对社会保险厅（SSA）的残疾年金进行了实证分析（Warner，2001；Duggan，Singleton，2006；Maestas，and Yin，2008）。

这一节中，对日本残疾者收入保障的部分，和欧美的实证分析进行对比，分析残疾年金领受总额对残疾人就业行动的影响。所用的数据,和上一节一样,是平成17年、平成18年(2005年、2006年)的《残疾人实际生活状态调查》中的数据。运用此数据,根据对样本(sample)、选择(selection)、偏差(bias)补充修正的推断方法来推算出残疾人的就业率函数,工资函数及劳动时间函数。

推算方法即是对就业、非就业决定的正态分布(probit)进行分析。由此推算结果以测算出Mills的倒数（λ变数）作为说明变数,加上工资函数和劳动时间函数进行推算,这就是赫尔曼的2段阶推算法。

就业率函数的被解释变量就是残疾人的就业、非就业的选择,就业=1、非就业=0时的虚拟变量。就业率函数的解释变量被分为经济原因和非经济原因两种。作为经济原因的有：残疾年金额、残疾年金以外的年金额、本人以外的家庭收入,医疗费用自己负担的金额作为解释变量。之所以包含本人以外的家庭收入是因为在就业决定中考虑到 P. H. Douglas 有沢的法则。作为非经济原因的有：年龄,婚否,户主的虚拟变量（有户主是1,没有的时候为0）,地域虚拟变量（F市为1,K市为0）,残疾类别的虚拟变量（智力残疾为基础,身体残疾和精神残疾的情况下各为1）,残疾的程度的虚拟变量作为解释变量。

工资函数的被解释变量是工资率（残障人的劳动收入除以劳动时间的数值）,解释变量是年龄,婚否,家庭成员,地区虚拟变量,残疾类别的虚拟变量。劳动时间函数的被解释变量是本人调查回答的劳动时间,解释变量是用工资率之外的年龄、残疾类别的虚拟变量、残疾程度的虚拟变量、生活保护支付额、政府补贴金额。在说明变数中纳入了生活保护支付额和政府补贴金额是因为即使有根据残疾人年金和残疾人年金以外的影响而进行就业选择的情况,其他的收入保障也有使劳动时间变短的可能性。推算函数变量的基本统计见表3。

表3　　就业率函数、工资率函数、劳动时间函数的假定变数的基本统计

	平均值*	标准偏差
年龄	46.976	12.796
身体残障者	0.581	0.495
精神残障者	0.282	0.549
重度残障者	0.339	0.475
户主	0.484	0.502
结婚有否	0.435	0.498
身边自立程度	0.669	0.472
家庭成员数	2.5	1.172
就业状态（就业率）	0.774	0.42
劳动时间	4	2.635
收入额	137.04	245.812
户主以外家庭成员的收入	308.75	368.37

续表

	平均值*	标准偏差
残障基本年金	40.065	53.52
残障基础年金以外的政府补贴	14.605	44.526
失业补贴额	2.468	10.335
生活保障支给额	7.855	29.27
政府补贴金额	3.298	11.658
自付医疗费金额	6.234	9.716
工资率	37.978	57.543

注：* 虚拟变量表示频度。
资料来源：笔者根据 2005 年、2006 年《残疾人生活实际状态调查》做成。

就业率函数、工资函数、劳动时间函数的推测结果分别在表 4 中显示出来。从就业函数的结果来看，在残疾类别的虚拟变量（假设智障为零的情况）中，会出现如果身体有残疾就业率就会变低的结果。另外，自己负担的医疗费用越多，表明需要治疗，就业率变低。从年金金额的影响来看，相对于男性如果领取了残疾基础年金就业率就会降低的情况而言，女性即使领取了残疾基础年金对就业率也没有什么太大的影响。从残疾年金以外年金的金额来看，领取这些年金会使就业率下降。残疾年金之外的年金有，比如厚生年金，共济年金。身有残疾但被雇佣并持续工作到退休的人和健全人，相对于在领取这些退休年金的年龄时遭受残疾并得到身体残疾人手册的人来说，这些年金支付的金额会促使退休，对降低就业率有一定的作用。从清家（1984）已用"高龄者就业实际状态调查"和"国民生活基础调查"对关于厚生年金影响就业率或者退职的因素进行实证分析和整合。

表 4　　残疾人的就业函数、工资函数、劳动时间函数的推测结果

	就业率函数	工资率函数	劳动时间函数
被解释变量	就业率	工资率	劳动时间
常数项	0.247 0	3.497 6	−1.900 95
	(0.442 3)	(3.674 0)	−1.178 71
地区	−0.904 0E−02	−0.250 9	
	(−0.045 6)	(−0.687 5)	
性别	0.075 1 7		
	(0.356 08)		
年龄	0.354 78E−03	−0.237 484E−02	0.053 104
	(0.040 84)	(−0.145 24)	2.896 30
身体残疾	−0.471 47	2.224 42	−0.612 831
	(−1.508 6)	(3.747 5)	−0.881 021

续表

	就业率函数	工资率函数	劳动时间函数
精神残疾	0.181 81	−0.068 81	−0.089 504
	(0.645 5)	(−0.180 92)	−0.134 099
重度残疾	0.010 86		−0.408 039
	(0.052 86)		−0.845 551
结婚与否	−0.043 346	−0.721 290	
	(−0.328 26)	(−1.911 6)	
户主	0.232 25		
	(1.095 9)		
家庭成员		0.046 3	
		(0.331 72)	
医疗费个人负担额	−0.743 501E−02		
	(−1.165 1)		
本人以外的家庭收入	0.110 299E−04		
	(0.043 47)		
残疾基础年金额	−0.144 22E−02		
	(−0.851 76)		
残疾基础年金以外的年金额	−0.305 13E−02		
	(−1.490 1)		
生活保护支付额			−0.800 46E−02
			(−1.031 3)
政府补助津贴额			−0.010 41
			− (0.355 67)
本人以外的家庭收入			0.158 66
			(0.732 81)
工资率			0.461 95
			(3.264 7)
米尔斯比率（@MILLS）		−0.376 23	
		(−0.915 1)	

注：括弧内是 t 值。
资料来源：笔者根据 2005 年、2006 年《残疾人生活实际状况调查》推算。

从工资函数的推测结果来看，身体残疾比智力障碍的工资率高。关于劳动时间函数，显示出年龄越高、工资率越高，则劳动时间越长这一结果。作为对残疾人的就业支援，实施工资补贴以提高工资率，或是各地域分别提高最低工资，提高适用于残疾人的工资水平，对已工作的残疾人来说，具有提供了经济刺激（incentive）作用，鼓励残疾人通过延长劳动时间来提高收入。

关于残疾基础年金的认定和给付水平，从国际上看，认定方面大家比较容易接受，但是关于给付水平是否充分，还将持续讨论下去。上述的实证分析说明，残疾基础年金的领取的效果受到男女性别的影响而产生不同。要是提高给付水平的话，虽不能说减弱全部残疾人的劳动积极性（incentive），可是考虑到残疾人的贫困状况，改善残疾基础年金的给付水平可作为收入保障的一个方法。但是，这种情况下，需尽量充实就业支援对策，设法使残疾人的收入保障和保持其劳动的积极性（incentive）两者兼容，是很重要的事情。

五、无障碍化（Barrier Free）对策和残障者雇佣

考虑到可持续的财政运营，公共事业现在正在经历重新被评价。但是，公共事业当中，比如在车站内设置电梯或设置带有语音向导的十字路口等被视为无障碍化（Barrier Free）的社会资本配备，是与为了使残疾人更好的生活而紧密相连接在一起的。这些无障碍化（Barrier Free）对策可确保实现残疾人能够利用企业或事务所的建筑物的同时，扩大残疾人的工作场所与自己家之间的移动可能性（access），可以成为扩大残疾人雇佣的条件。另外，无障碍化（Barrier Free）的信息保障试图保障视觉、听觉残疾人的安全移动和在工作场所的顺畅沟通，也与方便残疾人工作的企业工作场所的环境提高有一定关系。因此，这节对关于无障碍化（Barrier Free）对策和残障者雇佣的关联性进行实证分析。

通过厚生劳动省"残疾人的雇佣状况报告"（各年版），得到了从 2000 年到 2011 年 12 年间，不同规模的民间企业中受雇残疾人的雇佣率，达成法定雇佣率企业的比例的数据。企业规模区分为 100 人未满，100 人以上 300 人未满，300 人以上 500 人未满，500 人以上 1 000 人未满，1 000 人以上这 5 组。因此，使用由这 12 年间的 5 组数据制成的面板数据（panel data），以不同规模的民间企业的受雇残疾人的雇佣率、法定雇用率达成企业比率当成被解释变量，进行实证分析。解释变量包括相对于特例子公司的增加数（前年同比）、职业培训（job coach）设置的增加数（前年同比）、设有满足交通无障碍法基准的消除台阶的设施（如升降机、电梯等）的车站数（以每天乘客利用人次 5 000 人以上的车站为对象），同基准并设有台阶消除设施的车站占总数的比率，以及失业率。

表 5 残疾人雇佣和车站的无障碍化（Barrier Free）的变化

年	残障者雇用者数（千人）	实际雇佣率	法定雇佣率达成企业的比率（%）	失业率（%）	因装有电梯等而消除台阶问题的车站数量*	因装有电梯等而消除台阶问题的车站的比例（%）**
2000	253	1.49	44.3	4.5	795	29
2001	253	1.49	43.7	5.1	902	33

续表

年	残障者雇用者数（千人）	实际雇佣率	法定雇佣率达成企业的比率（%）	失业率（%）	因装有电梯等而消除台阶问题的车站数量*	因装有电梯等而消除台阶问题的车站的比例（%）**
2002	246	1.47	42.5	5.1	1 068	39
2003	247	1.48	42.5	4	1 200	44
2004	258	1.46	41.7	3.9	1 343	49
2005	269	1.49	42.1	4.1	1 560	56
2006	284	1.52	43.4	4.4	1 758	63
2007	303	1.55	43.8	4.7	1 881	67
2008	328	1.59	44.9	5.3	2 007	71
2009	333	1.63	45.5	5.4	2 160	77
2010	343	1.68	47.0	5	2 401	85
2011	366	1.65	45.3	4.7	2 570	91

注1：每日平均使用者人数在5 000人以上的车站中，因符合基准的设施（自动扶梯等）消除台阶的车站。
注2：每日平均使用者人数在5 000人以上的车站中，因符和基准的设施消除台阶的车站比率。
注3：根据《劳动力调查》表示的年龄合计·男女合计的失业率。

估算方法是跟企业规模相连的固定效应模型以及把企业规模作为虚拟变量加以区分再加上解释变量的最小二乘法。

从回归分析的结果来看（表6），首先分析固定效应模型，失业率对残疾人雇佣率及残疾人法定雇佣率达成企业比率并没有产生有意义的影响，与此相对，为方便残疾人行动增设无障碍电梯等消除台阶的车站数量及这些车站所占的比率，却对此产生了很大的正面影响（5%有意水准）。特例子公司的增加数和设立职业培训（job coach）的增加数对残疾人雇佣率和残疾人法定雇佣率达成企业的比例无显著影响。这主要由于以下两方面原因：一是特别子公司对残疾人的雇佣情况会影响到总公司的残疾人雇佣率；二是能够增加职业培训岗位是受企业规模因素的影响，这些企业的员工人数大到足以配置这样的专业岗位。把企业规模作为虚拟变数加上说明变数用最小自乘法的计算结果来看，把从业人数50人未满的企业跟1 000人以上的企业作比较，得出的结论是残疾人雇佣率和残疾人法定雇佣率的达成比率会提高。这说明，具备特别子公司和职业培训（job coach）等的大企业，对残疾人雇佣的扩大做出了贡献。中小企业在对残疾人雇佣和法定雇佣率达成企业比率方面与大企业相比贡献相对较小。但是，为了使特别子公司和职业培训（job coach）在中小企业中可以容易使用并达到效果，可通过对补助金制度进行完善与扩充，使这些中小企业也有做到扩大残疾人雇佣的可能性。

表 6　无障碍化（Barrier Free）措施对残疾人雇佣率的效果

	被解释变量：残疾人雇佣比例				被解释变量：达成法定雇佣率的企业比例			
	①	②	③	④	①	②	③	④
常数项	1.205 161*** (8.5)	1.205 929*** (8.48)	1.175 328*** (8.2)	1.176 096*** (8.18)	21.398 54*** (2.91)	21.381 59*** (2.89)	25.071 87*** (3.37)	25.054 92*** (3.36)
特例子公司 增加数	−0.000 43 (−1.14)	−0.000 43 (−1.14)	−0.000 43 (−1.14)	−0.000 43 (−1.14)	−0.019 23 (−0.97)	−0.019 24 (−0.97)	−0.019 23 (−0.97)	−0.019 24 (−0.97)
设立职业培训 的增加数	−0.000 023 (0.35)	2.31E−05 (0.35)	0.000 023 (0.35)	2.31E−05 (0.35)	0.001 151 (0.34)	0.001 143 (0.34)	0.001 151 (0.34)	0.001 143 (0.34)
无障碍电梯等消除 台阶的车站数	7.86E−05*** (3.9)		7.86E−05*** (3.9)		0.006 545*** (6.27)		0.006 545*** (6.27)	
无障碍电梯等消除 台阶的车站比例		0.002 243*** (3.85)		0.002 243*** (3.85)		0.187 662*** (6.21)		0.187 662*** (6.21)
失业率	0.038 471 (1.36)	0.037 676 (1.33)	0.038 471 (1.36)	0.037 676 (1.33)	2.054 238 (1.40)	1.995 034 (1.35)	2.054 238 (1.40)	1.995 034 (1.35)
计时劳动者 的增加率	−0.000 33 (−0.16)	−0.000 33 (−0.15)	−0.000 33 (−0.16)	−0.000 33 (−0.15)	−0.008 (−0.07)	−0.007 4 (−0.07)	−0.008 (−0.07)	−0.007 4 (−0.07)
企业雇员 100 以上 300 人未满			−0.147 5*** (−4.43)	−0.147 5*** (−4.42)			−0.116 67 (−0.07)	−0.116 67 (−0.07)
企业雇员 300 以上 500 人未满			0.019 167 (0.58)	0.019 167 (0.57)			−3.75** (−2.17)	−3.75** (−2.16)
企业雇员 500 以上 800 人未满			0.060 833* (1.83)	0.060 833* (1.82)			−6.833 33*** (−3.96)	−6.833 33*** (−3.94)
企业雇员 1 000 人以上			0.216 667*** (6.5)	0.216 667*** (6.49)			−7.666 67*** (−4.44)	−7.666 67*** (−4.42)
自由度调整决定系数　within	0.253 3	0.249 1	0.689 6	0.687 9	0.458 2	0.454 1	0.536 1	0.532 6
自由度调整决定系数　overall	0.089 2	0.087 7			0.332 4	0.329 5		
样本数	60	60	60	60	60	60	60	60

六、总结以及今后的问题点

在联合国的《残疾人权利公约》中,清楚地表明了在行动和获得信息方面,为了使残疾人不处于不利的情况,要对环境进行完善。现在,在残疾人福利措施方面,因带有残疾处于的不利境地,要求以环境改善的方式进行社会性弥补。在这样的背景要求下,近年来残疾学得到发展,如"社会模式"中所表示的那样,从社会构成的各因素和残疾人自身的个别性的关系中来重新把握残疾人不利的一面。另外,根据"普遍论(universalism)""相互作用模型",不论谁都有可由于疾病或事故而处于不利的状况的可能性,作为安全网(safety net),为残疾人提供收入保障和福利对策是有必要的。与残疾人行动和完善就业环境相关联的无障碍化措施也越来越受到重视。

残疾人的生活状况通过几个实际状态调查来分析,可以知道非劳动者的比例很高,即使进行劳动其平均收入也普遍偏低,所以对于残疾人而言,收入保障是重要的实施对策。但是,从经济学角度来看,收入保障有可能会使人们对就业的积极性(incentive)减弱,因此为了让残疾人的生活变得更好,使收入保障与就业支援方案处于最好的平衡很重要。从这个观点出发,根据实际状态调查,作为收入保障的残疾基础年金给残疾人就业带来的影响男女之间存在差别,男性就业率下降,而女性的就业率并无下降,显示收入保障未必会使得就业率降低。从残疾人的贫困指标来看,与普通人的数值相比,贫困的程度很高。虽然会对工作积极性(incentive)有影响,但是在现状中充实收入保障非常重要。因此使就业积极性(incentive)与收入保障并存的方法是促进残疾人雇佣和扩大福利就业的方法。对扩大残疾人雇佣的实证分析结果表示,无障碍化(Barrier Free)的措施具有正面作用。当然,根据残疾人雇佣促进法仅达成法定雇佣率,对于全体残疾人来说,未必可以保障足够的工作。所以,福利性就业的作用也很重要。因此为了使残疾人可以自立生活,不论福利性的就业,还是最低工资制度或者以此为基准通过工资补贴提高收入水平,都应被认为是有必要性的。

参考文献

[1] Acemoglu, and Angrist. Consequences of Employment Protection? The Case of the Americans with Disabilities Act, *Journal of Political Economy*, 109.5(2001):915—957.

[2] Albrecht, G. L., K. D. Seelman, and M. Bury. *Handbook of Disability Studies*(Sage Publication), 2001.

[3] Bound, and Waidmann. Accounting for Recent Declines in Employment Rates among the Working-aged Men and Women with Disabilities. *Journal of Human Resources*, 37.2(2002):231—250.

[4] Burkhauserand, Daly. Policy Watch: U.S. Disability Policy in a Changing Environment, *Journal of Economic Perspectives*, 16.1(2002):213—224.

[5] Goodley, Dan. *Disability Studies:An Interdisciplinary Introduction*(Sage Publication), 2011.

[6] Mitchell, R. C, and Carson, R. *Using Surveys to Value Public Goods*(Johns Hopkins University Press), 1989.

[7] Shakespeare, Tom. Disability Rights and Wrongs(Routledge), 2006.

[8] 石川准·长濑修编. 残疾学的招待(或介绍)——社会、文化、能力障碍. 明石书店, 1999.

[9] 石川准·仓本智明编. 残疾学的主张(或见解). 明石书店, 2002.

[10] 上田敏. 世界保健机关 ICF 的解说. ICF 日本协力（或合作）中心，2005.

[11] 小盐隆士. 再分配的厚生（或福利）分析. 日本评论社，2010.

[12] 大谷悟·冈井有香. 国土交通政策研究第 3 号：面向无障碍化的社会经济的评价的确立. 国土交通省国土交通政策研究所，2001.

[13] 胜又幸子. 残疾人生活实际调查概要. 厚生劳动科学研究经费（残疾人的保健福利综合研究事业）"关于残疾人的收入保障和自立支援措施的调查研究"综合研究报告书，2007.

[14] 金子能宏. 残疾人雇佣政策和无障碍措施的协作. 季刊社会保障研究，2001，37（3）.

[15] 川岛聪. 差别禁止法的残疾的定义——为何要基于社会模式？松井彰彦·川岛聪·长濑修编著. 重问残疾. 东洋经济新报社.

[16] 京极高宣. 社会保障和日本经济——社会市场的理论和实证. 庆应义塾大学出版社，2007.

[17] 古濑敏. 无障碍的时代. 都市文化社，1997.

[18] 铃木静男. 残疾人可自立的年金. 本の泉社，2001.

[19] 勝又幸子. 厚生労働科学研究費（障害者保健福祉総合研究事業）『障害者の所得保障と自立支援施策に関する調査研究』平成 18 年度综合研究所，2007.

[20] 内阁府编. 平成 23 年版残疾人白皮书财务省印刷局，2011.

[21] 长江亮. 残疾人雇佣和市场评价——大阪府内别企业残障者雇佣状况开始的公开交流会日本劳动研究杂志，2005.

[22] 林山泰久. 无障碍设施事业的便利便益测量. 国土交通政策研究，通卷第 3 号，2001.

[23] 星加良司. 什么是残疾——面向能力障碍的社会理论. 生活书院，2006.

美国劳动所得退税补贴政策及其对我国低保制度的借鉴

刘 杰 李 杨

【摘要】 近年来,美国劳动所得退税补贴政策已成为美国联邦政府针对低收入工作群体最大的现金援助项目。国内有关该政策的现有少量研究多是从财税政策角度,本文则基于福利政策的新视角,对劳动所得退税补贴政策产生的理论基础、现实背景、发展演变、运行机制、缓贫效果等方面进行细致分析,并根据我国最低生活保障制度(目前是我国最大的针对低收入人群的现金救助项目)运行中存在的一系列问题提出改进建议,以期在缓解贫困、保障人们基本生活水平的同时提高该制度对低收入群体的激励效应。

【关键词】 劳动所得退税补贴 负所得税 低保制度 借鉴

American's Earned Income Tax Credit and its Suggestions to the Minimum Living Standard Program in China

Liu Jie Li Yang

(College of Humanities and Law, Beijing University of Chemical Technology)

Abstract American's Earned Income Tax Credit (EITC) has become the largest cash assistance program of American federal government for low-income workers in recent years. Most research in China focusing on EITC are from the perspective of tax policy. Viewing EITC as a welfare policy, this paper analyzes its basic theory, historical background, evolution, operative mechanism, as well as its poverty releasing effect and summarizes problems existed in the Minimum Living Standard program, the biggest cash assistance program for low-income groups in China, and puts forward some suggestions on the improvement of its design and operation in order to build it into a system which can motivate the low-income groups' working enthusiasm on the premise of protecting their basic living standards.

Key words Earned Income Tax Credit Negative Income Tax The Minimum Living Standard Program Suggestions

导论

美国是一个强调个人责任与自由的市场经济国家,但美国历任政府都认为帮助弱势群体

作者:刘杰,北京化工大学文法学院公共管理系教授、硕士生导师,北京化工大学政治与行政学研究所所长;李杨,硕士研究生,北京化工大学文法学院公共管理系。

基金项目:教育部规划基金项目:"贫困标准的变迁与反贫困政策的演变——美国的经验及其对当代中国的启示"(项目编号11YJA630017)的阶段性成果。

摆脱生活困境是政府的责任,美国针对不同类型的弱势群体设置了不同的社会救助项目。截至目前,美国拥有大大小小一百多项对低收入人群的福利项目,是世界上社会救助发展得比较完善的国家之一。但作为一个市场经济国家,美国各项社会救助项目设计的基本理念都是救助那些"值得帮助的人",即因年龄、疾病等不可抗拒的因素完全或部分丧失劳动能力而需要帮助的人,因此,美国属于"不情愿的福利国家(The Reluctant Welfare State)"。美国历届政府都在探索建立不挫伤劳动者积极性的救助项目,减少福利依赖。1975 年建立的劳动所得退税补贴项目(Earned Income Tax Credit,简称 EITC)就是一个既符合美国主流价值观又受到两党与公众普遍欢迎的救助项目。

作为一项税收兼福利政策,EITC 项目已成为美国联邦政府针对中低收入劳动者家庭最大的现金援助项目。该项目运用税收手段,根据家庭类型及收入状况,通过退税补贴形式给予中低收入劳动家庭一定的现金补偿。该项目强调个人责任、注重个人价值,激励人们通过自身努力获得劳动收入,从而受到美国民众的认可,并不断扩大。该政策在激励中低收入劳动者就业、缓解其贫困以及构筑社会安全网方面发挥了巨大作用。

同样是针对低收入群体的现金援助项目,我国最低生活保障制度自 1997 年建立以来,经历了不断发展和完善,对保障贫困人群的最低生活水平发挥了重要的作用,但仍然存在保障水平不足、激励不够以及"瞄准"误差等问题,引起理论界和实际工作者的普遍关注。因此,探索美国 EITC 项目设计背景、运行机制对完善我国低保制度具有重要的借鉴意义。目前,国内对 EITC 项目的研究非常有限,多是从财税政策的角度,且不够深入,本文在学术界现有研究的基础上,从福利政策这一新视角,对 EITC 政策出台的背景、历史演变及运行机制进行深入分析,从而针对我国低保制度运行中出现的问题提出相应的政策建议。

一、EITC 政策的理论基础——负所得税

EITC 政策的设计理念最早来源于米尔顿·弗里德曼在《资本主义与自由》一书中提出的负所得税思想,弗里德曼主张建立一种能够减少贫困又能通过市场发生作用并且不妨碍市场正常运行状态的方案。他认为负所得税有一系列的优点:专门针对贫穷问题;向个人提供最有用形式的帮助——现金;并且在一定范围内对每赚取的一美元有一定的现金激励。[①] 弗里德曼是想设计一种替代当时美国对低收入人群的救助,主要是指《对抚养未成年子女的家庭援助项目(Aid to Families With Dependent Children,简称 AFDC)》,因为该制度在运行中出现并强化了福利依赖,不利于调动人们的工作积极性,使得政府的财政支出大量增加)的一种方案。负所得税的计算方式是:负所得税=收入保障数-个人实际收入×负所得税率,而个人可支配收入=个人实际收入+负所得税。也就是说,假设个人每月的收入保障数是 600 元,负所得税率是 50%,那么当个人实际收入为 0 元时,会得到 600 元的负所得税补贴,个人可支配收入达到 600 元;当个人实际收入为 600 元时,会得到 300 元的负所得税补贴,个人可支配收入达到 900 元;当个人实际收入为 1 200 元时,负所得税补贴为 0 元,个人可支配收入依然是 1 200 元;当个人实际收入超过 1 200 元时,将不再享受负所得税补贴。

---

① 米尔顿·弗里德曼. 资本主义与自由[M]. 北京:商务印书馆,2004:207—208.

从以上举例可以看出：第一，负所得税的目标群体是生活在一定社会水平之下的人群，因而有利于缓解贫困。第二，负所得税会调节收入分配。因为随着人们收入的提高，其所获得的负所得税补贴在逐步减少，使最低收入者的基本生活得以维持，从而调节收入差距。第三，由于负所得税补贴随着个人实际收入的增加而增加，其可支配收入也在增加，从而有利于激发人们积极工作获取劳动收入的动力。

二、EITC 政策建立的现实背景和发展演变

（一）现实背景

进入 20 世纪 60 年代后，随着美国种族主义情绪的不断增长和美国黑人的普遍穷困，约翰逊总统提出"向贫困宣战"，实施"伟大社会"计划。从 20 世纪 60 年代末到 70 年代初，美国社会福利一直处于扩张状态，进入"福利爆炸"时期，AFDC 项目也由最初的针对单亲家庭子女扩大到对单亲家庭的帮助。在此期间，美国建立了食品券和医疗救助等项目，政府的福利开支不断扩大，与此同时，美国福利制度的弊端开始显现，加上 20 世纪 70 年代中期的石油危机，使得美国政府不得不考虑削减福利开支，把福利依赖者推向就业市场，激发人们就业的积极性。20 世纪 70 年代后，美国实行工资税（美国当时工资税的税率是 15.3%，雇主和雇员各负责一半，即 7.65%），加大了员工的负担。于是，建立在负所得税基础上的 EITC 政策应运而生，该政策在退税补贴递增阶段的抵免率是 7.65%，其目的就是至少免除员工所负担的工资税，在缓解低收入劳动者贫困的基础上，通过税收方式激励人们积极就业。

（二）发展演变

1975 年，建立在负所得税基础上，福特总统在《减税法（Tax Reduction Act）》中将 EITC 项目作为一个临时性措施引入。1978 年，在卡特总统执政期间，EITC 项目作为《税收法（Revenue Act）》的一部分成为法律条文被固定下来。事实上，从 1975 年到 1986 年，联邦政府并未按照物价指数调整 EITC 补助水平，造成名义上 EITC 补助金额不变，但实际上补助金额下降了 35% 的情况。[①] 直到 1986 年《税收改革法（Tax Reform Act，简称 TRA86）》的通过，联邦政府将 EITC 的最大退税额按照物价指数进行调整，使其达到 1975 年的实际退税补贴水平。而且从第二年开始，退税补贴率、最大退税补贴额等指标都开始随着物价指数的变化而变化，该法的颁布使得 EITC 作为一项反贫困政策而日渐成熟。随后，从 1991 年开始，EITC 政策将家庭规模因素考虑在内，对抚养一个和两个未成年子女的家庭采用不同标准进行退税补贴。从 1994 年开始，EITC 政策扩大到了无子女家庭。随着 EITC 政策适用范围的不断扩大，其反贫困的效果也逐渐增强。1996 年，补助金额又提高了。2002 年，联邦政府规定，夫妻联合申报可获得更高的退税补贴。从 2009 年美国实施《美国复兴与投资法（The American Recovery and Reinvestment Act，简称 ARRA）》开始，EITC 项目扩大到 3 个及以上未成年子女家庭。

---

① K，Caputo R. *US Social Welfare Reform：Policy Transitions from 1981 to the Present*. Springer，2011：67.

EITC 项目处于不断扩大发展之中。1975 年,该项目的受益家庭有 621.5 万户,联邦政府在 EITC 上的总支出为 12.5 亿美元,项目受助者平均每户受益 201 美元;到 2010 年相应数字分别达到 2 777.7 万户,6 059.4 亿美元,2 194 美元。[①] 此外,EITC 项目原来是一个联邦层次的福利项目,到 2012 年,已经有 26 个州和哥伦比亚特区有了自己的 EITC 项目。总体来说,这些州几乎模仿了联邦政府的政策设置,在原有退税补贴标准的基础上,又进一步提高到 15%~30% 不等。现在,EITC 已成为联邦政府最大的反贫困项目。在 2012 财税年,2 700 万余人获得 630 亿美元的税收返还;有资格获得 EITC 的人中,已有 4/5 的人提出申请;EITC 项目使得 660 万人摆脱贫困,包括 330 万儿童。[②]

三、EITC 政策的运作机制及缓贫效果

(一) 运作机制

在美国,申请 EITC 项目有一定的资格限制,个人必须填写年度税收报表来申请获得 EITC。除此之外,申请获得 EITC 项目补贴的家庭还必须满足劳动收入、年龄、家庭抚养未成年子女数目以及投资限额等具体要求。[③] 该项目根据家庭劳动收入和抚养未成年子女数目的多少分为三个层次(见表 1):(1) 退税补贴递增阶段(A Base with a Subsidy rate)。处于该阶段收入水平的家庭,随着其家庭劳动收入的增加,其获得的退税补贴额按照该阶段的退税补贴率不断增加。(2) 退税补贴持平阶段(A Plateau)。处于该阶段收入水平的家庭,无论其家庭具体收入为多少,均可获得一笔固定的最大额度的退税补贴额。(3) 退税补贴递减阶段(A Phase-out Range)。处于该阶段收入水平的家庭,随着家庭劳动收入的增加,家庭收入每增加一美元,其可获得的退税补贴额将会按照该阶段的退税补贴率逐渐减少,即如果一个四口之家的家庭收入为 40 000 美元,那么其所得到的退税补贴为 5 372 - (40 000 - 17 530) × 21.06% = 639.818 美元,这样其家庭实际总收入可达到 40 639.218 美元。如果家庭劳动收入超过 43 038 美元,将不再享受 EITC 项目补贴。需要指出的是夫妻联合申报和户主单独申报的家庭最高收入限额不同,如在 2013 财税年,户主单独申报时,抚养两个未成年子女家庭的劳动收入不超过 43 038 美元才有资格,但如果是夫妻联合申报,获取资格的最高收入额度可以放宽到 48 378 美元,[④] 该政策如此设计是为了鼓励家庭的完整性和提高退税补贴的缓贫效率。

---

① 美国国内税务局. Internal Revenue Service [EB/OL]. http://www.taxpolicycenter.org/taxfacts/displayafact.cfm?DocID=364&Topic2id=40&Topic3id=42.
② 美国国内税务局. Internal Revenue Service [EB/OL]. http://www.eitc.irs.gov/EITC-Central/abouteitc.
③ 美国国内税务局. Internal Revenue Service [EB/OL]. http://www.irs.gov/Individuals/What-is-Earned-Income%3F.
④ 美国国内税务局. Internal Revenue Service [EB/OL]. http://www.irs.gov/Individuals/EITC-Income-Limits,-Maximum-Credit--Amounts-and-Tax-Law-Updates.

表1　　　　　　　　　　2013年美国EITC政策的退税补贴标准

家庭类型	退税补贴递增阶段		退税补贴持平阶段	退税补贴递减阶段		
	退税补贴率（%）	最大退税补贴额的最低收入（美元）	最大退税补贴额（美元）	退税补贴率（%）	最低收入（美元）	最高收入（美元）
没有未成年子女	7.65	6 370	487	7.65	7 970	14 340
一个未成年子女	34	9 560	3 250	15.98	17 530	37 870
两个未成年子女	40	13 430	5 372	21.06	17 530	43 038
三个未成年子女	45	13 430	6 044	21.06	17 530	46 227

资料来源：美国国家税务局网站. 1975—2013年劳动所得退税补贴相关数据 [EB/OL]. http://www.taxpolicycenter.org/taxfacts/Content/PDF/historical_eitc_parameters.pdf.2013.

（二）缓贫效果

EITC项目是美国目前最大的反贫困项目之一。[1] 该项目对于缓解中低收入劳动者贫困、激励其通过就业获取更高收入以及构建社会安全网发挥了巨大的作用。该政策的缓贫效果可以从两个层面进行分析。

从宏观层面看，EITC项目通过鼓励人们脱离福利进入劳动力市场和提高"劳动穷人"的工资来缓解贫困。Neumark和Wascher（2000）比较了最低工资和EITC政策的反贫困效果，发现EITC项目在提升贫困家庭收入水平方面比最低工资更有效，前者的扶贫效果是后者的两倍。[2] 一个显著的特点是，该项目的潜在目标是运用税收手段鼓励和支持那些有意愿工作的人，使得低收入的单亲母亲通过福利改革和EITC项目的扩大提高了自己的收入。[3] 研究表明，在对抚养未成年子女单亲户主家庭的福利项目中，《对贫困家庭的临时援助》（Temporary Assistance to Needy Families，TANF）《补充保障收入》（Supplemental security Income，简称SSI）和一般补助项目仅使约3.8%的穷人脱贫，相反，EITC项目约使10.79%的穷人摆脱贫困。[4] 也就是说，EITC项目在增加中低收入者收入方面确实发挥了巨大的作用。

从微观层面看，EITC政策及最低工资制度极大地缓解了中低收入劳动者的贫困。美国劳工部2013年规定的最低工资标准为7.25美元/小时（只有4个州的最低工资低于联邦标准），[5] 按照正常的工作时间，一个全职劳动者的年最低工资收入为15 080美元（7.25美元/小时×40小时×52周），假设该劳动者的妻子没有工作，且有两个未成年子女，按照表1规

---

[1] 美国国内税务局. Internal Revenue Service [EB/OL]. http://www.eitc.irs.gov/EITC-Central/abouteitc.

[2] Neumark D, Wascher W. Using the EITC to Help Poor Families: New Evidence and a Comparision with the Minimum Wage [R]. National bureau of economic research，2000.

[3] Hoynes H. The earned income tax credit, welfare reform, and the employment of low-skilled single mothers [J]. Strategies for Improving Economic Mobility of Workers：Bridging Theory and Practice. Kalamazoo, MI：WE Upjohn Institute for Employment Research, 2009：1.

[4] 哈瑞尔·罗杰斯. 美国的贫困与反贫困 [M]. 北京：中国社会科学出版社，2012：132.

[5] 美国劳工部. United States Department of Labor [EB/OL]. 刘杰译. http://www.dol.gov/dol/topic/wages/minimumwage.htm.

定，其申请 EITC 项目可获得 5 372 美元的固定退税补贴，这样该家庭实际总收入可达到 20 452 美元，其每小时的工资就从 7.25 美元涨到 9.83 美元，从而提高了家庭的收入水平。而按照美国移民局 2013 年公布的数据，美国（除阿拉斯加州和夏威夷外的 48 个州）四口之家的贫困线是 23 550 美元，① 我们假设该家庭中只有一人从事全职工作，且获得的是最低工资，那么加上 EITC 的退税补贴，虽然不能使该家庭脱贫，但也可以使该家庭收入状况大大改善。

四、EITC 政策是对负所得税的发展和创新

建立在负所得税的理论基础上，EITC 政策有了进一步的发展和创新。二者的共同点是：目标对象明确，都针对低收入人群，以税收为杠杆对收入进行再分配；所不同的是：负所得税是对差额补贴方式的改进，而 EITC 是对负所得税的改进。因为差额补助方式实际上是 100% 的课税，即在一定标准下，收入每增加 1 美元，其所获得的补贴就减少 1 美元；而负所得税引入税率的方式，即假设负所得税的税率为 50%，那么，收入每增加 1 美元，至少能保留 0.5 美元，相对于差额补助方式来说，负所得税提高了低收入者自身获取收入的积极性，因而极大地促进了社会公平。而 EITC 政策则是对负所得税的改进，因为相对于差额补助方式而言，负所得税确实提高了人们的工作积极性，但伴随着人们收入的提高，其所获得的负所得税补贴是递减的，从某种意义上说，这仍然挫伤人们的就业积极性，尤其是收入越低，激励越有限，而 EITC 政策则弥补了负所得税制度设计的局限，将中低收入群体分为三个层次：（1）收入较低层次的群体，所获得的退税补贴随着其收入的提高处于累进状态；（2）收入中等层次的群体，所获得的退税补贴处于最高水平的持平状态；（3）收入较高层次的群体，所获得的退税补贴额随着其收入的增加处于累退状态。该项目的设计理念是对负所得税的突破和改进，尤其是对于收入较低层次的群体，每多获得一美元劳动收入，就能获得 0.4 美元（以有两个未成年子女家庭为例）的退税补贴，从而调动其参加工作的积极性；而且该政策设计避免了负所得税不考虑家庭类型及收入状况采用固定的负所得税率进行补贴的局限性，而是按照家庭未成年子女数目及家庭收入分为三个阶段，各个阶段之间过渡平缓，在维持人们基本生活的同时，不挫伤劳动者的工作积极性。

五、我国低保制度设计的主要缺陷

1997 年以来，我国建立并逐步完善了城乡最低生活保障制度。和美国 EITC 项目相似，我国低保制度也是最大的针对低收入群体的现金援助项目。从当前低保制度的运行效果来看，该制度在缓解低收入人群的生活困难、维持其基本生活水平和构建社会安全网方面发挥了重大的作用。但目前我国低保制度还存在许多问题，除了保障水平低、保障对象确定难等不可避免的问题外，低保制度设计本身也存在一定的问题。

---

① 美国移民局. U. S. Citizenship and Immigration Services [EB/OL]. http://www.uscis.gov/citizenship/learners/apply—citizenship.

(一) 从目标对象看，低保制度难以调动有劳动能力人群就业的积极性

农村低保对象是"家庭年人均纯收入低于当地最低生活标准的农村居民，主要是因病残、年老体弱、丧失劳动能力以及生存条件恶劣等原因造成生活常年困难的农村居民"。① 城市居民最低生活保障制度的保障对象是"家庭人均收入低于当地最低生活保障标准的持有非农业户口的城市居民，主要是以下三类人员：(1) 三无人员；(2) 领取失业救济金期间或失业救济期满仍未能重新就业，家庭人均收入低于最低生活保障标准的居民；(3) 在职人员和下岗人员在领取工资或最低工资、基本生活费后以及退休人员领取退休金后，其家庭人均收入仍低于最低生活保障标准的居民"。② 通过以上分析发现，确定城乡低保对象的主要依据都是收入。城乡低保制度几乎都没有将其人均收入低于当地最低生活保障标准的原因、是否具备劳动能力等因素考虑在内，与此同时，按照制度规定采取差额补助的方式，通过劳动获得一定收入但仍然没有达到最低生活保障标准的群体得不到对其就业的肯定，因为其不参加就业有可能获得更多的补贴。所以，从制度设计上看，这种不区分是否具备劳动能力的做法不利于提高有劳动能力低保对象的就业积极性。

(二) 从发放方式看，差额补助容易导致福利依赖

农村低保的发放方式是：最低生活保障金原则上按照申请人家庭年人均纯收入与保障标准的差额发放；③ 城市低保是分类发放，即对"三无"人员按最低生活保障标准全额发放，对其他保障对象均按其家庭人均收入与最低生活保障标准进行差额发放。④ 总体来看，我国低保制度的发放方式是差额补助。上文已经指出，差额补助方式实际上是对既有收入的100％课税，该方式会损害有劳动能力人群的就业积极性。洪大用（2005）认为，由于低保对象存在一个稳定的收入预期，有着"制造"福利依赖的倾向，对于增强低保对象的自我脱贫能力是没有什么帮助的。⑤ 因此，这种差额补助的发放方式可能会导致福利依赖。

(三) 从责任主体看，中央政府承担的责任有限，影响制度运行效率

2012年国务院发布的《关于进一步加强和改进最低生活保障制度》规定：省级财政要优化和调整支出结构，切实加大最低生活保障资金投入，中央财政最低生活保障补助资金重点向保障任务重、财政困难地区倾斜。⑥ 可以看出，我国低保制度的财政来源主要是地方财

---

① 中国政府网. 国务院关于在全国建立农村居民最低生活保障制度的通知 [DB/OL]. http://www.gov.cn/zwgk/2007-08/14/content_716621.htm, 2007-08-14.
② 民政部最低生活保障司. 国务院关于在全国建立城市居民最低生活保障制度的通知 [DB/OL]. http://www.mca.gov.cn/article/zwgk/fvfg/zdshbz/200711/20071110003522.shtml, 1997-09-02.
③ 中国政府网. 国务院关于在全国建立农村居民最低生活保障制度的通知 [DB/OL]. http://www.gov.cn/zwgk/2007-08/14/content_716621.htm, 2007-08-14.
④ 民政部最低生活保障司. 国务院关于在全国建立城市居民最低生活保障制度的通知 [DB/OL]. http://www.mca.gov.cn/article/zwgk/fvfg/zdshbz/200711/20071110003522.shtml, 1997-09-02.
⑤ 洪大用. 试论中国城市低保制度实践的延伸效果及其演进方向 [J]. 社会, 2005, (3): 57-58.
⑥ 中国政府网. 关于进一步加强和改进最低生活保障制度 [DB/OL]. http://www.gov.cn/zwgk/2012-09/26/content_2233209.htm, 2012-09-26.

政,中央财政则是根据各个地区的经济发展水平来决定补贴的多少,这样会造成地方政府的财政压力较大,而且由于各个地方经济发展水平不同,低保标准也不同,影响公平。此外,由于资金有限和调查困难,一些地方采取变通的做法,不按差额标准进行发放,直接按照平均标准发放,很难保障真正需要低保群体的生活水平。作为保障人们最低生活水平的社会救助项目,中央政府更应该承担主要责任。因此,从某种程度上讲,由于地方政府财力有限,地方政府承担主要责任的制度设计不利于提高低保制度的运行效率。

需要明确的是,我国城乡低保制度从建立到现在运行时间很短,当前我国低保水平相对较低,福利依赖现象并不普遍,但并不意味着制度设计可以不考虑造成福利依赖的可能性。因此,对低保制度的改进仍然需要区分劳动力群体和非劳动力群体,需要注意到差额补贴的局限性,从而提高制度运行的可持续性。

六、EITC政策对我国低保制度的借鉴

中美两国国情不同。美国的税收制度比较完善,运用税收手段实现收入再分配,对于保障低收入劳动者的基本生活发挥了巨大的作用;而对当前中国来说,建立一个我国的EITC来提高低收入人群的收入水平难度很大,而且不一定适合中国的基本国情。但是对于贫困问题,中美两国民众有着相似的价值观,那就是认为个人应该为自身贫困承担主要责任。所以,借鉴美国EITC政策的设计理念、激励机制等积极因素对于完善我国低保制度,提高低保制度运行效率具有重要意义。

在制度理念上,我国低保制度更应该注意在维持基本生活水平的同时鼓励人们自力更生;按照家庭类型和收入水平的不同,分类分层次救助;强调中央政府在维持人们最低生活水平上的主要责任。

在制度设计上,由于我国低保制度主要通过各级民政部门对低保家庭发放低保金的方式进行,没有直接通过税收方式进行再分配,所以可以在不改变现有形式的前提下,对我国低保制度做出适当改进。首先,根据家庭类型和收入状况进行分类、分层次救助,从而提高救助的有效性和对救助对象的激励作用。对低保制度的改进可以按家庭中不具备劳动能力人员的数目对家庭进行分类,而后根据家庭收入状况进行分层次救助。其次,作为保障低收入人群基本生活的最低生活保障制度,中央政府应该承担更多的责任,通过转移支付等多种方式给予更多拨款。除此之外,除了考虑家庭规模和收入因素外,还可以考虑将少数特殊人群的教育、医疗、住房等生活必须支出完全不考虑或者部分不考虑在其收入之内,以保障该群体能获得相对较多的补助,提高制度救助的有效性。

总之,1975年以来,美国EITC项目在缓解中低收入劳动者贫困方面发挥了巨大的作用。将其基本理念和项目设计中的积极因素借鉴到我国低保制度设计和运行中,考虑家庭负担状况和收入进行分类、分层次救助,将更有效地提高我国低保制度救助的有效性和低保对象的就业积极性。但不可否认的是,该研究更多侧重的是对美国EITC政策的介绍和分析,关于在中国低保制度中的借鉴更多的是理念设计层面的,具体的政策改进还有待进一步研究。

参考文献

[1] 米尔顿·弗里德曼. 资本主义与自由 [M]. 北京:商务印书馆,2004:207-208.

［2］哈瑞尔·罗杰斯. 美国的贫困与反贫困［M］. 刘杰译. 北京：中国社会科学出版社，2012：132.

［3］洪大用. 试论中国城市低保制度实践的延伸效果及其演进方向［J］. 社会，2005，(3)：57－58.

［4］陈钦贤，林建仁，刘彩卿等. 美国［薪资所得租税补贴］（Earned Income Tax Credit）之初探［J］. 财税研究，2005，(2)：43－55.

［5］聂佃忠，李庆梅. 负所得税的国外借鉴及中国低保的重构［M］. 北京：人民出版社，2009：164－209.

［6］杨帆，刘怡. 美国劳动所得税抵免政策及其借鉴［J］. 涉外税务，2011，(7)：33－37.

［7］余显财. EITC、最低工资与福利制度创新［J］. 财贸经济，2010，(3)：53.

［8］唐钧. 市场经济与社会保障［M］. 哈尔滨：黑龙江人民出版社，1995：84.

［9］赵一红，黄建忠. 社会工作教育——中美的研究与比较［M］. 北京：社会科学文献出版社，2013：135.

［10］Neumark, David, Mark Schweitzer, and William Wascher. Minimum Wage Effects throughout the Wage Distribution. *The Journal of Human Resources*, 39. 2 (2004)：425－450.

［11］Hoynes H. The earned income tax credit, welfare reform, and the employment of low-skilled single mothers. *Strategies for Improving Economic Mobility of Workers：Bridging Theory and Practice*. Kalamazoo, MI：WE Upjohn Institute for Employment Research, 2009：1.

［12］Charite J, Dutta-Gupta I, and Marr C. Studies Show Earned Income Tax Credit Encourages Work and Success in School and Reduces Poverty. *Washington：Center on Budget and Policy Priorities*, 2012：5.

［13］Eissa N, Hoynes H W. Behavioral Responses to Taxes：Lessons from the EITC and Labor Supply. *Tax Policy and the Economy*, Volume 20. The MIT Press, 2006：73－110.

［14］Eissa N, Kleven H J, and Kreiner C T. Evaluation of Four Tax Reforms in the United States：Labor Supply and Welfare Effects for Single Mothers. *Journal of Public Economics*, 92. 3 (2008)：795－816.

［15］Hoynes H. The Earned Income Tax Credit, Welfare Reform, and the Employment of Low-skilled Single Mothers. *Strategies for Improving Economic Mobility of Workers：Bridging Theory and Practice*. Kalamazoo, MI：WE Upjohn Institute for Employment Research, 2009.

> 30人论坛信息

中国社会保障30人论坛2014年年会在京举行

2014年2月22日至23日,中国社会保障30人论坛2014年年会在中国人民大学举行,来自中共中央党校、国家行政学院、中国人民大学等70余所高校及中国社科院、国务院发展研究中心的专家学者与来自民政部、人力资源社会保障部等部门的官员约200人,围绕"建立公平、可持续的社会保障制度"主题展开深入研讨,共商全面深化我国社会保障改革大计。

中国社会保障30人论坛2014年年会会场

中国人民大学校长陈雨露教授为年会致词,民政部副部长窦玉沛,中国医疗保险研究会会长、原劳动保障部副部长王东进,中国社会保险学会会长、原劳动保障部副部长王建伦,民政部党组成员、全国老龄办党组书记、常务副主任陈传书,中国经济体制改革研究会会长、原国家发改委党组成员兼国务院东北办副主任宋晓梧等出席年会,全国人大常委、中国人民大学教授郑功成主持开幕式及主旨报告会。

陈雨露校长在致词中指出,社会保障关乎每一个人的切身利益和国家发展的长治久安,注定是社会各界密切关注并高度重视的公共领域。党的十八届三中全会通过的《关于全面深化改革若干重大问题的决定》,将社会保障作为社会治理与社会建设的重要内容,为下一阶段社会保障制度的改革与完善指明了方向,而由主管部委的领导与专家学者们共同努力、群策群力,一定能够促使我国社会保障制度沿着公平、可持续的发展方向健康发展。

窦玉沛副部长在题为"加快健全完善社会救助法规制度"的主旨报告中,全面阐述了我国社会救助法制建设的必要性与可行性,强调我国亟须通过制定综合性的社会救助法律、法规,统筹整合社会救助资源,形成完整严密的社会救助安全网,切实托住民生保障的底线。同时,对郑功成教授及各位专家认真研究论证,主动向民政部、法制办提交社会救助立法研讨成果并在媒体上发表意见,提出真知灼见表示感谢,认为这充分体现了专家学者对民生高度关注的社会责任、历史使命和正义担当。并期望中国社会保障30人论坛的专家学者坚持调查研究,运用前沿理论,积极献策献力,为中国社会救助事业发展提供了重要的智力支持。

中国医疗保险研究会会长、原劳动保障部副部长王东进在题为"建立更加公平、可持续的全民医保制度"的主旨报告中,分析了现行医疗保险城乡制度不统一、政策标准各异、自愿参保、管理体制不顺、管理资源分散、运行机制不健全等问题及其对公平性与可持续性的损害,提出要在尊重基本医疗保险的强制性、统一性、公平性、适度性、可及性和持续性等规律的条件,加快城乡居民医保制度整合的步伐。

民政部党组成员、全国老龄办党组书记、常务副主任陈传书在题为"关于应对人口老龄化若干问题的思考"的主旨报告中,全面分析了我国人口老龄化进程及应对准备不足的现状,认为需要全面审视我国养老保障制度的框架结构,进一步加强顶层设计,创新体制机制,努力发挥社会养老保障资源的最大效能,同时提出需要进一步明确老龄服务事业的职能定位和老龄产业的市场定位,促进老龄服务事业与老龄产业协调发展,确保老年人能够合理分享国家发展成果。

中国经济体制改革研究会会长、原国家发改委党组成员兼国务院东北办副主任宋晓梧在题为"关于完善社会保障体系的建议"的主旨报告中提出,社会保障成为关系国计民生的一项重大经济社会制度,在我国渐进的经济转轨和高速的经济发展过程中,发挥了安全网和稳定器的重要作用。但社会各方面一直对社会保障制度的意见很大,连续多年两会民意调查都将社会保障问题列为群众最不满的选项之一。前些年,民众意见主要集中在农村和部分城市居民未纳入社会保障体系；近年来，则主要集中在基本社会保障项目待遇水平差异过大。另一个需要高度关注的是养老、医疗保障可持续性问题。

全国人大常委、中国人民大学教授郑功成在题为"中国社会保障面临的风险与深化改革的目标任务"的主旨报告中，指出我国社会保障制度面临着三大风险，即因公平性不足而导致社会矛盾加剧的社会风险，因责任不清、责任失衡与互济性弱化而导致不可持续的制度风险，因长期处于改革试验性状态且试而不定而导致公众信任危机的信用风险，主张通过优化现行制度安排、尽快推进相关制度整合和城乡一体化进程来提升公平性、互济性，保障可持续性，主张在做好科学的顶层设计条件下让社会保障步入法制化轨道，以增强制度的公信力，真正为全体人民提供稳定的安全预期。

北京大学党委副书记叶静漪教授在主旨报告中强调了加快中国社会保障法制建设的必要性与重要性，并提出了一些具体建议。

中国保险学会会长姚庆海在主旨报告中强调要发挥商业保险在社会保障体系中的功能作用，通过市场机制促使多层次保障体系步入成熟发展阶段，以为城乡居民提供更全面的保障。

北京师范大学中国公益研究院院长、原民政部社会福利与慈善事业促进司司长王振耀教授在主旨报告中，分析了我国慈善事业与社会服务发展面临的形势，主张进一步调整完善政策体系，以充分调动社会资源与社会力量，全面促进我国慈善事业与社会服务体系的健康发展。

本届年会还设有养老保险、医疗保险、养老服务、社会福利、社会救助、综合保障等六个分论坛，来自中央部委和著名高校、中国社科院、国务院发展研究中心等的80多位专家学者围绕建立公平、可持续的社会保障制度发表了自己的最新研究成果。

与会专家指出，经过近几年的快速发展，我国社会保障体系建设取得了突破性的进展，普遍性养老金制度已经确立，全民医保初步实现，综合型社会救助制度已经成形，其他各项社会保障事业也在全面推进，一个普惠全民的社会保障体系正在发挥着重要作用。但现行制度总体上还存在着制度分割、权益失衡等内在缺陷，急切需要全面优化。

与会专家认为，在全面深化社会保障改革中必须尊重制度的客观发展规律，以提升制度的公平性并确保制度可持续发展为出发点与落脚点，尽快清除体制性障碍，打破既有的利益格局。

与会专家还对如何优化现行养老保险制度、医疗保险制度、社会救助制度、社会福利制度以及促进养老服务的发展提出了许多有益的政策建议。

据了解，中国社会保障30人论坛是由我国社会保障学界的有识之士在2009

年9月共同在京发起组成的高层学术群体,其宗旨是为健全社会保障、提升人民福祉、促进社会和谐献策献力,共同推进中国社会保障理论与政策的科学发展。该论坛以公益性、学术性为原则,秉持学术讨论与政策研究并重,既致力于澄清社会保障重大基础理论问题,发出社会保障学界理性的声音;又集中于国内社会保障技术支撑、政策选择、制度设计、立法规划方面的研究,用论坛成员研究的思想精华对中国社会保障改革及制度发展起推动作用。论坛通过论坛年会、专题研讨会、民生与社会保障讲堂等形式开展学术交流活动。

本届年会由中国社会保障30人论坛、中国人民大学社会转型与社会治理协同创新中心、中国人民大学中国社会保障研究中心共同举办。